ANÉCDOTAS, AVENTURAS, RELATOS Y CONCEPTOS INTERESANTES

ANÉCDOTAS, AVENTURAS, RELATOS Y CONCEPTOS INTERESANTES

JOSÉ OCTAVIO VELASCO-TEJEDA

Número de Control de la Biblioteca del Congreso de EE. UU.:   2015909676
ISBN: Tapa Dura   978-1-5065-0597-8
                     Tapa Blanda   978-1-5065-0596-1
                     Libro Electrónico   978-1-5065-0595-4

Información de la imprenta disponible en la última página.

Fecha de revisión: 12/02/2016

Para realizar pedidos de este libro, contacte con:
Palibrio
1663 Liberty Drive
Suite 200
Bloomington, IN 47403
Gratis desde EE. UU. al 877.407.5847
Gratis desde México al 01.800.288.2243
Gratis desde España al 900.866.949
Desde otro país al +1.812.671.9757
Fax: 01.812.355.1576
ventas@palibrio.com
701269

ÍNDICE

Libros escritos en Ingles por el mismo autor:

Deluxe chimp, *Indelible Mark* y la novela de ciencia ficción
Do you want to live, or pass?

Y A LLEVABA YO cuatro libros terminados (y empezando el quinto), cuando me encontré un volante en el buzón, el cual invitaba a asistir a un taller de escritura de cuentos, el cual, en principio, me interesó. Aunque nunca me ha interesado escribir cuentos, era una buena oportunidad para aprender redacción y además sería impartido a cuatro cuadras de mi casa. Hablé con la maestra por teléfono y me pareció atinado asistir, lo cual confirmé, al terminarlo (doce clases de cuatro horas) y recibir mi correspondiente diploma. Según la profesora, se requerían cuando menos dos años para completar dicho aprendizaje. Yo constaté que escribir un cuento es muy complicado. Aun incluyendo todos los componentes requeridos (distractores, buen título, primera línea que te atrape, buen cierre, etc.) y dedicándole suficiente tiempo y concentración, mis doce tareas, resultaron ser relatos. Asimismo, con todos los demás alumnos. En donde sí surgió un conflicto fue conmigo mismo. Nunca entendí, por qué si yo seguía los pasos requeridos y completos, mi escrito no llegaba a ser cuento. Ni siquiera un muy mal cuento, un simple relato. Punto.

Siendo matemático y programador de computadoras, eso no me cuadraba. De todas formas, como a mí no me interesaba aprender a escribir cuentos y por otras razones adicionales, deje de asistir poco después de terminado dicho curso.

Ahora lo positivo. El libro de redacción ahí recomendado, es su soporte fundamental. Los comentarios y correcciones referentes a redacción de la profesora, resultaron muy valiosos.

Dichos libros escritos por mí arriba mencionados, requerían una revisión de estilo profunda. Estoy seguro que me fue, y me será, de gran utilidad para que yo mismo, con mucho más estudio, práctica, tenacidad y paciencia pueda terminarlos, para que puedan ser publicados. Para ejercitar y mejorar mi redacción y por puro gusto, una de mis principales actividades diarias es la de escribir sobre diversos temas que se me van ocurriendo, de los cuales tomo nota y posteriormente los desarrollo. Si resulta un cuento: maravilloso, "si sólo es un relato", me da exactamente lo mismo. Lo importante es transmitir mis ideas como: cuentos, relatos o crónicas. La forma literaria específica, ¡me es irrelevante! Este es el cuarto libro publicado.

¡Peligro, alto voltaje!

DE LAS DOCENAS de fórmulas que aprendí de memoria durante mis dos años de ingeniería y cuatro de matemáticas, *casi* únicamente me acuerdo de una, la ley de Ohm: V = RI; el voltaje es igual a la resistencia multiplicada por la corriente; la recuerdo por su regla nemotécnica: *V*ictoria *R*eyna de *I*nglaterra.

De las varias actividades interesantes con las que me he topado en mi vida, todas han sido acogidas con pasión. Ya siendo yo hoy *grande*, como se llamaba a los viejos con excesiva educación en mis tiempos jóvenes, me topé nuevamente con una oportunidad de aprender otra actividad que ya había practicado por varios años, pero sin tener el conocimiento adecuado para llevarla a cabo con propiedad, y tener posibilidades de alcanzar una carrera literaria exitosa. Me estoy refiriendo al arte de escribir con elegancia.

Un volante dejado debajo de mi puerta, invita a un *Taller de Escritura de Cuento con Coaching*, impartido por una tal Victoria Medellín. Hablo con Vicky. Me parece una buena opción y me inscribo a su taller. Ella indica un par de libros de texto excelentes. Su taller es manejado mediante disciplina y cada alumno, en su turno, debe hablar al mínimo. Prohibido platicar.

Complementa y aumenta la lista de condiciones que debe tener un cuento para ser cuento. Presenta temas de cuentos para tareas, que al principio, parecen sacados de la manga y descabellados, imposibles de compaginar. Pensando, encontramos la forma de relacionarlos y algunas veces, a nuestro trabajo le ve algunas posibilidades verdaderas. Nos alienta e impulsa a que logremos aprender. Nuestras preguntas muchas veces nos las revierte, lo cual nos remite a investigar por nosotros mismos, es decir, a que aprendamos de forma más profunda.

El taller capta pocos alumnos. Como en varias otras actividades de importancia en nuestra civilización actual, pocas personas se interesan en aprender, pensar y aprovechar el tiempo. — ¡Qué aburrido, mejor veo al canal del desagüe, perdón, de las estrellas, y obtengo una *maestría en analfabetismo* y si persevero aún, un *doctorado con mención suma cum laude en ignorancia,* y *si voy en caballo de hacienda,* una esposa actriz, trabajadora — con sueldos estratosféricos —, ahorrativa, dueña de mansiones descomunales (pagadas a plazos) y hasta la presidencia de la republica!—.

Desde el primer *cuento* que presenté en el taller, pensé: mis compañeros y sobretodo Vicky, no van a dar crédito; ¡qué *escritoraso*!, ¿a qué viene a este taller?

<u>Ese no es un cuento</u>. ¡Pàcatelas! ¡No manchen! (en mi tiempo, esta aseveración se refería a un aspecto maternal). Ni modo: hay que entender que no son matemáticos. Tendré que explicárselos muy a detalle.

— ¡Aquí no se habla después de leer el cuento!, advirtió Vicky con voz firme.

Pero esa norma es ilegal e injusta, cualquiera tiene derecho a defenderse o a explicar su punto de vista.

Negado.

Van a ver lo que es bueno en mis siguientes cuentos, van a ser imposibles de refutar, reflexioné.

Segundo y tercer cuento: lo mismo. Ellos continúan estando mal, ¿existirá alguna clase corta y económica de matemáticas o lógica en donde ellos puedan aprender a entender cuentos basados en temas no triviales? Lo voy a averiguar, su falta de entendimiento ya me está causando molestia. No doy con ningún tal curso.

Cuarto cuento:

— ¡Felicitaciones! ¡Ya estas encontrando tú estilo! Bueno, menos mal, por fin están comprendiendo lo que plasmo en mi escritura, les costó trabajo pero ya hubo la reacción esperada desde el principio.

Ahora me remito al tema referente a los puntos que debe contener un cuento para ser cuento. Como era de esperarse, para Vicky, no son suficientes: agreguen el punto 25 —*conflicto*—, 26 —*segunda historia*—, 27 —*transformación del personaje*—, y 28 *vuelta de tuercas* (un giro en la trama), y los detalla. ¿Cómo, no son suficientes los 24 anteriores? ¿A qué complejidad quieres llegar? Bueno, si a esas vamos, ¿y yo por qué —no—? Pero como matemático, me debo a mi mismo, el proponer un teorema —el cual tendría que probar—, o cuando menos un axioma —a ver quién me lo refuta—, viéndolo bien, mejor me quedaré con una conjetura, que es la siguiente: conjetura *Velasco*; E = mc²; afirmando ésta qué para que un cuento sea cuento, su elaboración (E) medida en unidades de transpiración, debe de tener un método de redacción (m), medido en unidades *Beatriz Escalante* (escritora del libro de Redacción) multiplicado por el cuadrado de su comicidad (c) medida en unidades de carcajadas por minuto. Incluyo el concepto de comicidad ya que Victoria "se moría de risa" en gran parte de mis presentaciones. Su inmenso parecido (idéntico) a la famosa fórmula de Einstein es pura coincidencia.

Este relato lo escribí al día siguiente de haber sido felicitado, intentando incluir los nuevos puntos *Vicky*, pero éstos resultaron *externos al cuento*, por lo que quise proponerlos como válidos, pero ya sabía la respuesta de ella: ¡No! —Hay que ser implacables—.

De cualquier forma quiero mencionarlos. Yo, muerto de risa, necesito ir *a hacer* pipí, antes de que ocurra un desaguisado (mi extrañado amigo Gonzalo Gonzalvez, me hubiera dicho; estas mostrando un desconocimiento severo de biología: la pipi ya está hecha, querrás decir *dejarla*. La concentración vuelve, cuando mi esposa avisa (*distractor*): *se pinchó el caucho,* que de acuerdo a unos amigos venezolanos quiere decir: se ponchó una llanta. Suspendo. Con la llave de cruz desenrosco (*primera vuelta de tuercas —presentación de una situación inesperada—*), cambio el neumático y enrosco todos los birlos (*segunda vuelta de tuercas, ¡y ahora en sentido inverso!*). Yo, cambié de escritor con vejiga llena a escritor con vejiga vacía (*transformación del protagonista*). Y respecto al *conflicto,* hubieran visto la que se le armó a mi esposa por distraerme. ¿No es esta una *segunda historia paralela*? ¿No se cumplen aquí las nuevas reglas propuestas por Victoria?

Creo haber aprendido, ¡y lo que me falta! para poder escribir realmente buenos relatos (o cuentos). Pero mi estimado y admirado Arturo Pérez-Reverte, agárrate y escribe mucho más y mucho mejor, te pienso pisar los talones.

Este relato no estuvo pensado como cuento; si lo logró, fue por pura casualidad, pero si lo fue para agradecer a Victoria, su gran labor. No será reina de Inglaterra, pero yo la considero como a la reina de los talleres de redacción. Gracias Vicky.

Hace poco tiempo fui a la Librería Gandhi y busque a Vicky para saludarla. No la encontré. Al preguntarle a uno de los vendedores por ella, me informo que le habían detectado una enfermedad terminal y que ya no podía dar clases. Me dio mucha pena y al hablar a los teléfonos que yo tenía de ella, ya nadie contesto. Una gran pérdida para la enseñanza literaria. Nunca nos comento acerca de algún dolor o padecimiento, pero eso nos recuerda que, aparentemente podremos lucir y sentirnos muy sanos, pero en realidad, no tenemos idea de lo que tenemos por dentro.

A continuación escogí los cuentos que me fueron asignados en el curso de redacción que tomé y que me fueron de gran utilidad. *Cuando el tema del cuento a desarrollar fue asignado por la maestra, ahí se indica entre paréntesis, abajo del título del relato.* El título del cuento y su contenido es, en su totalidad tarea para el alumno. Es importante mencionar la habilidad que tengo de resolver problema(s) durante un sueño, en estos casos, la redacción de un relato. El primero (el cual aparece inmediatamente arriba) se refiere a la evaluación de dicho curso y al relato que yo le había dedicado a mi profesora, pero que ya no tuve oportunidad de presentárselo.

Inmediatamente después de regresar de un taller, yo le dedicaría un cierto tiempo a pensar en la tarea. En varias ocasiones, me iría a dormir sin tener la más remota idea de cómo redactarla. Sin embargo, a la mañana siguiente, muy frecuentemente la respuesta me aparecía con una claridad asombrosa y en menos de una hora ya estaba terminada y revisada en mi computadora.

Cinco 2πr y una supernova
("Bárbara, Bárbara, Bárbara")

• *AMELIA EARHART* SABIA volar! Aprendió a volar de niña. Fue la primera mujer en cruzar el Atlántico. Casi circunvoló el Ecuador cuando perdió curso y su aeroplano se quedó sin combustible. Nada se recuperó.

Otra niña, de otra nacionalidad, también sabía volar. La diferencia es que la primera volaba aviones y la segunda volaba sin alas. Elegante en sus movimientos, ingresó en una escuela cuyos profesores eran excelentes didactas. Ella tenía su *motto*: "no reces por una vida fácil, reza por ser una persona fuerte" [...] ¡Vaya que si ella lo aplicó a sí misma!

Bárbara, Bárbara, Bárbara.

Saltaba mejor que una pulga, en equilibrio superaba a un gato, en el piso aventajaba a una serpiente, corría superior a un Guepardo, y en trapecio sobresalía al Circo Ataide.

Bárbara, Bárbara, Bárbara.

Presentarse en alguna Olimpiada, aun quedando en último lugar, es una gran proeza. Ganar una medalla de bronce o plata, ni se diga oro, ¡hazaña mayúscula! Con sólo catorce años de edad ganó; ¡siete medallas de oro! de golpe y porrazo y el título combinado de todos los ejercicios, superando a las rusas, invencibles hasta entonces.

Bárbara, Bárbara, Bárbara.

Los fabricantes de equipos que despliegan la puntuación preguntaron al Comité Olímpico cuántos dígitos se requerían para la gimnasia. Tres, contestaron. Un diez perfecto no era posible. Cuando esta calificación la logró, y se desplego 1:0; causó confusión: ¡lo impensable había ocurrido, una ejecución inmaculada!

Bárbara, Bárbara, Bárbara.

¿Planeta de ésta criatura? Mismo, otro continente. Años después, ¿qué debería hacer?: permanecer en Rumania y entrenar a pequeños prospectos o emigrar a los Estados Unidos y entrenar a niños hábiles que bien podrían ganarle a sus compatriotas. Plan B: con su esposo son dueños de la *Bart Conner Gymnastics Acadermy*, la *Perfect 10 Production Company*, y la revista *International Gymnast*, etc.

Bárbara, Bárbara, Bárbara.

*Nadia Comaneci, d*e casi preadolescente a digna doble receptora de la Orden Olímpica e integrante del Salón Internacional de la Fama de Gimnasia y decenas de otros premios y reconocimientos. A ella se le conoce por su despliegue de limpísima, innovadora, difícil técnica y por su fría actuación en donde comentó: ¿a qué se refiere la gente cuando habla de presión? ¿Qué es eso?

Bárbara, Bárbara, Bárbara

El relato a continuación se me ocurrió a partir de que en el taller leímos el cuento *Metamorfosis*, de Kafka y la imagen de un insecto desagradable quedo en mi mente. Al despertar la mañana siguiente, me apresure a redactar la tarea así solicitada.

La cucaracha, la cucaracha, ya no puede caminar ...

• **LUCHA A MUERTE!** Este es mi firme propósito. ¡El nauseabundo y detestable insecto no podrá más que yo! Me podrá sobrevivir millones de años, pero no compartiré mi hogar, ni con una de ellas.

No me acuerdo desde cuando empezó a aparecer esta plaga dentro de nuestra casa. Pero, con toda seguridad, en muchísimos años, de los cuarenta y tantos que llevamos viviendo en esta casa, no existía ni una de ellas dentro de la misma.

¿Por dónde se meterán?, pensé. Seguramente nos llegan de algunos vecinos poco pulcros, por lo tanto empezaré por la azotea. Ahí, efectivamente existían múltiples lugares de fácil acceso, las ventilas de los baños, por ejemplo. Compré tela de malla fina y sellé todo lugar probable de ser la puerta de los animalejos indeseables. Poco a nada cambio.

Segundo intento: tenemos que utilizar los insecticidas adecuados y nuestro problema, se acabará. Así lo hice, y sirvió, con relativa eficacia, pero se apesto la casa y no se eliminó dicho problema.

Tercer intento: recomiendan el Bórax, como a un muy eficaz veneno, le comenté a mi esposa y me dirigí a la Farmacia Cosmopolita, ya que no lo venden en cualquier farmacia. Con el polvo en mano, me dediqué a esparcirlo por los rincones de todos los pisos de nuestra casa, inclusive en los cuartos de la azotea. En apariencia, no quedaba gota de agua alguna en el fregadero, ni rastro de comida de ningún tipo, accesible al artrópodo. En los baños no utilizados, coloqué un periódico en las coladeras para cerrarles el paso. Disminuyó un poco la molestia, pero seguían apareciendo en la sala, cocina y hasta en las recámaras. Mi esposa me insistía: hay que llamar a alguna empresa de control de plagas, pero yo sabía que esa solución sería, cuando mucho, algo temporal y si un muy buen negocio periódico para dicho tipo de empresas.

Solución: Me percate (lo debí haber hecho mucho antes) de que las puertas de entrada de la calle, del jardín a la cocina y paso a la azotea tenían un ligera, pero suficiente apertura para que esas fueran sus gloriosas entradas. Colocar tiras de hule espuma en dichas puertas soluciono definitivamente el problema. En nuestra casa, como en la canción: aun si tuviera mariguana, la cucaracha, no podría caminar.

Daimon

("Los ojos se le saltaron de sus orbitas, como si más de la mitad de su circunferencia estuviera fuera, apenas contenida por el vidrio de sus lentes").

*R*ICHARD FEYNMAN ES un personaje entrañable; echado de menos por sus alumnos, lectores y colegas, debido a su buen humor y difusión de sus conocimientos. Le encantaba hacer bromas y abrir escritorios y cajas fuertes —sin contar con llave o combinación— que contenían información confidencial. Viviendo en un lugar con restricción militar inventaba nuevas claves para comunicarse con su esposa. Fue el único científico invitado para estudiar la catástrofe del *Challenger*. Él dictaminó y demostró el problema: empaque desintegrado por frio extremo. Los gerentes respectivos ignoraron dicho riesgo. Sin embargo este notable descubrimiento se relegó al apéndice del estudio de la *NASA*.

Por estar redactando su tesis para doctorado, se negó a colaborar con el proyecto *Manhattan*, pero, después aceptó por causa patriótica.

Hongo nuclear.

Él fue el único que observó la primera explosión de un artefacto nuclear sin anteojos protectores. *Los ojos se le saltaron de sus orbitas, como si más de la mitad de su circunferencia estuviera fuera, apenas contenida por el vidrio de sus lentes.* Se dio cuenta de que Daimon (*el Demonio,* apodo de la bomba atómica), con o sin trinche, con facilidad podía acabar con nuestra civilización. Cuando las bombas fueron arrojadas en Japón, todo mundo en *Los Álamos* festejó, como si sólo hubieran sido fuegos artificiales, desentendidos de las decenas de miles de damnificados.

Hongo nuclear.

Sin embargo, después mientras caminaba por *Nueva York,* les decía a las personas: ¿para que construyen puentes?, ustedes no entienden, ya no tiene caso, estamos en peligro de extinción. Esa depresión le duró muchos años y siempre se arrepintió de haber colaborado a tal brutalidad.

Hongo nuclear.

Uno de tantos grandes científicos que tuvieron las manos llenas de sangre y dejaron al planeta no colgado de un hilo, pero si de un botón.

Hongo nuclear.

Adeudo incobrable
(Starry-eyed, Acapulco Bay y Come Fly with Me)

*E*SPERANZA Y *LIBERACIÓN* se conocieron en *El Club de la Amistad de Atizapán*. Inmediatamente se convirtieron en amigas pues ambas tenían muchas deficiencias en común: ignorancia rampante y ferviente creencia en; la veracidad de la lectura de café, regresiones, astrología, mal de ojo y similares.

Sus respectivos esposos, un poco más leídos, con frecuencia tenían conflictos con ellas y las incitaban a que visitaran la *Librería Gandhi* en *Satélite*, para comprar libros de ciencia que les permitiera abandonar su fanatismo. En particular les recomendaban el libro; *El mundo y sus Demonios*, escrito por el *polymath, Carl Sagan* y Ann Druyan, en donde trata todos estos temas y proporciona reglas para no dejarse engañar como a un *starry-eyed*. Por cierto, añaden, deberían aprovechar para inscribirse en talleres de lectura y redacción, lo dicen con conocimiento de causa. ¡Ya despejen la bola de burradas en las que creen ustedes!

Desafortunadamente, sus absurdas convicciones se habían enraizado muy profundo, habían cruzado el rubicón. Se reunieron en un *VIPS* para tomar un café y planear sus vacaciones. Acordaron viajar a la *Bahía de Acapulco*.

Liberación proponía mediante transporte terrestre —más económico—, pero *Esperanza* insistía en transporte aéreo —*volemos juntas*, yo te invito—. Para la compra de boletos utilizaré la tarjeta de crédito, *¡qué lo paguen nuestros viejos incrédulos!*

Aprovecharon una mañana, cuando los esposos ya habían salido a trabajar, para hacer breves maletas, pedir un taxi y trasladarse al aeropuerto. En su destino, un taxi las llevó al hotel *Fiesta Palace,* en donde se habrían de hospedar. Ya en traje de baño, se dirigieron a la playa, con su reproductor de música y sus CD's de *la voz*. Acomodadas en sus camastros, bajo ardiente sol y escuchando su favorita: *Come Fly With Me*, pidieron apetecibles tequilas dobles y se dispusieron a gozar de la vida, esto es, sus últimos días.

¡La semana siguiente; 21 de diciembre de 2012, se acabaría el mundo!

La siguiente tarea, se nos pidió después de leer el pequeño y excelentemente redactado libro: *Ojos Azules* del gran escritor Arturo Pérez-Reverte. En esta asignación, se pretende imaginar cual pudiera haber sido, el deseo de la india, pensando en su hijo por nacer y en el ambiente peligroso de su tribu.

Contrapunto
(¡Ojalá que mi hijo tenga ojos grandes y oscuros!)

*B*ACH DECÍA: DURANTE una fuga; —contrapunto—, los músicos deben oírse como si estuvieran platicando con sus instrumentos.

La similitud a tratar aquí, es la conversación profunda, espiritual y muy rápida que la india hubiese podido tener con *ojos azules*, dada la oportunidad y el conocimiento del idioma español.

—"Cuando ustedes llegaron, creíamos que eran teules, hasta que se bajaron del animal y vimos que hacían lo mismo que nosotros: comer, defecar, calzar, etc.; entendimos que éramos muy parecidos, nada que ver con deidades. ¿Si yo me daba en cuerpo y espíritu, te acariciaba y te hablaba de amor en mi lengua y te indiqué que te iba a dar un hijo, porque fuiste tan desgraciado conmigo? ¿No te dabas cuenta de que estaba traicionando a mi gente"?

—¡Tienes toda la razón, no tengo madre!

—"Como soy orgullosa, lúcida e inconquistable aquí dentro, ya no volví". Lástima que ahora ya es demasiado tarde, ¿tienes cuando menos cierto aprecio por mí y por tu futuro hijo?

—No solo es aprecio. ¡Me pesa morir cuando por fin encontré el amor en tu tierra! Me arrepiento de haberte tratado como un bruto barbaján y te pido perdón. ¡Cómo quisiera conocer a mi hijo con ojos azules!

—Ya no estando tú, deseo que nuestros guerreros exterminen a todos tus compinches.

Ahí hubiera terminado la conversación, cuando a *ojos azules* lo arrastraban a la cima de la pirámide, sujetado por varios guerreros y el sacerdote le arrancaba el corazón. En ese momento de sentimientos encontrados, la india pensaba: ahora mi amor por ojos azules, lo volcare sobre mi hijo. ¡Ojalá que mi hijo tenga ojos grandes y oscuros!

Abordando el siniestro año 2013
(Abordando el ( ) año 2013)

• AÑO POTENCIALMENTE NEFASTO para nuestro país! (¿otro?). ¡Si, otro más! ¿Peor que los dos sexenios previos o no? Esa es la pregunta de los sesenta y cuatro mil pesos. Hay que recordar los siniestros setenta y tantos del revolucionario.

Apegándome estrictamente a la enseñada lista básica de puntos constituyentes de un cuento, así lo redacto; en forma rara, pero atenido a sus reglas, para que no quede duda: ser o no ser:

Existencia de conflicto(s): Había una vez un presidente en un rico país saqueado sistemáticamente, tan, tan inculto, que en total, en su cerebro había rasgos de haber leído la Biblia (sólo partes), telenovelas, confundía al autor de un libro por otro, e intentaba nombrar uno "sobre las mentiras sobre el libro del libro... (y ahí se quedó)". *¡Esto sucedió durante una entrevista en una feria del libro, cuando le preguntaron que nombrara tres libros que hubieran marcado su vida!* Absoluto pavoroso panorama para el país gobernado por un analfabeta. Es decir, se trata de un cuento de terror. Si ese no es un gravísimo conflicto, no sé cuál lo es.

La segunda historia la conforman acontecimientos previos, es decir, explica por qué dicho personaje fue capaz de convertirse en el mandatario de nuestra nación. El primer presidente de la alternancia, fue literalmente, un personaje de cuento Chino, con una habilidad para el saqueo, ineptitud generalizada y torpeza más allá de toda categoría. El segundo al mando, "haiga sido como haiga sido", con atributos muy similares, logró además superar en forma muy amplia los miles de muertos debidos a nuestro muy bien establecido crimen organizado.

La transformación de los personajes entra en juego cuando políticos corruptos, ignorantes y cínicos cambian de ser bazofia de escasos o cuando mucho de medianos recursos a sátrapas multimillonarios en un sexenio, *y de ahí pal real*.

¿Qué emoción te mueve? Esta va de la frustración e impotencia a los deseos de vomitar por tanta carroña política.

Sin embargo, me calmo al pensar que ese ha sido el comportamiento del Homo sapìens (¿?) desde que existe. Y así siempre será.

El siguiente relato lo escribí dos años después para que se pudiera constatar que el relato anterior no estaba exagerado, sino que más bien, se quedó corto, el nuevo (¿?) pri dinosaurico y podrido regreso a su reinado (dictadura perfecta), llamado al poder por una multitud vividora, ignorante y egoísta a la cual, no le interesa su país; mucho mariachi, tequila y con su banderita de "viva México", patrioteros de quinta, pero no tienen idea de lo que significa ser un patriota.

México directo al despeñadero

U N POLÍTICO MUY conocido tiene este o algo muy parecido como su lema de campaña para las próximas elecciones en 2015. No puede ser más acertada dicha frase. Merece una gran felicitación. Las innumerables pifias del presidente actual, dada su ignorancia cabalgante, su abrazo asfixiante de poder, su inmensa capacidad *para no entender que no entiende*, su cinismo total en México y en todo país que visita, su determinación de desaparecer toda voz que lo denuncia, como la de la valiente periodista Carmen Aristegui, logrado al presionar al dueño de MVS para que la despidiera —*en vez de solicitar el Premio Nobel de la Paz*—, casi todos los días surgen (surgían) nuevas y más cuantiosas operaciones de corrupción que sin Aristegui, jamás se presentaran al público interesado en recibir información verdadera, completa y oportuna, ya que los dizque reporteros tipo Ciro-Gómez-Leiva tampoco entienden que no entienden lo que es una noticia relevante para su país en su peor crisis de corrupción y están o parecen estar comprados para proteger al ejecutivo.

Algunos *verdaderos ciudadanos*, cuando nos enteramos acerca de la vuelta del *pri* al poder, *si entendíamos que entendíamos*, lo que nos esperaba, pero la realidad nos rebasó: ¡y de qué manera! Los nefastos; miguel alemán, echeverría, lópez portillo, díaz ordaz, salinas de gortari, de la madrid (a propósito con minúsculas, como su proceder) parecían, en su momento, disminuir al antecesor, mediante enormes robos y leyes malignas e improcedentes en contra de su "electorado" (ellos mismos se elegían). Es decir; cada presidente sucesivo era mucho peor que el anterior. Como en aquel entonces no se permitía, ni de broma, a una Aristegui en la radio, los ciudadanos interesados no nos enterábamos, de lo poco que nos dejaban saber, y cuando ellos lo decidían, los sátrapas en el poder.

Pero un cierto día apareció un tipo que parecía bonachón y decidido a cambiar al país (¡hoy, hoy, hoy!): —sacar al pri de los pinos—. El partido *pan* lo postulo y muchos millones creímos que esa era nuestra oportunidad. Vaya decepción nos receto. Resulto igual o peor que todos los demás. La oportunidad histórica de convertirse en un verdadero héroe, cambiar la historia de este país en forma dramática, no le intereso un comino. Mejor robar, o permitir a familiares hacerlo, a lo bestia, dejarse manejar por la fulana y viajar sin descanso por todo el mundo, haciendo el ridículo en múltiples ocasiones. Permite verificar que calidad de individuo es contratado —como CEO—, por una importante refresquera, congruente con sus productos. Siguió otro panista: —calderón—, con una guerra contra el crimen organizado que dejo decenas de miles de muertos. Como además no mejoro la situación económica del país, permitió el regreso del nefasto pri, mediante una telenovela presidencial en donde televisa orquesto un cursi romance entre el futuro presidente y una talentosa (¿?) actriz ahorradora y con sueldos estratosféricos (¿?) que le permitieron comprar (¿?) la famosa *casa blanca (siete millones de dólares)*, la cual, al ser revelada a sus radioescuchas por Carmen Aristegui y su equipo especial de investigación, resulto en el arriba mencionado despido de MVS a su equipo de investigación y posteriormente a la periodista.

Actualmente, otra manada de gánsteres llamado partido verde, casado con el pri, lo que le da mayoría en el congreso (para hacer absolutamente todo lo que quieran) y quienes han acumulado multas cercanas a los cuatrocientos millones de pesos por *más de ocho desacatos consecutivos* y a quienes no le quitan el registro como partido (¡las autoridades son juez y parte!).

Las encuestas le dan a EPN una calificación de 3 (tres, de 0 a 10) —reprovadisimo—, él cínicamente dice que "no trabaja para que le den medallitas", efectivamente, trabaja para que lo compren con camiones de transporte de valores repletos de lingotes de oro macizo. Hasta ahora, el pueblo ha aguantado, pero todo tiene un limite, como dicen en algunos deportes, "¡esto no se acaba hasta que se acaba!"

El que no corre, vuela
(El que no corre, vuela)

LA TAREA ERA colosal. Se requería descifrar tres mil millones de incógnitas. Existía presupuesto fijo y tiempo límite de terminación. El primer director del proyecto, fue un Premio Nobel, quien renuncio poco después de su nombramiento. El segundo, resulto ser un personaje, que en alguna revista importante (¿Time?), apareció en la portada montado en una motocicleta y vestido a la Marlo Brando en su película: *The Wild One*. ¿Un "rebelde sin causa" a cargo de este tipo de proyecto? ¿Quién hace este tipo de nombramiento? Solo alguien con suficiente poder para poder boicotearlo, ¿pues de que otra forma se puede explicar?

Sucede que, otro de los personajes vitales para resolver el problema, decide renunciar y formar su propia compañía, es decir, ahora no se trata de solucionar el proyecto en forma conjunta, se trata de una competencia feroz.

"El salvaje" avanza, pero lentamente, se ve que conoce su trabajo, pero a ese paso, solo con 3% de avance, a la mitad del plazo, jamás terminara a tiempo.

El "empresario", sin embargo, con una magistral concepción de la única solución del problema, para terminarlo dentro del presupuesto y tiempo asignado, divide el objeto estudiado, en "un tiro de escopeta", y así es capaz de aumentar, en varios grados de magnitud, la velocidad del análisis requerido. Para poder realizar este prodigio, requirió la adquisición de decenas de las más avanzadas computadoras del momento, incluso, unas diseñadas ex profeso para dicho problema. Su horario: todas trabajaban simultáneamente; 365 días al año y durante 24 horas, sin descanso.

Para el ataque de este problema; el Dr. Francis Collins, trotó, el Dr. Craig Venter, galopó. Venter había logrado descifrar el genoma humano, antes del plazo estipulado.

Dinámico o Estático
(Estático es el conflicto)

CARLOS Y ALBERTO se habían conocido en la primaria y se habían convertido en amigos íntimos. Cursaron secundaria y preparatoria en la misma escuela. Eran unos destacados deportistas: Carlos portero y Alberto centro delantero. *El Club América* estaba interesado en ambos y estaba pendiente una decisión para aceptar tan buscada oportunidad. Sus respectivos padres, exigían una carrera profesional como prioridad; el deporte en segundo lugar. Carlos entró a un seminario; quería el sacerdocio. Alberto ingresó a la universidad con la intención de graduarse como astrónomo, lo cual logró. A pesar de sus diferentes profesiones, continuaron con su gran amistad.

En una ocasión, Carlos invito a Alberto a una misa que él impartiría. Durante el sermón, Carlos habló sobre el hermoso firmamento, "creado específicamente para que los humanos lo pudieran disfrutar". Al terminar el oficio litúrgico, los amigos acordaron comer juntos. Después de saborearse un rico postre y el obligado café, Alberto le preguntó a Carlos si él estaba enterado de que un sacerdote católico —*Georges Lemaitre*—, había propuesto que el universo se expandía y que por lo tanto, el concepto de un cielo estático; —el firmamento—, estaba equivocado. Dicha hipótesis fue confirmada después, lo que les valió un premio Nobel a sus descubridores (Arno Penzias y Robert Wilson). Le sugirió utilizar mejor la palabra cosmos o universo en futuros sermones.

La expresión de Carlos tomó un aspecto enojado y su cara se tornó color rojizo, muestra de un coraje que no podía disimular.

— ¡Como te atreves a corregirme en temas religiosos, que tú no conoces y que yo he estudiado por años, ya me imagino lo escéptico que te has vuelto, como todo científico eres un vulgar ateo!

Alberto dudó de sus oídos, ¿su amigo desde la infancia, alterado a tal grado, por una simple sugerencia?

—Oye Carlos, ¿qué vas a romper nuestra amistad por esta nimiedad?

— ¿Nimiedad, la llamas? ¡Me has ofendido en lo más hondo de mi ser y yo no puedo ser amigo de un ateo! De paso rápido salió del lugar.

Alberto no lo podía creer, la diferencia entre dinámico y estático pudo abrir un conflicto abismal entre un religioso fanático y un científico tranquilo.

Pavorosa equivocación
(El letrero)

PARA LAS VACACIONES de verano de 1979, decidí viajar a *Disneyland* acompañado por mi esposa Paty y mis dos hijos — Octavio de ocho años y Rodrigo de seis—, las cuales se iniciaron con un disfrute al máximo. Actividades sin descanso, desde la hora de apertura del parque hasta la hora de cierre. Tres días sin parar. Al día siguiente, nos enfilamos buscando la entrada a la carretera a nuestro siguiente destino. En un cierto punto vi el letrero verde clásico que me indicaba dar vuelta a la izquierda — *Highway 1 North San Francisco* —, lo cual realicé. Después de un cierto tiempo de conducir por varias calles con varias otras vías convergiendo, constaté que ninguna calle tenía nombre y me extrañó que no hubiera vehículos alrededor y me percaté de que seguramente había tomado una ruta equivocada y que estábamos perdidos. Repentinamente las calles pavimentadas desaparecieron, las cuales fueron reemplazadas por caminos sin pavimentar, en pésimo estado que parecían haber sido bombardeadas. Bueno, me dije a mí mismo, tratando de darme ánimo, no sé cómo regresar, pero seguramente o salgo pronto a un lugar transitado o bien encontraré a alguien a quien preguntar cómo llegar a la carretera buscada.

Ni uno ni otro. Pasaron tres horas, la noche empezó a caer y el nivel de gasolina a descender peligrosamente. En un cierto momento vi a lo lejos un letrero, lo que me animó, pues ése seguramente daría información de cómo salir de dicho embrollo. Pude leer: *Army Proving Ground Keep Out* y se veían tanques estacionados, agujeros de bombas por todos lados y ni un alma a quien pedir ayuda. No, pude remediar pensar: estúpidos militares, ¿cómo es posible que no ubiquen letreros y coloquen vallas *en la entrada* de este infierno?

Muy asustados y temerosos de quedarme sin gasolina, alimentos, agua y con toda mi familia, perdidos en una zona no frecuentada, no tuve más remedio que seguir avanzando con la esperanza de encontrar a alguien que nos pudiera ayudar. Los niños, dándose cuenta de la peliaguda situación empezaron a llorar, lo cual complicó aún más nuestro predicamento. Yo intentaba calmarlos, así como a mi esposa, con palabras de aliento y que lo vieran como a una aventura para contar a sus amigos en la escuela.

Ya en plena noche, con la luz de la luna en cuarto creciente, los faros de una camioneta militar aparecieron en sentido contrario. El conductor, muy sorprendido de encontrar a alguien en ese inhóspito y solitario lugar, amablemente me indicó el camino a seguir, el cual consistía en subir hasta la cima de la cordillera para de ahí bajar hasta encontrar la carretera buscada. Todavía muy consternado, pero ya con la seguridad de viajar en la dirección correcta, llegué a la cima, cuidando al máximo la presión de mi pie derecho sobre el acelerador. De esta forma, el camino de bajada casi no consumió combustible. Al llegar al buscado *Highway* y detenerme en la primera gasolinera encontrada, se cargaron cincuenta y ocho litros, es decir, quedaban únicamente dos litros. Inhalé y exhalé con tranquilidad por primera vez en horas y di gracias por mi increíble suerte. *Western Standard Time:* las tres de la madrugada. Como en un clásico final de *Hollywood*, nos salvamos, casi en el último segundo.

Que aprendí en ese viaje: jamás viajar con poca gasolina y en caso de duda, intentar reencontrar el camino correcto y, por supuesto, no viajar de noche.

Para la vuelta inicial que debí haber dado, me anticipé demasiado. Ese letrero no indicaba a qué distancia dar vuelta. La entrada correcta se encontraba algunos cientos de metros más adelante. Esto pudo haber tenido consecuencias fatales para algún(os) miembro(s) de mi familia. Nunca me lo hubiera perdonado.

La desaparición del 23
(Tema libre)

¿QUÉ PASARÍA SI yo, el *23* dejase de existir? ¿Acaso es que cambiaría de forma paulatina a algo como, por ejemplo, 22.99 y continuaría disminuyendo mi valor, de esta forma hasta desaparecer al encontrarme con el 22? Este cambio inicial (solo una centésima), que para casi cualquier persona le da lo mismo, para cualquier matemático, no lo es. Ése es uno de los engaños que la mercadotecnia aplica a los precios de casi cualquier producto y el comprador casi jamás lo capta. Pero no, éste no es mi dramático e inexorable destino. Mi desaparición sería paulatina, pero real.

Mi diseño es un desastre y soy muy inestable. Más aún, existe un conflicto serio de coexistencia con mi contraparte, porque en realidad existen dos variedades de *23*. Con el paso del tiempo, geológicamente hablando, mi sustancia se irá reduciendo, hasta desaparecer. Planteado en forma estricta, solo la mitad del *23* desaparecerá. Esto, sin duda, suena confuso. Necesito explicarlo de mejor manera.

Esto resulta más sencillo, si me presento mediante mi función oficial. Soy el cromosoma que determina el sexo. Como es bien sabido, soy el responsable de la existencia del género masculino. Tengo esperanza de que la genética avanzada de los siglos venideros, pueda corregir el problema, a saber; de mis dos partes, la parte más pequeña se reducirá hasta que desaparezca en su totalidad. Dicha porción es en donde se encuentra el gen maestro (SRY), el cual "dispara" varios otros genes lejanos, a encenderse o apagarse, los cuales definirán el sexo.

De así suceder, el género femenino dominará la tierra y el macho ya no será el ser dominante de este planeta. Es más, ya ni existirá. ¡Nada más eso nos faltaba! Me siento desolado y muy preocupado. Todos los *23* tipo *Y*, quienes somos cientos de millones en cada evento, tenemos que nadar al estilo *Phelps*, para ganar la carrera; no podemos permitirnos el lujo de perder ante nuestra contraparte, el tipo *X*. Esto les dará mayor oportunidad y tiempo a muchos más científicos, machos por supuesto, de encontrar una forma de garantizar nuestra supervivencia. Ni lo mande Dios. ¡Faltaba más!

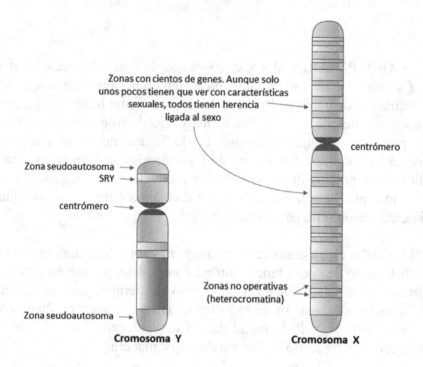

Zonas con cientos de genes. Aunque solo unos pocos tienen que ver con características sexuales, todos tienen herencia ligada al sexo

centrómero

Zona seudoautosoma
SRY

centrómero

Zonas no operativas (heterocromatina)

Zona seudoautosoma

Cromosoma Y

Cromosoma X

Pedida de mano y espejo chueco
(Pedida de mano y espejo chueco)

(Pedida de mano y espejo chueco)

ESA CHICA ESTA guapísima — el paraíso en la tierra —, pensó Roberto, al mismo tiempo que se dirigía, un poco atrás de ella, hacia la cafetería de la universidad; con la charola en sus manos, la localizó y se dirigió hacia la mesa que ella ocupaba, con tan buena suerte, que el lugar justo enfrente de ella estaba vacío. Pidió permiso para sentarse ahí. Concedido.

—Yo soy Roberto Ruiz, ¿Cómo te llamas?

—Sofía Álvarez. Mucho gusto recíproco.

— ¿Qué estudias? preguntó él.

— ¡Biología!, ¿y tú?

—¡Economía!

Así continuó una larga plática, inicio de una gran amistad. Al tomar ella su vaso con refresco, se le resbala y la totalidad de éste empapa la camisa y el pantalón de él. Ella con gran pena le pide mil excusas.

— No te preocupes, eso nos pasa a todos. Asunto arreglado.

— ¿Te importaría decirme en que día cumples años?, inquirió Roberto.

— Claro que no, el 3 de marzo.

— Gracias.

Al día siguiente que se encontraron, según previa cita, el economista, entregó a la bióloga un sobre.

— Me atreví a efectuarte una predicción de tu biorritmo, espero que te sirva.

— ¡Qué amable!

Al regresar Sofía a su casa guardó el sobre sin abrir en su buró y pensó: bueno, todos tenemos nuestras peculiaridades. En dos meses, la amistad se convirtió en noviazgo, fecha cercana a su mutua graduación. Meses después, durante una cena, en un restaurante muy elegante, pero en un lugar privado, Roberto le pide a su amada que se casara con él.

— Sí, yo también te amo.

Noche de *pedida de mano*. Principales miembros de ambas familias reunidos celebrando. Trámite oficial, concluido. Sofía, para estar segura que está impecable, se mira en el *espejo* colocado en el hall, nota que está *chueco* y lo endereza, este ligero movimiento causa que el taquete que lo sostiene, se desprenda, causando un estrepitoso golpe contra el piso de granito: espejo convertido en añicos. Roberto, dando un gran salto, vocifera:

—¿Cómo puedes ser tan estúpida, no sabes que nos tocarán siete años de mala suerte?

El silencio sepulcral parece una eternidad, los comensales se miran unos a otros impávidos. La mamá de la pedida lo rompe nerviosamente y llama:

—¡La cena está servida!

Roberto, demasiado tarde, cae en cuenta de su comportamiento de barbaján lépero y literalmente se pasa la cena sin probar bocado y pidiéndole perdón.

—Te lo pido de rodillas, delante de todos, suplica.

—No, no es necesario.

Después de una terrible noche de insomnio, la bióloga ha tomado una decisión. Como científica, sabe que los Demonios de la Superstición, a tal extremo de fanatismo, son incompatibles con su modo de pensar.

En su siguiente encuentro, Sofía le devuelve el anillo de compromiso sin mediar palabra y se da la media vuelta, agradecida desde el fondo de su corazón, de que la verdadera personalidad de Roberto afloró justo a tiempo.

L A COLONIA JUÀREZ, què colonia tan simpàtica e
interesante. En ese lugar se ubicaba mi casa. Esto es,
durante mi niñez, adolescencia y durante mi vida de soltero. Ahora
es un un lugar abominable, repleto de *tipos raros, giros indeseables*,
basura por doquier, cuartel de policia, transito espeso y lugares
de estacionamiento casi inexistentes. Què tristeza, pero esa es la
tendencia de nuestra civilizacion (en algunos lugares) : lo bello
hay que minimizarlo, ignorarlo o destruirlo y de alguna forma hay
que desaparecerlo. Y para muestra lo siguiente y digo el porque;
conservemos *deportes* monotonos, como el Basquet Ball o el Hand
Ball (las jugadas diferentes son minimas), lentos como el Base Ball
(aunque de vez en vez aparecn jugadas espectaculares y decisiones
inteligentes de los managers, pero siempre se pueden apreciar
jugadores escupiendo), vulgares como el Foot Ball soccer (jugadores
que escupen y muerden, que dan cabezazos en su partido de despedida
y son expulsados, que les sacan tarjetas rojas innecesariamente en
partidos cruciales, que sus directivos tienen escandalos de corrupción,
que alardean como locos amanerados por un simple gol, locutores,
publico y jugadores que gritan "goooooooooooooool" como si
hubieran descubierto el transistor o la penicilina, etc.) , violentos
como el Foot Ball Americano (aunque tiene jugadas espectacualres
y algunas buenas decisiones de sus managers), o aun francamente
brutales como el Hockey sobre hielo, ya ni que mencionar: lucha
libre, box (si, tambien ahora femenino), toros, etc. Pero al deporte
varonil, espectacular, y elegante hay que desaparecerlo. Hay que
tirar los pocos frontones que aun quedan (ya tiraron el Mixcoac, el
del Club France) el Elorduy recientemente remodelado lo alquilan
como estacionamiento.El fronton Inclan todavia momentaneamente
funcionando, y *El Palacio de la Pelota*, uno de los mejores y mas
largos frontones del mundo en huelga desde hace años de años.

Retomando la Colonia Juarez, en el nùmero 26 de Hamburgo se encontraba mi casa, a media cuadra de Insurgentes. Frente a dicha casa pasaba el tren *Cima*. Cuando dejo de funcionar, le cambiaron el sentido a la calle y entonces pasaban los camiones *Colonia del Valle y Coyoacan*, pero eran tiempos de relativa poca circulacion de vehiculos, habia lugares para estacionar los vehiculos y podiamos jugar en la calle con casi absoluta seguridad. Cuando algun turista o mexicano irrespetuoso del reglamento circulaba en sentido contrario, Raul Baeza le gritaba "sentris contris", creyendo que el conductor del vehiculo, seguramente entenderia dicho mensaje. Dependiendo de la temporada jugabamos "fut soker", "tochito" o bote. La colonia se mantenia limpia de basura y de tipos indeseables. Los vecinos eramos buenos amigos que nos buscabamos unos a otros todos los dias. El de mayor edad y lider se llamaba Gildardo Magaña. Èl se encargo de ponernos apodos a todos, menos a mi, o por lo menos nunca lo escuche. El peor individuo para poner apodos era Gildardo, quien tenia labio leporino, por lo cual lo apodamos *cucho*, aunque casi nunca se lo dijimos abiertamente. Yo, vecino puerta con puerta de los hermanos Francisco y Jorge Agundis Pasquel, hijos del conocido oculista y una hermana de la entonces temida familia Pasquel, intimos amigos del entonces presidente Miguel Alemán y manejadores de jugosas aduanas. En su amplia casa se podia observar una amplisima colección de todo tipo y calibre de rifles –eran cazadores asiduos de Africa-; como si èsto no fuera suficiente, en un terreno adyasente tenian jaulas con osos y otra con leones, vivos por supuesto.

A la vuelta de la casa se encontraban la estatua de George Washington (en donde me rompi un diente) y que posteriormente la trasladaron al Parque de Chapultepec, la famosa neveria Emilio Chiandoni, un *super* – Sumesa-. A una cuadra el Paseo de la Reforma por donde cada 16 de septiembre, tanques y soldados marchaban, pasando por la embajada de los Estados Unidos, frente al àngel (la àngela).

Mi amistad con los referidos vecinos se esfumo cuando viaje a California para vivir con unos parientes mientras asistia al ultimo año de High School. Jamas volvi a saber nada de ellos, excepto de Carlos Humphrey quien trabajaba como contralor en una empresa de computacion y a quien vi una unica vez.

La fachada de la casa la constituian grandes piedras con el frente rugozo y toda ventana remataba en balcones construidos con la misma piedra. Las ventanas (puertas) eran de madera con vitrales muy hermosos. Para subir del segundo al tercer piso existe una escalera muy amplia de madera con grandes barrotes.

La casa contaba con cinco espaciosas recamaras, dos baños, techos de mas de cuatro metros de altura, con molduras en el cielo raso y en las paredes, pisos y escaleras de madera o de marmol, pero su edad era de mas de ochenta años, resistio sin gran daño el temblor de 1957, el cual casi destruye el monumento del àngel (la ángela).

Al morir mi madre, la casa ya bastante deteriorada fue restaurada. Los nuevos dueños me permitieron pasar al interior de toda la casa la cual, en su mayoria fue de mi gusto y senti alegria de que no hubiese sido demolida. Recorde brevemente, en cada cuarto parte de la historia de mi vida que transcurrio en dicho lugar, dicha colonia, en la cual ya no viviria otra vez, por ningun motivo. La consigna de todos los tiempos de la plebe es: lo que se pueda y se nos permita ensuciar y destruir, hagamoslo sin dilacion. Otra muestra es que dicha bella casa la ocupo un partido politico (Morena). Que ironía, mi madre y todos nosotros totalmente antipoliticos y se planta en nuestro antiguo hogar dicha basofia, al igual que todos los otros partidos politicos.

Dama comerciante

L A DAMA A la que me refiero fue extraordinaria, sobre todo considerando su bastante escasa educación escolar. Durante sus años escolares, se consideraba erróneamente a las niñas, como con una capacidad mental que con estudiar primaria su masa encefálica se saturaba, y por tanto había que olvidarse de mayor preparación. Esta dama, tuvo la suerte de asistir durante dos años más de educación escolar. Sin embargo, lo aprendido era aplicable básicamente al hogar, es decir; coser, bordar, etc. Por ejemplo, calculo diferencial e integral, ni pensarlo, vaya, ni siquiera algebra. Bueno, así estaba nuestro mundo en aquel entonces.

Esta dama tuvo muchos hijos (recibe a todos los que Dios te manda). Debido a su indispensable e inposponible necesidad de proporcionar el sustento diario, que debido al fallecimiento de su esposo, ella tuvo que afrontar, y requirió que fungiera como papá y mamá simultáneamente. Aun así, la educación que les proporciono, y ni que mencionar su ejemplo, fue suficiente para que ellos resultaran personas morales y de buen proceder.

Ella nació en 1897, vivió todo el siglo XX y murió en el año 2,000, es decir alcanzo a vivir en partes de tres siglos; XIX, XX y XXI. Afortunadamente, una revista, de alguna manera que ya no recuerdo, se enteró de la larguísima carrera de la dama y envió a una reportera a entrevistarla, a menos de un año de su muerte. A continuación, presento dicho reportaje. La dama se llamaba Cristina Tejeda Pastor y fue mi madre.

CUANDO EN LA VIDA HAY QUE LUCHAR SOLA

MIREYA PÉREZ Y DAVID AGUILAR

Si en la actualidad es difícil para una mujer dirigir una empresa, hace 60 años esta labor se antojaba imposible, aunque siempre hay una excepción que confirma la regla.

FOTO: GUADALUPE VELASCO

Ésta es quizá una más de las cientos de historias acerca de mujeres que emprendieron una gran batalla por la manutención de su propia vida y la de sus hijos. Las hay en todos los rubros; pero este relato trata acerca de una de las primeras mujeres que en México se enfrentó al dilema de trabajar en un campo que, como, muchos otros, lo ejercía una aplastante mayoría masculina: la arquitectura y la construcción.

LOS INICIOS

En la década del veinte, Cristina Tejeda Pastor contrajo nupcias con José Octavio Velasco, representante co-

mercial de las ceras Johnson e importador de productos de las firmas Sommer&Boker, Shaleger y Calvin; además, Velasco había introducido al mercado un nuevo producto: chocolate en polvo preparado con leche, en tres variedades. Pero, su negocio más fuerte era la venta de cerraduras, jaladeras de cajones, así como puertas, chapas, herrajes forjados en general, muebles para baño, parquet de madera, mosaicos y todo tipo de elementos para la construcción.

"Él vendió el mobiliario y accesorios para los baños que se instalaron en las privadas del Buen Tono y de ahí obtuvo el dinero para casarse con

mi mamá, quien por cierto, es pariente cercana del arquitecto Tejeda" —explica en entrevista para **Obras**, Teresa Velasco Tejeda, hija de aquel emprendedor mexicano—. Todo se importaba de Estados Unidos, Alemania e Inglaterra, y los acuerdos con los distribuidores se hacían por correo, pues entonces las personas eran muy honestas con los tratos legales y existía buena comunicación".

Así, inició uno de los negocios más conocidos en todo el sector de la construcción de la ciudad de México: la casa Cristina Tejeda, ubicada en una planta baja de la calle Abraham González. Entre sus principales clientes se pueden mencionar a arquitectos de la talla de Mario Pani, los hermanos Mariscal, Creixel, Francisco Serrano, Pedro Ramírez Vázquez y Rafael Mijares. Desde hace 50 años, el negocio se encuentra en la calle de Hamburgo 26, en la colonia Juárez, con la razón social Casa Cristina Tejeda y Sucesores.

"Mi padre emprendió la venta de la cera, pues en México nadie enceraba los pisos, sólo se pintaban de cualquier color; también empezó a vender parquet de madera encerada y, por lo tanto, requerían de mantenimiento; entonces, pidió la representación comercial a los Johnson y con posterioridad comenzó con la

98

importación de las chapas Calvin, Schaleger y también las cajas de seguridad Moslers."

"Pero, mi padre murió en 1938, cuando yo apenas tenía 13 años —rememora Velasco Tejeda—; mi madre se quedó sola con siete hijos, un negocio con muchos pendientes y la experiencia que él le había trasmitido, pues ella lo ayudaba en la admi-

nistración, además de cuidarnos. Por las noches, después de acostarnos, ella bajaba a la tienda y abría las cajas para averiguar para qué servía cada una de las cosas que ahí se vendían. A veces, cuando no entendía el funcionamiento de alguna mercancía, los arquitectos le explicaban. Así, asumió la responsabilidad del negocio y lo hizo crecer."

LAS DIFICULTADES

Pero, ¿qué clase de problemas tuvo que afrontar una mujer empresaria en aquellos años? Ayudábamos a mi madre a preparar la cera; usábamos aguarrás, aceite de linaza, un colorante especial y lo mezclábamos en los tambos, lo cual era muy peligroso. Una vez se volteó un tambo y por poco sucede una tragedia. Por eso, mi madre decidió dejar de lado éste y otros negocios, y se concentró en la importación y la venta de chapas y herrajes.

"Por otra parte, la casa de Abraham González pertenecía a un señor que creyó que ganábamos mucho dinero y empezó a presionar para subir la renta; nos enfrascamos en un lío legal y nos

UNA MUJER DE TRES SIGLOS

Doña Cristina Tejeda Pastor, viuda de Velasco, cumplió en este otoño 102 años de edad. Ello significa que sus primeros tres años de vida transcurrieron al final del siglo XIX, vio lo acontecido en éste y dentro de poco estará en el siglo XXI.

Ella vivió el apogeo del sistema ferroviario en nuestro país; hoy, las cifras de usuarios de internet en México se multiplican cada día. Seguro es que vio pasar los primeros automóviles de combustión interna que llegaron a México; en la actualidad, las propuestas de autos movidos por energía solar son ya una realidad. Vivió el ocaso del porfirismo y atestiguó una revolución social, misma que hoy día se debate hacia una verdadera transformación democrática. Como empresaria, demostró su habilidad para sortear crisis financieras y políticas como las ocasionadas por la expropiación petrolera, la guerra civil española y la segunda guerra mundial, acontecimientos que afectaban los mercados de importación en los que se basaba su empresa.

Esta mujer, pionera de las empresarias mexicanas, logró el éxito gracias a su eficiencia administrativa, su visión para los negocios y su facilidad de trato y relaciones públicas. Su negocio además dio trabajo a varios jefes de familia por más de cinco generaciones.

En tres siglos ha vivido Doña Cristina Tejeda Pastor, viuda de Velasco, mismos en los que se ha visto ligada a la industria de la construcción por medio del negocio de chapas y herrajes, fundado hace más de 80 años.

OBRAS DICIEMBRE 1999

que cambiamos para la calle Hamburgo.

"En esta casa surgió otro problema, enfrente estaba el restaurante Loredo, lugar predilecto de los políticos y demás gentes con cierto poder y fama en la época del presidente Miguel Alemán, por lo que la calle siempre estaba llena de automóviles, y nuestros clientes no podían estacionar sus camionetas, lo que propició una baja en las ventas. Fue gracias a la facilidad de crédito brindada por nuestros proveedores y, a su vez el que otorgábamos a los clientes, logramos mantener el negocio.

"Mi madre siempre fue muy hábil, pues logró obtener dinero prestado en una época en que las mujeres no teníamos ni derecho al voto; era muy cumplida con sus pagos y, poco a poco, se ganó la confianza y credibilidad de los otorgantes del crédito, aunque a decir verdad, en un principio tuvo acceso al crédito conseguido por mi padre antes de morir y supimos mantenerlo con muy buen nombre en todos los tratos posteriores. Sin embargo, con el tiempo, la gente se fue maleando y dejó de pagarnos; eso empezó a suceder entre 1950 y 1960 y, de repente, ya teníamos una cartera vencida muy grande. Entonces, empezamos a restringir el crédito, y hasta la fecha todavía hay gente que nos debe.

"La administración siempre se manejó de una forma muy sencilla, porque todos los hermanos éramos muy chicos y no sabíamos cómo se podía capitalizar lo que ganábamos, así que el dinero siempre se depositaba en el banco. Con los años aprendimos y compramos el edificio de enfrente y uno que otro terreno, pero creo que pudimos haber hecho mucho más."

Uno de los aspectos que propició la buena fama de la casa Cristina Tejeda fue que muchas de las piezas de herraje se forjaban ahí mismo cuando un proveedor no tenía en existencia lo pedido por algún cliente. El Soplete Gonzalo, un herrero

que trabajó muchos años con la familia Tejeda, hacía dicho trabajo. "Ese señor todo lo arreglaba —cuenta aún sorprendida Velasco Tejeda—, e incluso, en un tiempo contamos con un taller donde se reparaba cualquier chapa averiada que traían los arquitectos.

La casa de chapas y herrajes de la familia Velasco Tejeda siempre tuvo pocos trabajadores; durante muchos años bastó con una empleada y un cobrador. Bruno, uno de ellos, llegó ahí a los 12 años y hace poco tiempo se jubiló.

Cristina Tejeda Pastor, viuda de Velasco, administró el negocio hasta los 84 años, después de varias décadas de trabajo y trato con miles de clientes y proveedores. En la actualidad, continúa al frente uno de sus hijos, quien además ha incursionado en los sistemas antiasalto para automóviles.

"Hoy día, muchas casas venden productos como los nuestros, pero en ciertos rubros no existen parámetros de competencia, pues hay negocios donde sólo trabajan sistemas de alta seguridad importados. Respecto a la producción mexicana lo tenemos todo, porque procuramos siempre lo más variado y fino. Diseñamos jaladeras, herrajes y bisagras, contamos con una variedad de tipo colonial para este tipo de casas. Actualmente, las cosas están más difíciles, por supuesto, hay mucha competencia, pero los arquitectos siguen comprando con nosotros, como lo han hecho desde hace muchos años."

Han pasado poco más de 80 años desde que se fundó la casa Cristina Tejeda, que no sólo atestiguan el crecimiento y desarrollo de la construcción en México, sino que han aportado muchas de las piezas de esa gran historia que ha cambiado para el mal llamado sexo débil, que ahora cuenta con mayores oportunidades de desarrollo en los diversos campos de la construcción, la ingeniería y la arquitectura. ■

DAMA COMERCIANTE   ~36~

Groserías de mi mama

D ADA LA EDUCACIÓN del inicio del siglo XX, mi madre, era incapaz de decir una *mala* palabra. Nunca escuche ningún tipo de música popular en mi casa durante mi niñez, únicamente música clásica.

Sin embargo, mi mamá decía *sus groserías*, las cuales son dignas de mencionar, y nosotros, sus hijos, nos desternillamos de risa cuando las recordamos, pues así nos llamaba, cuando nos portábamos incorrectamente, a saber; *Enemigo Malo, Mocoso de Porra* y *Fenómeno*, son las que me acuerdo.

Chango Legítimo, su grosería predilecta, y es de primordial importancia, ya que, por definición, involucra, ni más ni menos: Evolución. Es decir, mi madre, una católica de profundas creencias, sin saberlo, era seguidora de Carlos Darwin.

¡Si hubiera sabido en que contradicción se había metido!

Como homenaje a mi mamá, he decidido nombrar a mi página de la Internet con su *grosería* favorita: Chango Legítimo (pero en inglés), trueapebooks.com

Niña poco atractiva

A LOS CATORCE AÑOS murió su padre, ya contaba con cinco hermanos y hermanas (¡ten los hijos que Dios te mande!) su madre se vio forzada a continuar el negocio que su padre había fundado, además de educar a la familia, definitivamente, no poca cosa. El resultado fue que ella recibiera poca escolaridad, ya que ella, siendo la mayor debió de ayudar en el negocio familiar. Dada la situación, mostró la actitud suficiente para contribuir para que el negocio prosperara. La madre, una gran mujer, en toda la extensión de la palabra y dada la explosiva época de construcción en México de los años cincuenta a los setenta y de su carisma, logró concentrar a los mejores arquitectos, ingenieros, contratistas y constructoras de la capital mexicana, como a sus clientes y amigos leales.

La niña creció y tuvo una intervención muy importante en el negocio y ella era quién controlaba las finanzas, por lo que, en varias ocasiones se surtió con la cuchara grande. Fue una lástima que su físico no le fuera favorable. Sus dos hermanas resultaron atractivas y se casaron a buena edad. Ella buscaba desesperadamente una suerte similar a las hermanas que no aparecía por ningún lado. Tuvo varios pretendientes, pero no valían la pena (uno de ellos le robó su automóvil) o no estaban en verdad interesados en el matrimonio. Por fin, unos jesuitas le presentaron a un húngaro loco, vago y vividor, a quien si le interesó el matrimonio (esto es, la parte monetaria), porque hay indicios de que ni siquiera dormían juntos, él sumamente violento, dominante y con probabilidad la golpeaba.

Esa vida, sin duda no envidiable, busco una "compensación", la cual encontró en una envidia hacia sus hermanos y una búsqueda en cosas materiales, ésta en forma enferma, alentada por su crápula marido.

En esa época, mi madre decidió, alentada por otro yerno, el repartir gran parte de sus bienes entre sus hijos, lo cual todos agradecimos pues a todos nos sirvió para pagar, por lo menos en buena parte nuestra casa. La hermana poco atractiva recibió dinero suficiente para la compra de su muy buen departamento, más un local comercial de buen tamaño (ambos en la colonia Juárez), mas capital para comprar un equipo completo para una lavandería automática, el cual operó y le proporciono abundante ganancia y el cual recibió con bastante anticipación, antes que todos los demás. Por lo tanto, la proporción de herencia entre hermanos resulto, cuando menos cinco a uno, pero como familia educada, nadie protesto en lo más mínimo. En ese momento coincidió que el departamento de unas tías, el cual contenía muchos muebles de mis abuelos, prácticamente todos dichos muebles pasaron a formar parte del amueblado del mencionado departamento. Nuevamente, ninguno de los hermanos comento nada. Ella se apropió de todas las joyas de mi abuela, tías y mamá, así como de varios centenarios, pues ella era la única, aparte de mi madre que conocía la combinación de la caja fuerte.

Al morir la madre, todos los hermanos se reunieron para comentar respecto a la repartición de los recuerdos familiares. La hermana en cuestión, no abrió la boca. Ya en la calle, al despedirse, ella le entrego a uno de los hermanos una copia del testamento. El último deseo de la madre, quien trataba de ser lo más justa posible, a pesar de la presión diaria de la hija para que le diera aun mas herencia, fue violado. Ya contando con noventa y seis años de edad (cuando menos), muy poca vista, audición y memoria, y con la complicidad de un notario hampón, con todo secreto se redacto un nuevo y ultimo testamento, declarándola a ella la única heredera del bien restante, la casa habitada por la madre, cambiándolo por uno que repartía la herencia en partes iguales a todos los hermanos.

Entiendo su envidia y su búsqueda insaciable por los bienes materiales como compensación. Su vida no le resulto agradable. No tuvo pretendientes de altura. No tuvo un esposo compañero. No tuvo hijos. El resto de sus hermanos tuvimos indiscutiblemente mucha mejor suerte (familiar). Pero, no es justificable, su actuación, especialmente la relativa a la herencia. Todavía tuvo el descaro de hablarme, porque se enteró de que yo había conseguido a un comprador para la casa y quería que le proporcionara sus datos. Yo le dije: "si vamos ante un notario para que la propiedad se reparta como quería mama, te doy los datos", a los cual ella contesto "de ninguna manera, la casa es mía y de nadie más". Mi última frase que le dirigí fue: "hasta nunca" y le colgué.

En verdad que mi sentimiento hacia ella es de lástima. Ninguno de los hermanos le volvimos a dirigir la palabra. Otro sentimiento hacia ella es de coraje, en el sentido de que si por lo menos se hubiera gastado ese dinero robado en viaje(s), pero no, se lo dejo todo al crápula húngaro, es decir el trabajo de mi madre termino en manos de algún pariente compatriota de éste bárbaro (aplica lo que digo).

Falta un elemento muy importante para terminar este relato. Alrededor de un año después de este episodio, una sirvienta que trabajaba en el mismo edificio en donde vivía dicha hermana, le habló a uno de sus hermanos para avisarle que su hermana había muerto. Recientemente se había alcanzado un acuerdo entre la hermana y uno de los hermanos para que todos le aportáramos una cantidad extra (sin razón alguna), pero de que así, se repartiera la venta de la casa en partes "iguales".

Hay graves sospechas de que este arreglo enojo al energúmeno lo suficiente para que la matara, porque, entre otras cosas raras, ella fue incinerada *de inmediato* y él no le aviso nunca a ninguno de los hermanos. Asimismo, no se publicó ninguna esquela hasta días después. Únicamente avisó a otros parientes y amigos de ellos días después del evento, diciéndoles que "sus hermanos la habíamos matado"(¿?). De esto resultó que ninguno de dichos parientes y amigos nos volvieron a dirigir la palabra. Si le creyeron al tipo y no conocían a mi madre lo suficiente para saber que ella era muy imparcial, sobre todo en el caso de una herencia y a nosotros como personas de buena cepa, que bueno que ya no nos hablan.

No cabe duda, esto o similares puede pasar en las "mejores familias".

Fernando Velasco

¿ QUÉ HACER CUANDO a los veinticuatro años de edad se descubre que existe un mal cardiaco, el cual va a permitir sólo una vida corta? El médico recomienda, por supuesto, una vida muy reposada, sin emociones, ni deportes, es decir, sentado en un sillón como un octogenario. ¿Qué decisión tomar cuando el joven afectado es un apasionado deportista, en particular, del ski acuático? Sin embargo, la probable realidad es que, ni con tales precauciones, la vida con ese padecimiento particular, podría ser de gran duración.

Sin duda, algunas personas así afectadas, optarían por vivir más tiempo, aunque su vida sería poco más que vegetativa. Mi hermano Fernando, optó por la otra decisión, es decir, poco tiempo, pero de una vida lo más plena posible. En efecto, cinco años más tarde, moría de un ataque cardíaco mientras esquiaba en el lago de Tequesquitengo.

Recuerdo, perfectamente bien que mi tía María, me esperó caminando horas por la cuadra de mi casa esperando que yo regresara del cine. Se lo agradezco mucho, quería evitarme el trauma de que yo entrara en la casa y me encontrara con su féretro en la sala. Así que me dio la mala noticia, lo más calmante que esta puede ser dada. Así, a mis diez y nueve años me encontraba con la primera muerte familiar, estando yo vivo. La muerte de mi padre, contando yo con únicamente tres meses de edad no fue traumante para mí, por ser un bebe el afectado.

Aparte de la pena familiar, yo me siento muy agradecido a mi hermano, porque gracias a él, yo adquirí la pasión por el Jazz y hasta mi muerte, esta será la de un *raro:* "Jazzista de Hueso Colorado".

Con toda probabilidad, yo hubiera tomado la misma decisión que él tomó. A esa edad, llena de energía y con tal pasión, para que vivir una vida tan limitada, tampoco lo sería para mí. La única diferencia hubiera sido el deporte: el mío fue el maravilloso, espectacular y varonil Jai Alai.

Mejor menos tiempo pero efectivo.

Legado para hijos y nietos

DADO QUE EL principal interés en mi vida no fue el de acumular riqueza, sino más bien conocimiento, *—el ser, no el tener—* no es grande mi capital económico, pero sí creo poderles dejar un enorme legado de *tesoros*. Espero que puedan apreciarlos, en la magnitud que merecen, ya que se requiere de una sensibilidad muy poco desarrollada, drásticamente cada vez menor durante el paso de mi vida, según veo la vida de los jóvenes. Dicha agudeza auditiva (y posteriormente la visual) debería empezarse a cultivar desde la niñez, o mejor desde que son niños pequeños, o mejor aún desde que son bebes o mucho mejor aún desde bastante antes de nacer. Si hay tenacidad de los padres, *mucha suerte, sensibilidad musical* hacia la buena música del hijo(a) y se logra, de alguna forma; de facto imposible, bloquear los efectos altamente nocivos de todo tipo de "música" popular difundida por todo tipo de medio masivo, en todo el planeta, puede que surja un individuo que, por lo menos algunas veces, al escuchar *verdadera música sublime*, no pueda contener sus lágrimas —lágrimas de una felicidad inmensa e intensa—, señal de que lograron cautivar una muy envidiable y altamente rara mezcla de sensibilidad, gozo intelectual, alegría y hasta me atrevería a llamarle espiritual, el cual lograron extraer de los músicos participantes (compositor, arreglista, solista, etc.) y sin duda del ejecutante, o mucho mejor aún, si fue no solo un intérprete, sino un creador —un improvisador—, lo cual solo sucede para la música de arte —Jazz—. Ahora bien, para que un improvisador, valga la pena, debe de ser un virtuoso, pero aun así, hay un mar de diferencia entre el músico de Jazz que toca técnicamente perfecto un solo y el que además, tiene algo vital, que se llama *swing*, y es difícil de explicar, pero su definición es; un sentido de ritmo especial que se logra entre la interacción musical de todos los músicos participantes y que frecuentemente excita a los escuchantes conocedores a llevar el ritmo mediantes el movimiento de sus pies.

Pero, me temo que esta intensa sensibilidad mencionada en el párrafo anterior, opera para, presuntamente, cualquier otro tipo de música, que pueda llegarle a otros individuos con gustos, diametralmente diferentes a los arriba aludidos, razón, por la cual, tengo que argumentar, que yo me estoy refiriendo a música con bases sólidas y excelsas de música clásica —, armonía, contrapunto, etc.—, y la variedad de ritmos, todos las cuales están ausentes en música popular. Otra distinción básica, es que remarcando lo que ya exprese anteriormente, los músicos populares son, en exclusiva, interpretes. Y eso, es para mí y para los conocedores, una diferencia elemental. Tengo una buena cantidad de CD´s únicamente, ya que erróneamente me deshice de todos mis LP´s, —mas de mil—, por una necesidad de achicar nuestras pertenencias debido a un cambio de domicilio, que hasta ahora no se llevó a cabo, no hay necesidad de decir que me arrepiento y duele en el alma. Sin embargo, cuento con todos esos tesoros en el disco duro de mi computadora (con varios respaldos). Existen cerca de doscientos CD´s que están celosamente guardados para que quien quiera copiarlos, así lo haga.

En cuanto a la no muy amplia, pero si muy escogida biblioteca personal, cuyos temas principales diversos son:

Ciencia, mayoritariamente relacionada a; Evolución, Cosmología, Matemáticas, Ecología, Inteligencia (humana y animal), Cambio Climático, Limites del Crecimiento, Anatomía (Humana y animal), etc. , los autores correspondientes son; Carl Sagan, Richard Dawkins, Christopher Hitchens, Richard Heinberg, Francis Crick, James Watson, George Gamow, Richard Feynman, Paul Davies, Michio Kaku, Simon Singh, Nick Lane, Luis Alberto Machado, Neil Shubin, Donnella Meadows, etc.

Existen cerca de doscientos videos (DVD´s) relacionados a mis gustos personales, arriba mencionados; brevemente; música, la verdad sobre 9/11, ciencia, y especialmente sobre el terrible pronóstico para este siglo que tendrán que sufrir mis hijos, nietos y todos los humanos vivos y gran parte de los animales (los pocos que dejen en paz), esto pudiese referirse como un legado de experiencia.

Me preocupé y ocupé formando un álbum familiar, lo más antiguo posible; desde mis abuelos, con lo que me pareció más destacado de la familia. Revísenlo de vez en cuando, les sugiero. A quien le interese este tópico, que continúe la historia, para que no se extinga.

Les quedan de recuerdo los cuatro trofeos que pude obtener en mi pasión deportiva, y además las varias cestas (y una pelota) que guarde al final de mi vida deportiva. A Diego le regale una cesta y me da gusto que lo veo jugar con ella, considero, con gran probabilidad, que él si practicaría dicho deporte, si viviera en el lugar y tiempo propicio. Evidentemente, cada trofeo tiene un significado profundo básicamente para quien logró obtenerlo, sin embargo, dado que son trofeos otorgados en un deporte en extinción (o casi), eso precisamente, es lo que les da su valor por su rareza. Es por esa razón, que los menciono en este documento.

Campeonato de Jai Alai *Tercer Lugar de Tercera Fuerza*
(Obtenido en el Frontón México)

Campeonato de Jai Alai *Segundo Lugar de Segunda Fuerza*
(Obtenido en el Frontón México)

Campeonato de Jai Alai *Primer Lugar de Segunda Fuerza*

Este trofeo es *muy importante,* debido a que tiene la firma del pelotari *más limpio (no se escuchaba su enceste) y elegante que ha existido* — Aquiles Elorduy —, era un gozo enorme verlo jugar, quien fue el intendente, en su propio frontón, en el ya muy lejano 1976.

Campeonato de Jai Alai Primer Lugar de Primera Fuerza
(Obtenido en el Frontón México)

Recuerdo de mi vida como empresario quedan *decenas de miniaturas* de plomo pintado y pewter verdadero (= Estaño), unas preciosidades, ojala las conserven (algunas muestras a continuación).

Pistola para pintar

Medallas con diferentes razas de perros

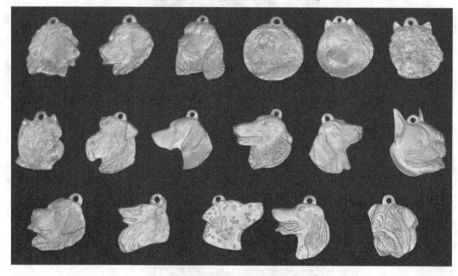

Gnomos de plomo pintados y de Pewter (verdadero)

Ajedrez

Medallas Conmemorativas (cinco siglos)
del Descubrimiento de América
(Anverso)

Medallas Conmemorativas (cinco siglos)
del Descubrimiento de América
(Reverso)

Hasta hoy, mi aparato Leak (de bulbos, por supuesto) me sigue proporcionando horas diarias de inmensa alegría. Antes de que se atrevan a decir, algo como: "y ese vejestorio quien lo va a querer", quiero decirles que lo que hace medio siglo se conocía como *Alta Fidelidad*, y consistía en equipo grande y pesado, tornamesas (tocadiscos finos), altavoces con enormes imanes y conos (bocinas) y sus cajas apropiadas (bafles) y amplificadores con enormes y muy pesados transformadores para alimentar tales grandes bocinas *tenían bulbos*. Existen todavía las dos bocinas Leak, en perfectas condiciones. La tornamesa Thorens, el tocacintas Revox (unas preciosidades de diseño y de funcionamiento), las vendí, debido a que el avance de la tecnología facilito, en gran medida, el almacenamiento de la música (y de toda la información almacenable), y resultaron mucho más cómodas a mi edad.

No existían *los transistores, pero aun después de existir, no reproducen música con la calidad que lo hacen los bulbos*. La tecnología fina actual se denomina *High End* y contiene únicamente amplificadores *con bulbos*. Inclusive tienen nuevamente tornamesas y se escuchan *discos de vinil (LP´s), los cuales también reproducen el sonido mucho mejor que cualquier otro medio*. No creo que sea necesario enfatizar que son carísimos (en un catálogo que tengo cuestan ¡$100,000 dólares!). Por tanto, espero que no se le vaya a ocurrir a algún hijo o nieto tirar este aparato a la basura, o regalarlo como algo inútil, porque aunque ya no sirva, por no conseguir refacciones o técnico, es por lo menos una antigüedad. Seguramente existirán muy pocos. Cada día las refacciones son más difíciles de conseguir. Como trato de ser prevenido, tengo varios bulbos y otras refacciones almacenadas. Igual de grave es la existencia de técnicos en esa desaparecida especialidad de técnicos en electrónica, hoy en día que prácticamente todo se tira y ya nada (casi) se puede reparar. Existe en mi poder el instructivo original, incluyendo los diagramas de los aparatos. El técnico que me arregla el amplificador ya está igual de viejo que yo, así que no sé cuánto dure más —él o yo—.

No puedo dejar de mencionar, que utilizar un aparato de reproducción sonora tan sofisticado para *escuchar* "música" popular, sobre todo la moderna, es un contrasentido auditivo. Espero que el usuario final de este fino equipo, mientras funcione, pueda gozar la buena música.

Pre-amplificador Leak

Amplificador Leak de 60 Watts por canal

Existe una trompeta, que esta disponible para el primer nieto que decida que le interesa aprender a tocarla.

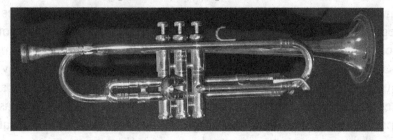

Espero que mi comportamiento les de cierta guía de vida.

Hasta hoy, 17 de octubre de 2015 se han publicado tres libros y otro esta por publicarse próximamente (éste).

Studebaker vs. Austin Healy

D E LOS VARIOS automóviles que he tenido durante mi vida, dos son los que creo que son los más interesantes. Nunca he tenido un automóvil de lujo, que bien pudiera llamarse ostentación. De manera ocasional, al ver pasar algún Porsche, o similar pienso: seria *padre* tener uno de esas bellezas, pero dos segundos después ya estoy pensando en algún tema de más profundidad, si tengo suerte.

El primer de estos vehículos llevaba una marca que ya desapareció hace varias décadas: Studebaker. Se trataba de un modelo Commander dos puertas 1938, del cual, según versiones existentes, únicamente existían dos tales autos en México. Estaba pintado de color azul marino, con todas sus parte originales y funcionaba casi como nuevo, pues recibía cuidadoso mantenimiento. Yo estaba muy contento y orgulloso de su estampa y desempeño. Uno de mis amigos, quien se presentó en un espléndido Austin Healy 3000 rojo convertible, — impresionante —, me comenta que lo está vendiendo. Yo pienso, pues qué bueno, pero no es para mí, debe costar una fortuna. En aquellos días yo tenía poco tiempo en mi primer trabajo, como programador de la maravillosa IBM 1401 en la empresa Monterrey, Cia. de Seguros S.A. y consecuentemente mi salario era modesto. Resultaba que mi amigo estaba pidiendo *únicamente* $15,000.00 (pesos) por dicha preciosidad. Por cierto que esa otra marca ya tampoco existe en el mercado automotriz.

Me digo a mi mismo, otra oportunidad de tener un automóvil deportivo difícilmente me llegara, por lo menos en el corto plazo. ¿De qué forma podría yo pagarlo? Hago cuentas. Mis ahorros son, por mucho, insuficientes. Solución; tendré que vender mi muy apreciado Studebaker, sé que es y será, un auto de colección, pero la tentación es demasiado imperiosa y sucumbo ante ella. Casi con lágrimas en los ojos me despido del Studebaker. Tengo casi la certeza que no lo cuidaran, ni remotamente, como yo lo cuidaba. Aun así, me hacen falta *morlacos* para completar el precio solicitado. Plan B; solicitar un préstamo de $2,000.00 aun faltantes. Mi acreedor fue mi querida tía Luisita, quien vivía, en aquel entonces en Jalapa, Ver. Solicitar el préstamo por teléfono me pareció inconveniente, por lo que emprendí viaje a referida población. Aguantando la pena — no me gusta pedir prestado —, logre vencerla y sin mayor trámite recibí dicha cantidad mencionada, la cual pagué íntegra aunque me tarde más tiempo del que yo hubiera querido.

Contando con la totalidad de la cantidad requerida, me presente ante mi amigo, y realizamos un intercambio de dinero por auto y factura del mismo. Sin embargo, existía un ligero problema ese vehículo tenía un permiso de importación temporal, el cual había que renovar cada seis meses. Yo era capaz de conseguirlo debido a que yo contaba con una visa americana de residencia (Green Card), pero la llevada del vehículo a la frontera no había forma alguna de *darle la vuelta*. Así, absolutamente al límite del vencimiento del permiso, yo me lanzaba a bordo de mi convertible a la frontera más cercana — Brownsville—, al salir de mi trabajo cierto viernes, para regresar el domingo por la tarde/noche. Yo prefería regresar por la tarde para ya no manejar tanto de noche y sobre todo para ver a mi novia Paty — mi esposa desde hace cuarenta y dos años—.

Ahora confieso que estoy vivo de milagro. El agotamiento con el que yo viajaba era impresionante, durante horas manejaba a punto de quedarme dormido, sobre todo en aquellos larguísimos tramos de carreteras sin una sola curva, según recuerdo: San Luis Potosí a Matehuala, e inclusive hasta Saltillo. Afortunadamente en aquella época, las carreteras eran bastante seguras (a principio de los años sesenta), cuando menos comparadas con la actualidad. Cuando ya realmente me era imposible conducir, dormía yo en algún hotel, por algunas horas para continuar lo más temprano posible. Si no me falla la memoria, debo de haber realizado alrededor de seis tales viajes. Cuando tenía yo suerte, mi hermano Gustavo podía acompañarme y así, evidentemente la situación cambiaba drásticamente. En uno de dichos viajes, cuando amanecía y Gustavo venia al volante, yo ya muy cansado pero por suerte no dormido, alcance a ver claramente como el bello auto rojo se enfilaba hacia un precipicio hacia la izquierda. Mediante una rapidísima mirada al conductor me percate que tenía los ojos cerrados. A la velocidad de la luz, di un volantazo de corrección y así evite una catástrofe, de no haber sido así, con gran probabilidad una pequeña nota hubiera aparecido en algún diario de poca circulación: *Dos hermanos resultaron muertos al desbarrancarse un convertible rojo cerca de Matehuala. Probablemente, el conductor se quedó dormido.*

En otra ocasión en que nos acompañó también un hermano: — Jorge Roches — de un buen amigo y compañero universitario y de trabajo. Nos la pasamos de lujo, gran parte del tiempo *a carcajada limpia*. Jorge era el tipo más simpático y portador de un humorismo como no he conocido otro. Se le extraña de veras; murió demasiado joven. En ese viaje, había yo aprovechado para comprar un relativamente voluminoso, precioso y excelente equipo de sonido — Hi-Fi —, marca Leak (inglés y de bulbos, por supuesto) que todavía conservo y es mi fuente diaria de alegría acústica. Al llegar a la frontera mexicana, el vista (acuérdense de su tipo y prepotencia) pregunta: ¿Qué traen?, a lo que Jorge y Gustavo le contestan: ¡galletitas! (llevábamos una bolsa de galletas abierta e íbamos comiéndolas). Seguramente dicha contestación no se la esperaba, o le llamó tanta atención el cinismo, que nos dijo: ¡adelante! Cuando recordamos ese riesgoso y ameno episodio todavía nos causa grandes carcajadas.

El famoso Austin Healy viajo a los Estados Unidos por última vez en 1963 cuando me traslade para quedarme a estudiar mi carrera de Matemático en Cal Poly (Pomona). Dicho auto me sirvió todavía bastante tiempo hasta que un nefasto día le tuve confianza a un mecánico (un bruto), quien me iba a afinar el motor y quien no tenía idea de dicha actividad; quemó las válvulas. El costo del arreglo resultaba estratosférico, por lo que lo tuve que venderlo por una minucia.

Campeón de Gran Prix (casi)

C IERTA NOCHE, TUVE un sueño que se refería a un querido tío y primo ambos ya fallecidos. El tío un famoso pintor, quien tiene el honor de contar con más de ocho retratos enormes de seis ex presidentes de la república y de dos reyes aztecas, los cuales se encuentran en: *El Palacio Nacional* en el *Centro Histórico de la Ciudad de México*. El primo había heredado la facilidad para el dibujo y posteriormente fue un arquitecto y urbanista prominente. Su primo aparecía en dicho sueño, entregándome un cuadro enorme realizado mediante gises de colores. Este cuadro yo se lo había encargado para ayudarlo económicamente, en su época de estudiante. El cuadro aludido, mostraba a un automóvil de carreras azul *Tyrell-Ford*, conducido por el piloto escocés, *Jackie Stewart* (campeón mundial de *Fórmula Uno* en tres ocasiones). El retratista quien surgió en el sueño platicando en el comedor de la casa de mi madre, como frecuentemente lo hacía. Estaban ambos atentos viendo una carrera de *Grand Prix* en el televisor, en donde yo era el piloto del auto mencionado.

Tres vueltas antes de finalizar, el automóvil que iba ligeramente delante de mío, en una de las curvas perdió el control, derrapó y estuvieron ambos autos a punto de colisionar, pero logré esquivarlo, rebasarlo y así enfilarme ya casi como campeón, salvo algo imprevisto. Mi principal preocupación residía en que la gasolina remanente estaba ya en un nivel crítico, pues no le habían llenado el tanque a propósito para ahorrar peso.

Ya se corría la última vuelta, yo iba en primer lugar, cuando repentinamente, perdió fuerza en su pie derecho, yo presionaba con mucha fuerza, pero el auto perdió velocidad y así fue rebasado por varios autos perdiendo la carrera. En ese momento me desperté debido a un calambre en mi pierna derecha. ¡Qué emocionante, casi campeón de carreras... aunque sólo fuera en sueños!

Primo artista de cine, con maestría en Harvard y doctorado en Max Plank

MI PRIMO JAVIER, es quien resultó ser un caso único en nuestra familia, dados sus logros. Buscando al protagonista infantil para rodar la película *Simitrio*, los buscadores de talento se dirigieron, al ahora desaparecido *Instituto Patria*, y al buscar al niño apropiado, para tal papel, de entre los niños que estaban jugando en el patio, a la hora de recreo, les llamo la atención, un niño en particular, al cual escogieron para el rol infantil principal.

Javier fue amplio merecedor de todo tipo de reconocimientos durante toda su vida escolar, lo que finalmente le permitió estudiar; *becado* en *Harvard* y, en el *Instituto Max Planck,* en Alemania.

Este logro es de llamar la atención debido a que el único otro graduado universitario dentro de nuestra familia, soy precisamente yo, quien me gradué en Cal Poly (Pomona) como matemático.

Mi tío Francisco — padre de Javier —, quien se preocupó por mi niñez (dada mi orfandad de padre) me compro un violín, pues tenía la intención de que yo adquiriera temprano gusto por la buena música, lo cual efectivamente resulto. El problema fue que el instrumento escogido por el tío, no resulto del agrado del sobrino. Yo lo estudié durante algunos meses, pero finalmente lo abandone. El buen tío accedió a comprarle otro instrumento al sobrino, esta vez uno escogido por mí —una trompeta—. En aquellos remotos años jóvenes, tontamente me dije: si tú pudiste aprender a jugar Cesta Punta (Jai Alai) solo, puedes aprender asimismo lo que te propongas. Craso error: créanme; hay quien lo ha podido hacer, pero es sumamente difícil.

VNIVERSITAS HARVARDIANA

PRAESES et Socii Collegii Harvardiani consentientibus honorandis ac reverendis Inspectoribus in comitiis sollemnibus

FRANCISCO JAVIER TEJEDA RUIZ

ad gradum Magistri in Scientia

admiserunt eique dederunt et concesserunt omnia insignia et iura quae ad hunc gradum spectant.

In cuius rei testimonium litteris Academiae sigillo munitis die XV Iunii anno Domini MDCCCCLXXII Collegiique Harvardiani CCCXXXVI auctoritate rite commissa nomina subscripserunt.

PRAESES

DECANVS ORDINIS ARTIVM ET SCIENTIARVM

DECANVS ACADEMIAE SVPERIORIS

DIE UNIVERSITÄT STUTTGART

VERLEIHT UNTER DEM REKTORAT DES ORDENTLICHEN PROFESSORS
DR.-ING. KARL-HEINZ HUNKEN

AUF BESCHLUSS DES FACHBEREICHS FÜR
PHYSIK

UNTER DEM DEKANAT DES ORDENTLICHEN PROFESSORS
DR.RER.NAT. WOLFGANG WEIDLICH

HERRN   JAVIER TEJEDA-RUIZ

GEBOREN AM   26. AUGUST 1947   IN MEXICO

DEN AKADEMISCHEN GRAD

DOKTOR DER NATURWISSENSCHAFTEN (DR. RER. NAT.)

NACHDEM ER IN ORDNUNGSMÄSSIGEM PROMOTIONSVERFAHREN

UNTER MITWIRKUNG
DES HONORARPROFESSORS DR.RER.NAT. MANUEL CARDONA
ALS BERICHTER UND
DES ORDENTLICHEN PROFESSORS DR.RER.NAT. MANFRED PILKUHN
ALS MITBERICHTER

AUF GRUND DER ALS "SEHR GUT"   BEURTEILTEN DISSERTATION

"DIE ELEKTRONISCHE STRUKTUR VON Mg_2Si, Mg_2Ge UND Mg_2Sn:
BANDSTRUKTURBERECHNUNGEN UND PHOTOELEKTRONENSPEKTROSKOPISCHE UNTERSUCHUNGEN"

SOWIE DER MIT "BESTANDEN" ABGELEGTEN BESTANDENEN MÜNDLICHEN PRÜFUNG

SEINE WISSENSCHAFTLICHE BEFÄHIGUNG ERWIESEN UND DABEI DAS

GESAMTURTEIL "GUT BESTANDEN"

ERHALTEN HAT

STUTTGART, DEN   30. SEPTEMBER 1976

DER REKTOR   DER DEKAN

Amigos ingratos

POR INNUMERABLES MOTIVOS, la perdida de amigos, le sucede a *todo el mundo*. Me imagino que es un hecho inevitable. Esto es relativamente entendible cuando ocurre un cambio de domicilio, un divorcio, algún hecho agresivo, ni se diga una defunción, falta de educación o causas o agravios graves.

En mi caso particular: no ha existido razón, de ningún tipo, que yo haya percibido; y sin embargo la gran mayoría a quienes yo consideraba mis amigos, repentinamente, sin mediar una mínima causa, me retiraron su amistad.

Tanto me ha sorprendido que decidí escribir una narración al respecto, tratando de realizar un análisis profundo, para tratar de encontrar alguna causa propiciada por mí, o alguna otra posible explicación.

Examigo # 1; Gonzalo Siena: compañero deportista con quien, durante muchísimos años, compartimos el Frontón Inclán, extasiados por el deleite incomparable, de jugar Jai Alai. A veces como pareja compatible y otras veces como elemento de la pareja contrincante a vencer, pero siempre con un nivel de compañerismo envidiable. Por mi iniciativa, algunas veces nos reunimos a comer, en varias casas de nuestro grupo, lo cual no tuvo mucha duración.

Conservo dos emails enmarcados de él que guardo con gran cariño. En el primero se refiere a la tristeza que le proporcionó que yo le comunicara que había decidido retirarme de dicho deporte. Había tomado esa decisión debido a mi edad y a las múltiples y dolorosas lesiones que me acosaban. Afortunadamente, creo que aguante escasos ensayos ausente y reaparecí poco tiempo después. El segundo se refiere a un email espontaneo que recibí con gran beneplácito, el cual presento a continuación: "Estoy seguro que muchos chavales que empiezan cualquier deporte deberían darse una vuelta al Frontón Inclán los sábados por la mañana, para que aprendan lo que es tener pundonor, coraje y amor a lo que se hace. Cualidades indispensables para triunfar (tu ejemplo). Sinceramente creo, que tu revés, colocación, condición física y entrega, ya las quisiéramos tener muchos pelotaris, incluyendo los profesionales".

Ocasionalmente Gonzalo me enviaba *emails*, los cuales yo le contestaba rápidamente y lo invitaba a reunirnos en algún lugar para conversar, lo cual nunca acepto. ¡Así termino nuestra amistad! Con toda probabilidad su divorcio influyo en la terminación de dichos eventos.

Examigo # 2; Antonio (Tony) Garcilaso a quien conocí en un viaje a Los Ángeles, debido a un encargo de mi amigo Roberto Morales (locutor de Jazz FM durante más de veinte años). Dado que Tony, era un *Jazzista de Hueso Colorado* como yo, inmediatamente iniciamos una muy buena amistad. Tanto así, que yo tenía una recamara asignada para cada vez que yo llegaba a dicha ciudad. Yo hubiera hecho lo mismo de ser necesario, pero solo en una ocasión vino a México (con su pareja: ya que se había divorciado) y no vio propicio llegar a mi casa.

Yo lo visite tantas veces como me fue posible, ya que nos la pasábamos de maravilla, platicando, escuchando música todo el día en su casa y durante las noches escuchando música en vivo. Lo poco que queda de virtuosos norteamericanos reside precisamente en Los Ángeles (y en Nueva York). Yo tuve la oportunidad de ver y escuchar a: Bob Florence y a Bill Holman y sus grandes bandas, entre otros varios. Antonio había trabajado en la misma empresa de computación que yo, pero nunca recuerdo haberlo conocido ahí. Él tenía un muy buen empleo en Los Ángeles, y participo en el cambio profundo que ocurrió poco antes del famoso Y2K (año dos mil), el cual produjo niveles de pánico impresionantes, debido a que (prácticamente) todos los programas funcionando en todas las computadoras del mundo, con el fin de ahorrar el máximo de posiciones de memoria —*bytes*—, habíamos utilizado únicamente sus dos dígitos finales en todos los campos relacionados con el año al que hacían referencia (ej. 78, en vez de 1978). Para un ingeniero de sistemas, como él, esto le proporciono una gran cantidad de trabajo, especialmente con los bancos, para quienes era su consultor.

Cierto tiempo después, tuvo problemas con su empresa-patrón y entiendo que renuncio o fue despedido. A partir de ese momento su situación económica declino, de tal forma que le obligo a vender su bonita casa y se fue a rentar un pequeño departamento, el cual ya nunca conocí. Nuestra comunicación vía email, prácticamente diaria, declino y poco tiempo después decidió reunirse con su antigua compañera, quien vivía en la Republica Dominicana, y de donde ya no volví a saber de él. Preocupado y deseoso de saber que había acontecido, le seguí escribiendo, sin recibir contestación alguna. Decidí escribirle a un amigo de ambos, quien me comento que Antonio estaba bien y que tenía entendido que vivía en Cancún, manteniendo un trabajo de poca remuneración y nivel. Inclusive me dio su nuevo email. Después de meditarlo, opte por ya no *moverle*, si Tony, por esa o cualquier otra razón, había decidido terminar nuestra muy buena amistad, yo respetaría tal decisión. Me dolió, pero lo entendí.

Examigo # 3; Dionisio De Velasco quien fue un excelente amigo y socio durante muchos años. Cuando la situación en la empresa en donde trabajaba yo — el Gigante Triste —, se volvió insoportable (ulcera sangrante), le propuse a Dionisio un negocio, el cual le pareció interesante, por lo que procedí a renunciar y pronto se inició tal: "aventura comercial". Se trataba de un sistema de seguridad, para automóviles, —contra robo y asalto—, del cual yo tenía la responsabilidad de diseñar, fabricar e instalar, y Dionisio la de coordinar las ventas y llevar la administración de dicha empresa. El manejo de la parte de ventas fue llevada en forma totalmente ineficiente, pues los tres encargados sucesivos que el nombró, no servían para un demonio. Inclusive uno de ellos me comento confidencialmente que el papá de Dionisio había *hecho* su fortuna, gracias a su conexión familiar con un gobernador ladrón de amplísimos terrenos, o por lo menos, utilizando información confidencial, para apropiarse de propiedades que subirían drásticamente de valor, de un día para otro, con quien formo equipo. Inclusive comentó que el famoso *arquitecto*, Francisco Ortigas, era también cómplice de tal rapacidad. ¿Qué le parece, en vez de vender, contando anécdotas lapidarias?

Sin embargo, yo ya había propuesto con anterioridad otro negocio relacionado con fundición de zamac y pewter (el verdadero metal — estaño—), por lo que nuestro negocio contaba con dos posibilidades, totalmente diferentes, para salir adelante. Yo era el socio industrial y Dionisio el socio capitalista. Por parte de su *equipo* de ventas, jamás se realizó venta alguna. Tal situación, me obligo a mí a asumir dicha responsabilidad adicional, en la cual tuve ciertos éxitos. Por ejemplo: le vendí mil sistemas a Brokman & Shu (corredores de seguros de autos), lo que nos dio un amplio respiro. Con respecto a la fundición, yo conseguí interesar a un proveedor de Avon a quien le fabrique centenas de miles de aretes de pewter. Así funcionaba el negocio, sin crecimiento, insuficiente para dos socios, por lo que Dionisio decidió separarse. Afortunadamente él tenía muy buena posición económica y se portó a gran altura. No pidió devolución ni compensación alguna. Es decir: fue un tipazo. Ya solo, yo continúe el negocio y logre que resultara rentable durante varios años, hasta que debido a causas fuera de mi control, llego la quiebra siete años después. Evidente, mi agradecimiento a Dionisio fue y es enorme. A partir de que se separó del negocio, *se desapareció*. No volví a saber de él a pesar de que lo buscaba con interés. Para mí era un amigo entrañable y mi benefactor. Yo lo conocí debido a nuestra afición compartida: el Jai Alai. Durante años jugamos dos veces por semana.

Las tres últimas veces que lo contacte, quedamos de ir a comer y cuando llegue a su oficina lo espere en vano. Con tristeza entendí que algo serio había sucedido. Fue la última vez que lo busque. Varios años después, aun intrigado por la razón de su dramático cambio de actitud, trate de comunicarme nuevamente con él. Por fin, alguien me dio su nuevo número de teléfono. Llame, me contesto su secretaria y él no me tomo la llamada, sin embargo me facilito su dirección de *email*. Mi mensaje enviado preguntaba la causa de su posible enojo, por lo que le agradecí lo que había hecho por mí y le pedía una disculpa por omisión o hecho, si yo lo había ofendido, por algún motivo. Su contestación, sin más trámites decía que no existía ofensa alguna, la razón del distanciamiento se debía sencillamente a que cada uno de nosotros pertenecía a ambientes diferentes. ¡Yo no lo podía creer! En otras palabras: yo soy rico y tú eres pobre. Pues gracias por la brillante explicación, ¡por fin ya lo entendí!

Durante un campeonato de Jai Alai que se llevó a cabo en *El Club España* recientemente, me topé con Dionisio de frente. Sin saber cómo reaccionar, ambos nos quedamos por unos momentos inmóviles, hasta que alguno de los dos inicio el saludo y después un abrazo. Platicamos por algunos momentos acerca de nuestra salud y nos despedimos. Jamás me pregunto qué había sucedido con el negocio que ambos habíamos iniciado. ¡Vaya razón para terminar una larga amistad, compatibilidad deportiva y relación de negocio!

Examigo # 4; Rafael Tjader a quien conozco desde niño. Vivíamos a dos cuadras de distancia, en la colonia Juárez. *Mayor* que yo por algunos años, solo llevamos amistad, por pocos años, cuando coincidimos trabajando para la misma empresa. En dicha etapa, yo tocaba trompeta y buscaba con quienes formar un quinteto o por lo menos cuarteto. Esto requería un pianista, bajista y un baterista. Rafael se ofreció para tocar el *güiro*, es decir un instrumento que requiere prácticamente cero aprendizaje, pero aun así, no servía para mi propósito. Él decía que le gustaba el Jazz, pero realmente le gusta la música *huapachosa y bailable*. Dada su personalidad absolutamente *mujeriega*, su actividad principal en la vida, inmediatamente después (o tal vez antes) de la de trabajar —era un estupendo vendedor—, era la de seducir a la *falda* que se dejara. Dicha etapa no fue muy duradera y ya no lo volví a ver durante dos décadas.

No me acuerdo por qué razón, o en donde, nos volvimos a encontrar, nos dio mucho gusto reciproco y reanudamos nuestra amistad. Me sorprendió conocer que tan supersticioso era, y cómo era posible que creyera, y diera cursos sobre biorritmo a nivel gerencial de empresas importantes, así como a algunos equipos deportivos profesionales. A mí me ofreció *estudios* mensuales gratuitos, los cuales agradecidamente rechace. Sin embargo, estas excentricidades no afectaron, en absoluto, nuestro recién renovado compañerismo. Lo que es más, en cierta ocasión nos dirigimos a la Embajada Americana, para obtener información acerca de posibles negocios para iniciarlos. Encontramos tres posibles: después de estudiarlos detenidamente, optamos por parches reductores de peso. Yo contacte a la empresa establecida en Miami —Rafael tenía problemas con el inglés—, y solicite muestras. Él se responsabilizó de probar dichas muestras. Las repartió entre sus conocidas, para encontrar su eficacia durante un mes (evidentemente tiempo muy breve), mientras que yo me avoque a conseguir estudios serios de universidades de prestigio. Rafael me comunico que sus pruebas indicaban que los parches *trabajaban*. Por mi parte, encontré algunos estudios que explicaban porque producían resultados positivos. Con bastante probabilidad dichos estudios estaban pagados (y sesgados), pero en aquel momento los di por aceptables.

Cuando tuve dos infartos, tiempo atrás, uno de los medicamentos principales me lo aplicaba mediante parches. En una ocasión dicho parche me produjo dolor, en vez de alivio, por lo que el tamaño del mismo lo reduje a la mitad, por prescripción médica, y asunto arreglado, por lo que yo tenía una opinión favorable a los parches. Pero habiendo tenido educación científica y por así dedicar prácticamente mi lectura a dicha área cultural, soy por naturaleza, escéptico. No me quedo más remedio que visitar dicho negocio, cuya sede estaba en Miami. La verdad es que el tal negocio me impresionó. Se trataba de un muy amplio edificio, con lugares para carga de tráiler, los cuales los estaban *retacando* de cajas de parches. Las oficinas amplias y bien montadas, los ejecutivos; una empresa familiar (colombianos); amables y educados. Con esa perspectiva, inicie platicas y llegamos a un buen arreglo comercial. Un muy buen precio de mayoreo y exclusividad para la República Mexicana. Habíamos entrado en un buen momento, no había representante alguno en México. Los parches los empezamos a vender y el negocio iba creciendo paulatinamente.

Un día le mande un email a Rafael, más o menos, en los siguientes términos: Estimado Rafa: La señora Fulanita de León, Guanajuato me ha escrito varias veces solicitando información y dice no haber recibido tu(s) emails. ¿Puedes por favor ver porque no los ha recibido? Saludos cordiales.

Si le hubiera mencionado a su progenitora, no hubiera resultado tan grave. ¡Qué barbaridad! ¡Vaya insulto a su profesionalismo! De inmediato recibí un correo muy áspero y terminante. Yo, tranquilamente tome el teléfono y le dije:

— Oye Rafaél, no veo, por ningún lado, la razón de tu enojo, pero si te ofendí, no fue mi intención, lo siento mucho, te pido una disculpa.

No way (tal vez debí de haber escrito, no guey). Me cito, no en su departamento, sino en un *Vips*, en donde entrego la parte de la mercancía que me correspondía y mi cepillo de dientes —a mi casa no vuelves a entrar—. Se molestó en escribir una carta muy ácida a la empresa proveedora del producto, describiéndome casi como a un parasito, él era quien vendía el producto, yo solo un accesorio incómodo. Pasados varios años, una tarde nos encontramos en un evento en la librería Gandhi de Miguel Ángel de Quevedo. Nos vimos de lejos y posteriormente Rafael se acercó a mí y en silencio me tendió la mano. Por unos largos segundos, me le quede viendo, tratando de decidir mi siguiente acción. Le tendí la mano, nos dimos un abrazo y surgió una plática inconsecuente.

Rafael me ayudo en varias ocasiones, que no se me olvidan. Pero la ruptura de la amistad ya había ocurrido, de forma innecesariamente agresiva. Yo lo había perdonado, pero ya no me quedaban ganas de continuar una amistad "enyesada".

El féretro vacío de Mercedes

MI DIFUNTO CUÑADO Herbert Voigt, fue un adorador de automóviles. Todos los domingos le dedicaba buena parte del día a revisar y lavar, con todo esmero, los vehículos con los que contara en un cierto momento. Con mentalidad alemana estricta, combinada con un rígido calendario de mantenimiento tipo; aviones de línea aérea, a cada uno de sus autos, se le iba reemplazando cada parte según la recomendación del fabricante, independientemente de que dicha parte luciera como nueva. Ésta era una garantía para adquirir cualquiera de sus automóviles, cuando él decidiera venderlos. Así yo le compré varios. Uno de dichos autos fue un precioso Mercedes Benz 220 modelo 1962, color crema, una preciosidad.

En una cierta ocasión, mi esposa Paty y yo decidimos tomar vacaciones con nuestros dos hijos, Octavio de dos años y Rodrigo de meses de nacido. Escogimos viajar a Michoacán y hospedarnos en el hotel principal de *San José Purùa,* en donde pasamos varios días muy contentos, descansando y comiendo de maravilla. Las albercas termales nos resultaban muy tranquilizantes.

El viaje de regreso resulto agradable, hasta que tomamos la carretera Toluca-México. Quienes recuerden dicha carretera existente en los años setenta, no podrán olvidar, que resultaba la carretera más peligrosa de nuestro país. Mal trazada, sin separador de carriles de ida y vuelta, con un tráfico muy pesado con lentos camiones de carga y de pasajeros y con subidas/bajadas con mucha pendiente, era el escenario de frecuentes accidentes fatales. En esa instancia, al tomar una curva a la derecha me doy cuenta de que auto se está deslizando (patinando) y estoy perdiendo el control. Sabiendo que lo peor que puedo hacer es frenar, intento controlar el auto mediante el volante, pero el vehículo empieza a girar totalmente fuera de control, abarcando toda la cinta asfáltica. Con giros lo menos bruscos posibles, en ambos sentidos, según lo requerido, y dando pequeños toques al freno, logre poco a poco ir corrigiendo la dirección alocada por una dirección en línea recta. Los pocos segundos que debe haber durado esta terrible experiencia deben haber sido muy pocos, pero, pareció una eternidad. Cuando, por fin, logré detener el auto, nos encontrábamos, en sentido contrario, a escaso metro de la *trompa* de un camión enorme de carga, que viendo lo que estaba aconteciendo en su carril, se detuvo.

Como sucedió que en una carretera tan transitada, un vehículo pudiera ir girando sin control ocupando la totalidad de la cinta asfáltica sin volcarse y sin siquiera tocar a algún otro transporte, nunca lo sabré a ciencia cierta. Por esta razón titulé este evento de esa forma; lo más probable, dado el caso, era que el automóvil hubiera quedado destrozado, con varios cadáveres en su interior, no intacto y vacío de ellos.

Solo sé que en cuando menos en dos ocasiones, he(mos) contado con una suerte poco creíble, aun para Hollywood, o para un libro de ciencia ficción.

Cita tétrica

EN EL VERANO del año 2001 salimos de vacaciones de verano con mi esposa Paty, y nuestros hijos; Octavio y Paty con destino al este de los Estados Unidos; Boston, Washington D.C., Baltimore y finalmente, la *Babel de Hierro*. Nuestros hijos estaban por contraer nupcias en el futuro próximo, por lo que dicho viaje, con toda probabilidad, sería el último en donde ellos viajarían con sus padres como solteros.

La visita a Boston, la disfrutamos de acuerdo a su importancia histórica. En Washington nos resultó interesante la *Casa Blanca*, el monumento a *Lincoln* y los museos, especialmente el *Smithsonian Institution* por su despliegue de aparatos auténticos de la era de la aviación, incluyendo la era espacial.

Rodrigo, el otro hijo del matrimonio, debería presentarse el once de septiembre en las oficinas de *Tradition WTC*, por lo que toda la familia se reuniría en el edificio correspondiente a las ocho treinta de la mañana para desayunar, antes de la cita con Rodrigo. Sin embargo, el día antes Rodrigo recibió una llamada telefónica, para avisarle que debido a un cambio de planes, ya no era necesario dicho viaje. Rodrigo había cancelado su vuelo y ya no podría reunirse con el resto de su familia. La consecuencia de dicho cambio, fue el de realizar la visita a las torres el día diez de septiembre, en donde se tomaron varias fotos que conservamos con una gran aprecio. Representan algunas de las últimas fotos que ahí fueron tomadas. Casi veinticuatro horas más tarde, las torres gemelas serian derrumbadas mediante cargas explosivas, con toda probabilidad − de *Nano Thermite* −, como resultado de un *trabajo interno*. De no haber sucedido la cancelación de dicha cita, toda la familia, con gran probabilidad, habría muerto.

Rodrigo nos comentó después que habló con varios de sus compañeros de trabajo durante las explosiones de ambos iconos. No sobrevivió ninguno.

Septiembre 11, 2001; ¡malditos terroristas!

CREO QUE MUY pocos individuos (relativamente hablando) saben cuál es el significado de tan nefasta fecha. Tales personas son, desde luego, los familiares de los asesinados, los sobrevivientes bomberos y rescatistas, el arquitecto Richard Gage —presidente y fundador de; *Arquitectos e Ingenieros para la verdad sobre 9/11*— (cuenta con más de dos mil trescientos arquitectos e ingenieros como socios), y por algunos millones de personas pensantes en el mundo, quienes nos hemos ocupado en estudiar el material disponible. En realidad, ni es necesario ser algún arquitecto o ingeniero para tener la *certeza* de que no existió: *ni un maldito terrorista árabe*. Al observar como (no) se colapsa un edificio con estructura de acero por causa de fuego —aun después de muchas horas—, sería suficiente. Pero, adicionalmente, con solo comparar como *explotaron* las torres gemelas, así como *el edificio 7 — implosión —*, como cayeron y como se esparció el concreto hecho polvo (¿por fuego?). Al edificio 7, ni siquiera lo impactó avión alguno y no se menciona en el reporte oficial de *FEMA*. *Los escombros fueron retirados con gran prisa, antes de investigación alguna, lo cual es un acto criminal.* Del supuesto avión que se impactó en el *Pentágono*, no se hayo pieza alguna que indicara residuos de alguna nave comercial y asimismo los pequeños restos fueron retirados con gran urgencia por agentes del *FBI*. La cantidad de pruebas y testimonios son enormes y su veracidad concluyente para cualquier persona con la mente abierta y con el deseo de conocer la triste verdad. De forma muy similar, los (tres) asesinatos de los Kennedy fueron realizados exitosamente por traidores poderosos y aunque la verdad ya se conoce, no hay un solo culpable apresado. El poder y riqueza, a ese nivel absoluto, son capaces de realizar el peor crimen, realizar investigaciones falseadas, transmitir mentiras sin descanso, hasta que se conviertan en verdades, o bien, hasta que a los ciudadanos ya no les importe que o como sucedió. Lo que no comprenden es que con cada nuevo evento de estos hampones, su libertad es cada vez menor ya que sus derechos son disminuidos hasta que, como con la reciente acta *Patriot*, cualquier persona puede ser encarcelada sin que pueda defenderse.

Efectivamente, *¡malditos terroristas!;* G.W.B, D.C, D. R. y el resto de crápulas asociados en la peor traición de la historia moderna y quienes siguen impunes y con gran probabilidad no pisen una celda en su vida. La coalición de gobernantes, políticos, banqueros, medios masivos, iglesias, empresarios, agencias federales de investigación y otros les resulta como un escudo impenetrable para la sociedad norteamericana.

HABÍA UNA VEZ: un entrañable amigo cuya muerte fue temprana y dolorosa. Me causó una tremenda pena. ¡Un entrañable que se nos adelanta! Fue uno de mis mejores amigos. Y, sin duda, el más ingenioso. ¿Cuánto tiempo ha pasado? ¿Quince años? No, por lo menos veinticinco. Aparte de mi estimación personal; el resto de sus amigos y yo, nos quedamos sin nuestro gurú en: mecánica, física, electrónica y tecnología. Uno de sus mayores gozos; que le lleváramos el último dispositivo que acababa de salir al mercado. Casi invariablemente suspendía lo que estaba haciendo para revisarlo, desarmarlo y a continuación, explicarnos como; o más bien, basado en cual principio físico funcionaba. Mientras más raro o novedoso, mejor. Todos los amigos comprábamos, exclusivamente lo que él recomendaba; no como borregos, sabíamos exactamente porque comprar esa marca y no otra. Así compramos vehículos *Renault*.

—Por ningún motivo se les vaya a ocurrir comprar un *bocho* — argumentaba, y con toda razón, pues nos explicaba los por qué no.

Él podía componer casi cualquier producto, ya que, en aquellos gloriosos tiempos, prácticamente todo era desarmable y reemplazable. En una ocasión que un borracho me dio un golpazo, descuadrando la parte trasera de mi automóvil, mi amigo lo compuso en su casa. Él cuadró el chasis, al milímetro por supuesto, y pinto la carrocería. Sin duda, un trabajo mejor realizado que en cualquier agencia. Sabía afinar y rectificar motores como mago.

Como si esto fuera poco, aprendió a programar computadoras; *Univac* recomendaba y ahí trabajó, aunque yo ya trabajaba en El Gigante Triste (no me cambie de empresa). Llegó a ocupar el puesto de gerente de *software* y de *hardware* en forma concurrente, si no me acuerdo mal. Cada visita a su casa, acababa a las tantas de la madrugada, después de una *gordolfiza*, que significaba, cenar pozole.

Al decir: el pobrecito del *Leak*, él se refería a la marca del aparato inglés de alta fidelidad *de bulbos*, por supuesto, cuando éste se encontraba descompuesto. Yo todavía conservo el mío funcionando a la perfección, durante ya casi cincuenta años. Aunque cada día cuesta más trabajo encontrar refacciones.

Este relato se lo dedico a *Gonzalo Gozàlvez*, a quien continúo extrañando por múltiples razones.

Entrañable, entrañable, entrañable.

La trompeta vs. la tenacidad

ES MI INTENCIÓN en este relato, el reírme de mi mismo. No me va a resultar fácil, pero lo intentaré. La razón para esta ardua tarea es porque pienso, que he tenido tanta suerte durante prácticamente toda mi vida, que casi todo lo que he intentado lo he podido llevar a cabo, lo he logrado, por lo menos en cierta medida. Empezare por lo que pude lograr, dadas los circunstancias, con bastante buen desempeño. Logre ganar cuatro campeonatos de Jai Alai, de menor a mayor importancia, a saber: tercer lugar de tercera fuerza, segundo lugar de segunda fuerza, primer lugar de segunda fuerza y finalmente: primer lugar de primera fuerza. La final se disputo entre la pareja; Adrián Zubicaray (campeón mundial aficionado) y el Dr. Manuel Quijano vs. Daniel (Sammy) Sepúlveda y su servidor. Un partido termina cuando alguno de los equipos alcanza los treinta tantos. En éste partido en particular, nuestra ventaja era avasalladora, cuando repentinamente, Adrián Zubicaray *se lastimo* y suspendió (como se dice en argot propio de dicho deporte). La regla existente para tal situación, es que el que suspende, por cualquier razón, pierde el partido. El intendente (juez principal): el *Chato* Arellano nos pidió encarecidamente que volviéramos a jugar otro partido para que *si lográbamos volver a ganar el otro partido, habría sido un triunfo definitivo y terminante de nuestra parte.* Dada la regla arriba mencionada y el riesgo de perder el siguiente partido, no nos causaba la menor gracia. Sin embargo, dada la insistencia del *Chato*, finalmente accedimos a su petición y se jugó otro partido. La rotunda y categórica victoria esta segunda vez fue igual de apabullante que la del primer partido, lo cual esta vez ya nos aseguró el trofeo, que evidentemente conservo con gran cariño y satisfacción. En realidad ya les habíamos ganado otro partido previo para llegar a finalistas.

Ya contando con sesenta y cuatro años de edad, existió la posibilidad de ganar otro campeonato de primera fuerza, ya que habiendo ganado dos partidos — invictos —, mi compañero delantero fue contratado para jugar profesionalmente en Asia y sin avisarme partió. Evidentemente perdí el juego por default. Ganarlo hubiera sido toda una hazaña, ganar un campeonato contando con esa avanzada edad, sobre todo para tal deporte.

Nadie me enseñó a jugar Cesta Punta (Jai Alai), lo aprendí a base de ver y practicarlo yo solo durante meses, hasta que pude empezar a practicarlo en grupo con otros aprendices. Tardaron muchos años antes de que pudiera sentirme que ya lo semi–dominaba. Curiosamente durante los últimos años en los que jugué sentí que fue mi mejor época, ya siendo *grande* (viejo). Durante dicha etapa, "meterme un tanto" costaba bastante trabajo, mis compañeros de juego decían que yo era *muy seguro*. En aquellos remotos años jóvenes, tontamente me dije: si tú pudiste aprender a jugar Cesta Punta solo, puedes aprender, sin ayuda alguna, lo que te propongas. Craso error: créanme; hay quien lo ha podido hacer, pero es sumamente difícil.

Tocar trompeta, no es *enchílame otra*. Todos los instrumentos "serios" son, si se quiere tocarlos muy bien, unos tiranos implacables. Conozco o se de varios trompetistas en ciernes que fracasaron y al cambiar de instrumento, un saxofón, por ejemplo, lograron tocarlo, por lo menos lo suficiente bien para no causar lástima. Una trompeta es muy diferente, resulta sumamente demandante. ¿Qué puede afectar la ejecución? Entre otros: dentadura frontal desalineada, control defectuoso de la respiración, demasiada presión de la boquilla contra los labios, fuerza insuficiente en los cachetes, etc. Pero sobre todo una mala embocadura va a impedir producir un tono agradable, lograr notas agudas y sobretodo producirá cansancio rápido de los labios y cachetes lo cual impedirá, casi en su totalidad, el poder continuar tocando, por ganas y constancia que uno tenga — solo aire saldrá del instrumento—. Como se lo pueden imaginar, bastante frustrante, que fue exactamente lo que a mí me ocurría invariablemente. Dado que yo en realidad quería tocar como un virtuoso, después de algunos años, me di por vencido. Este fue, sin lugar a dudas, mi experiencia de vida de mayor frustración, por dos razones: ¿Cómo que *yo* no puedo?, y porque ésa actividad que es lo más me fascina en esta vida, no lo podré realizar. Bueno, pues ya aprendiste que la tenacidad, por si sola, no siempre logra todo lo que uno quiere. ¡*Abusado* en el siguiente intento de cualquier cosa que quieras aprender o llevar a cabo!

Mi interés en aprender a tocar trompeta está relacionada, como puede suponerse, por mi *devoción* por el buen Jazz.

La perfecta imperfección de Steve Jobs

D E CUANDO EN cuando, existen algunos Homo sapiens, que tienen alguna(s) capacidad(es) excepcional(es) que logran algún tipo de impacto que verdaderamente vale la pena. Como todo humano, muchos de estos seres, exceden magistralmente, pero muy a menudo, también tienen unas deficiencias igualmente enormes. Los grandes genios ya sean científicos, artistas, o que destacan en cualquier otra(s) área(s) verdaderamente de trascendencia, es común que asimismo tengan notorias deficiencias en uno o varios diversos comportamientos humanos. Steve Jobs, no fue la excepción. Acabo de terminar de leer la historia de su vida. Me intereso conocer su interesantísima trayectoria cuando menos por dos razones; la primera porque me pregunte, ¿cómo es posible que despidan al fundador y creador de una empresa? ¿Quién lo puede despedir? De no ser el dueño total, por lo menos debe de ser dueño de la mayor parte de dicha empresa, así que ¿quién puede tener mayor autoridad que él mismo? La segunda razón; porque siendo un usuario de un Ipod, me intereso sobremanera saber quién y cómo había sido capaz de fabricar tal prodigio.

Muchas actitudes del impresionante Steve Jobs me llamaron altamente la atención. Empecemos con (algunas) de las encomiables, que lo son tanto, que ningún otro empresario ha logrado, ni remotamente algo parecido ni en su cantidad ni en su calidad, y mencionare ahora sus más importantes; en primer lugar, su concepción de la integración del 100% de sus productos, manejados internamente a partir del software, el hardware, el empaque, las tiendas, etc. Esto, tan estupendamente logrado por él, al resto de los grandes empresarios, ni se les ocurrió, ni quisieron, ni pudieron, lo dejaron totalmente solo para que pudiera crear su imperio con muy escasa competencia. Aún más, supo convertir sus grandes errores en aun mayores oportunidades, las que logro capitalizar en abundancia.

¡Qué bárbaro!, qué suerte tuvo, pero dicha suerte sin su extraordinaria visión le hubiera servido bien poco. Otra de sus cualidades extraordinarias fue el de quedar satisfecho únicamente cuando el producto que lanzaría al mercado, no solo era mucho mejor que el de la competencia, era perfecto. Dicha perfección, atinadamente él la logro, sin lugar a dudas, debido a lograr contar con los mejores ingenieros en su medio. Sin entrar a discutir ahora su forma de lograr esto, demostró que el exigir mucho más de lo posible, permite que las personas den muchísimo más de sí, que ellas mismas creen que es posible. Otra de sus cualidades importantes fue su inmensa capacidad de convencer, es asombroso leer lo que podía lograr convenciendo con aparente facilidad. De esta forma logro construir cada uno de sus productos (casi) totalmente como él quería y como casi siempre estuvo en lo correcto, así resultaron sus grandiosos productos. *Entiendo, pero no justifico* el que haya sido tan excesivamente duro, pero sobre todo despiadadamente agresivo y grosero con (además, muy competentes) sus empleados. Porque se puede ser muy duro y también educado. No lo justifico porque yo tuve varios jefes déspotas, necios, estúpidos y prepotentes, pero jamás me insultaron (yo no lo hubiera permitido), creo que muy pocas personas en este mundo no han tenido dichos tipos de jefes, en algún(os) de su(s) trabajo(s). Parece ser algo ineludible.

*Ni entiendo, ni justifico q*ue un adulto, con tales capacidades, *dentro del ambiente labor*al, especialmente a nivel CEO (Chief Executive Officer) - lo que antes se llamaba Director general - , llore frecuentemente y realice berrinches. Tampoco entiendo, ni justifico que no se percatara de que la suciedad corporal y el verse como un "vago" (hippie) no lo hacía lucir ni oler bien. Estos aspectos, según se narra en el libro, sucedían bastante frecuentemente, pero a mí me costó trabajo creer lo que leía. Dado que mantuvo su lujosísima residencia indefinidamente sin amueblar, acusa una búsqueda de perfección enfermiza, es decir, si Jobs no fabricó los muebles, ¿no existen muebles en el mundo (evidentemente, viajo a todo el mundo), dignos de que formen su menaje de casa? Con esa forma de pensar, buscando la perfección absoluta, ¿cómo fue posible que, con respecto a la música, aceptó ciegamente (sordamente) y fanáticamente, el peor tipo de "música" que el Homo sapiens (¿?) ha inventado?

Quiero que quede claro aquí que siento una gran admiración por Steve Jobs, pero que respecto a algunos temas, especialmente su gusto absoluto por la "música" que él escogió, voy a ser sumamente crítico. Dado lo ilimitado, agresivo y vil de sus críticas, no considero que estas críticas mías puedan considerarse ofensivas, ya que además no es mi intención. ¡Cómo me hubiera gustado conocerlo, ser su amigo y su "Gurú" musical! Desde el punto de vista del nivel de "Gurú" espiritual que él escogió, no puedo dar mi opinión, excepto que yo no creo en ninguno de ellos. En cuanto al no tener un "Gurú" musical adecuado, me temo que esto lo condeno a un "infierno musical", el cual él no fue capaz de captar. Porque la "música" que le gustaba a Jobs equivale a la "edad media" en términos musicales, es decir, un "oscurantismo musical" muchísimo más atrasado que el de los juglares y sin duda muchísimo más molesto. Me pregunto si todavía podrá existir algún tipo de "renacimiento" musical, la verdad, lo veo sumamente difícil. En realidad, con toda probabilidad, la mejor música posible, ya ha sido inventada, para quien escuche y aprenda acerca del Jazz, dadas sus características musicales, con bases sólidas en música clásica. Hay que retomar este género de arte y gozarlo con oídos que realmente escuchen.

Si este hubiera sido el caso (su amistad), yo seguramente hubiera podido aprender muchas y grandes actitudes empresariales (entre otras cosas), así como también muchas otras actitudes no recomendables de ser tomadas, Steve Jobs hubiera podido aprender que tipo de música se acerca a la "perfección" y que otro tipo se sumerge en la "porquería", para usar un término menos insultante que a él le encantaba emplear.

¿Se ha preguntado usted lector, como le hacen los seguidores de esta pesadilla musical, para ponerse de acuerdo para que los "éxitos del día", vendan miles o aun millones de CD´s en las primeras horas de salir a la venta? El "truco" es que ellos no se ponen de acuerdo, pero los que si se ponen de acuerdo son las "disqueras", las radiodifusoras, televisoras y así todos los monopolios que controlan **_absolutamente todo_** lo que se puede oír (y ver) y asimismo, dichos monopolios, bloquean todo lo que "no se debe" oír según sus criterios (de ninguna forma cultural, si no meramente financiera) – sus ratings –. Y así, no permiten que se escuche, ni pisca de otro tipo de música culta. Sin misericordia alguna obligan a las emisoras que se niegan a transmitir dicha basura a la quiebra. Recuerdo, con nostalgia y pena a la gran estación de radio de música clásica XELA, la cual se vio obligada a interrumpir en forma definitiva su programación. Gracias a esta estación, la cual escuchábamos, durante las comidas mi familia y yo, nuestra educación musical familiar tuvo bases firmes en música seria. Con dicha cultura musical, se puede apreciar al "buen" Jazz, con mucha más facilidad que sin dicha base. ¿Qué sucede con las personas que no toleramos la pésima programación "musical" que en forma totalmente similar se transite en prácticamente todas las estaciones del mundo? No puedo opinar sobre las otras dichas personas, pero en cuanto a mí, pues sencillamente NO ESCUCHO ninguna estación de radio (casi tampoco TV). Eso evidentemente es un verdadero atropello de dichas estaciones de radio. De esta forma, sumamente semejante a las dictaduras Salinistas, Maoístas, monarquías o regímenes feudales (aunque sin violencia aparente), los dueños de prácticamente todas las radiodifusoras (y televisoras) del mundo, decretaron la absoluta negación a la libertad de escuchar buena música. En su lugar, sus imperios dotados con decenas o centenas de transmisores de decenas o centenas de kilowatts de potencia en todo el mundo, empezaron y continúan contaminando el "espacio Hertziano" con el bodrio sonoro, que lo único que logra es estupidizar a la población global sin piedad. Y no para ahí dicha contaminación, a partir de algunos (muchos, muchos) años más, cada vez una mayor parte de nuestros mundos vecinos, si es que en alguno(s) de ellos llegara(n) a existir civilizaciones "inteligentes" podrán constatar el atraso de la nuestra. Yo dudo enormemente que quieran y/o se atrevan a contactarnos, a menos que resulten estar igual o peor civilizados que nosotros, lo cual sería extremadamente improbable. Dichos repudiables feudos, mediante un plumazo, o mejor dicho un "ratingazo" eliminaron toda posibilidad, de que muchos o probablemente pocos oídos, pudieran escuchar buena música interpretada por muy respetables instrumentos musicales, dada su belleza y calidad tonal, tales como: el clarinete, la flauta, el oboe, el fagot, toda la familia de saxofones (soprano, alto, tenor y barítono), el vibráfono, el órgano, el piano y bajo (acústicos, por supuesto), aun la guitarra (acústica también, por supuesto), el trombón (de barra y el de válvulas), y la trompeta y el fluegelhorn, como totalmente inmerecedores de siquiera un compás (4/4) de duración. ¡Atención!: no quiero que se vaya a mal interpretar mi queja de la falta de difusión de los instrumentos, para se integren en la música popular actual o del futuro, de ninguna forma pretendo que dichos instrumentos maravillosos se contaminen y sean ejecutados por principiantes, totalmente sin preparación alguna, de algún tipo, en su "lodazal musical".

De una buena vez, voy a expresar lo que pienso de la música popular, especialmente del "rock and roll" y similares, de tal forma que los lectores que sean incapaces de diferenciar lo que es "**música**" y la "*música*", si no les parece mi posición al respecto, pasen al siguiente tema. Creo que se perderán de algo muy interesante, pero si no lo van a entender, que no pierdan su tiempo. Durante la época de la vida de Steve Jobs, el Jazz ya iba en marcada ruta hacia su casi extinción, pero ya había una cantidad significativa de música grabada y todavía existían grandes músicos ejecutantes. Mi pregunta es: si no encontró muebles para su casa – elemental – ¿cómo aceptó incondicionalmente - la primera "música" que se encontró -? ¿Sería porque la "producían" hippies mugrosos como él? Si no le gusto el Jazz, porque no escogió la música clásica, dada su incontenible búsqueda de "perfección". Cuando él revisó e indicó el contenido de su Ipod, únicamente se encontró algo (no menciona todas sus obras, y si menciona la totalidad de las "obras" de Dylon, aun las no publicadas) de la música de Bach, y refiriéndose a intérpretes de Jazz, únicamente pudo mencionar a Wynton Marsalis (me recuerda al candidato a la presidencia de México, Peña Nieto, quien no pudo mencionar ni siquiera tres libros). Steve Jobs quien busco la perfección extrema en su vida, con respecto a la música, según mi parecer, dejo ir "intacto" al Jazz. Me atrevo a sugerir, que casi con toda seguridad, ya lo llamare; Steve, como (casi) toda la juventud, desde aquellas tristes épocas, lo que les importaba era romper, en su totalidad, con lo existente en aquellas décadas, incluyendo los aspectos más básicos, como por ejemplo la limpieza y apariencia corporal, pero aun lo más estético, como la belleza, la repudiaron sin límite alguno.

Así, grupos de adolescentes estrafalarios, mugrosos y sin el más mínimo conocimiento musical básico, causaron literalmente furor en los adolescentes de aquella época, como siguen enloqueciendo a los jóvenes actuales. El estudio musical serio que lograba producir algunos virtuosos, después de muchos años de práctica, en cada generación, fue suplantado por cuadrillas ilimitadas de, ni siquiera aprendices musicales, a quienes les era y es suficiente el conseguir una (o más bien varias) guitarra(s) –eléctrica(s)-, por supuesto, e independientemente de tener facilidad musical y voz agradable, o más bien el carecer en absoluto de ésta, se garantiza en que se convertían, literalmente de un día para otro en "estrellas", vendiendo millones de discos. Estos son los "Dylons", "Beatles", etc. , que Steve alababa con tanta vehemencia. Desde entonces (años sesentas), y probablemente hasta "la eternidad", como van las cosas, la calidad musical basada en el virtuosismo, la creatividad, la armonía, el contrapunto y la inteligencia en crear y reproducir buena música se transformó y suplanto en el "rating", es decir, la calidad ya no tiene la mínima importancia ni valor, la cantidad de discos vendidos es el único criterio que tiene importancia.

Yo considero literalmente malévolo el daño que dicha "música" ha causado a la difusión de buena música. Prácticamente todos los jóvenes, desde aquellos fatídicos "sesentas" quieren tener su guitarra y "cantar" con dosis de volumen acústico de "ensordecedora" contaminación de altísimos decibeles. Literalmente cualquiera de estos "primitivos musicales" que tenga algún contacto en los medios puede dedicarse "profesionalmente" a dicha actividad y si resulta "suficientemente malo" (no, no me equivoque) puede convertirse en una "atracción mundial" y sin estudio, sin practica y sin esfuerzo, llenar locales con cien mil espectadores y ganar millones de pesos en un ratito. Evidentemente, todos los jóvenes quieren imitarlos. Fabuloso piensan, sin talento y sin estudio llegan a la cima en poquísimo tiempo. Siendo Steve Jobs un ícono que los jóvenes tomaran como ejemplo, su gusto por dicha "música" les reconfirmara que sus gustos son los adecuados, como si eso fuera requerido.

En lo relativo a la música, a mi criterio, la búsqueda en la "perfección" de Steve resulto totalmente imperfecta. En su búsqueda de perfección, Jobs adecuadamente, pienso yo, y en efecto, así lo demostró, el diseño y la fabricación de un producto, para poder garantizar su perfección, tiene que proceder y contener absolutamente todos sus componentes en una forma totalmente integrada. Tomando ahora a la música como a un "producto", éste debe estar constituido con absolutamente todos sus componentes escogidos de tal forma, que logren obtener la mejor combinación posible. Visible, audible y evidentemente, la música popular que tanto gustó al célebre creador de asombrosas empresas y productos asombros de altísima perfección, si con algo cuenta es con una total deficiencia de calidad, creatividad, buen gusto y perfección que aparecen en (casi) todos los productos fabricados por Jobs. "Su" música está constituida por una altamente ruidosa batería, un bajo (evidentemente eléctrico) y una o varias guitarra(s) eléctricas también.

Dado que básicamente todos los grupos tienen la misma o similar composición instrumental, desde el punto de vista de diversidad instrumental están voluntariamente restringidos a un nivel primitivo. Dado que no existen bases musicales, rítmicas, melódicas ni armónicas sólidas, lo que se puede "producir" es lo que en computación se conoce como "GIGA" (Garbage in, Garbage out), es decir si entra basura, sale basura. Si esto está rematado por la total falta de estudio y preparación musical de sus integrantes, el resultado es altamente previsible. ¿Cómo es posible, entonces, que estos grupos constituyan la locura de los adolescentes (y mayores) a llenar estadios? Me parece, que entre otras argucias, es la de tocar a unos volúmenes auditivos enloquecedores y montar el espectáculo como si fuera un circo, con un sobre exceso de luces y reflectores que tratan de compensar la altísima deficiencia acústica mediante un espectáculo meramente visual y muy ruidoso. Los músicos ejecutantes "normales", realizan su presentación musical, sin mayores contorsiones, más de las necesarias para tocar su instrumento. Estos otros realizan asimismo una serie interminable de contorsiones grotescas y bailes que distraen a las masas que empiezan a copiarlos hasta que todo el auditorio, en una demente y exuberante sincronía de movimientos y gritos que duran hasta que termina el "concierto". Es decir suplantan la *calidad auditiva* que debería existir mediante *cantidad* visual y sonora.

Si Steve Jobs hubiera, buscado un poquito, muchísimo menos de lo que tuvo que buscar en todas las otras áreas que lo requirieron, hubiera encontrado que el Jazz contenía toda la perfección que él buscaba en todo producto. Y ni siquiera tenía que haber viajado a lugares tan lejanos como "La Meca" o India, a donde efectivamente viajo para buscar a un Gurú espiritual. Porque "La Meca" del Jazz, la tenía casi literalmente, a la vuelta de la esquina. En los alrededores de Los Ángeles se encontraba (y aún se encuentra, lo mejor que existe actualmente) la "edad de oro" del Jazz, en donde se llevó a cabo la "invención" del "West Coast Jazz", que transformo al Bebop desarrollado por Charlie Parker (Bird) y Dizzy Gillespie en una modalidad mucho más fina, liderada principalmente por; Shorty Rogers, en donde el "bop" se unió a las fugas de Bach, produciendo algo aún más parecido, en sus bases, a la música clásica, en donde dos o más solistas, se "contrapuntean", logrando una "conversación" musical, tal como Bach lo recomendaba.

De haber "*escuchado*" realmente dicho género musical, muy probablemente le hubiera fascinado, hubiera seguramente llorado de felicidad, hubiera "cargado" su Ipod, con dicho prodigio musical y con gran probabilidad, millones de jóvenes (y no tan jóvenes) lo hubieran seguido en su apreciación por dicha verdadera música. Como resulto, los admiradores de Jobs confirmaran que si dicho "genio", escogió dicha "música", para escucharla toda su vida, ése debe ser el género musical a escoger. Pero desgraciadamente no fue así. De haber dedicado un mínimo de su tiempo en la búsqueda de buena música, hubiera encontrado la música clásica y desde el punto de vista realmente *alegre* de dicho arte, al Jazz. Y de así haberlo hecho, Steve hubiera encontrado que el Jazz se encuentra perfectamente integrado; − hardware (diversos instrumentos y correspondientes músicos virtuosos) y software (harmonía Europea, contrapunto y muy amplia diversidad rítmica y harmónica) −, y el producto final presentado en una envoltura de creatividad, imaginación y virtuosismo inigualable de absoluta perfección, en los arreglos de grandes bandas, o en asociaciones más pequeñas como tríos, cuartetos, quintetos, etc. , y en cada solo de los músicos fuera de serie. Y también de así haber sucedido, de haber podido yo compartir suficientes momentos con Steve Jobs, verdaderamente escuchando "buen" Jazz, me hubiera sorprendido enormemente que él hubiera sido incapaz de deleitarse enormemente y consecuentemente que no hubiera desechado la "música" que tanto le gusto, simplemente basado en el concepto de perfección.

"Ah, y una cosa más", famosa frase con la que a Steve Jobs le gustaba concluir sus interesantísimas presentaciones de interesantísimos productos: inadvertidamente un Ipod que estaba dentro de un bolsillo entro a un ciclo completo de lavado. Cuando con tristeza nos dimos cuenta del descuido y encendimos el aparato, evidentemente no funciono, así que hablamos al servicio técnico de Apple en donde nos dijeron categóricamente "tiren su Ipod a la basura, no tiene posibilidad de arreglarse". Dado que es un aparato ya "indispensable" en nuestra vida diaria, procedimos a comprar otro nuevo, con tristeza, dado que el Ipod que se echó a perder tenía un gran aprecio sentimental. Meses después del mencionado acontecimiento, encontramos el Ipod guardado en un cajón, y "por no dejar", lo encendimos y oh sorpresa, el Ipod funciona. Esto demuestra que, por lo menos nuestro Ipod, a pesar del detergente, agua caliente y fría y el centrifugado, no fueron capaces de destruir dicho aparato. Excelente Steve Jobs, tu si sabias e insistías en producir aparatos perfectos, esto reconfirma que, en efecto, funcionan perfectamente bien y aún resisten intentos (no provocados) en destruirlos. Como me hubiera gustado habértelo comunicado en persona, no siendo esto posible, se lo hare saber a tu formidable empresa.

El que no corre, vuela (II)
(El que no corre vuela)

MI LUGAR DE "trabajo" se llama: "El Palacio de la Pelota". Analice este nombre, por favor. ¿No le fascina? ¿No le parece extremadamente elegante? ¿Un palacio edificado únicamente para una pelota?; ¿es decir para mí? Evidentemente, no soy una pelota común y corriente. Pero con toda probabilidad, éste título de nobleza, se refiere al: "Yankee Stadium" de Manhattan. Ahí donde: Joe Di Maggio, Babe Ruth, y muchos otros *peloteros* realizaron hazañas inolvidables.

Me encanta mi "trabajo". Es un trabajo muy duro; pero me fascina, aunque me resulta doloroso. No quiero ni imaginarme una serie de fotos en donde se registre mi deformación. Soy la pelota más dura que se utiliza en cualquier juego, inclusive la de golf. Pero, ¿qué ustedes los humanos creen que son los únicos que sienten dolor? ¡Están soñando! Cada precioso golpe "tok" que recibo, lo resiento hasta mi muy profundo núcleo. Y eso, ojala que fuera todo, al poco tiempo de estar en movimiento, tengo que afrontar la pena de que me empiezo a quedar desnuda, pues mi forro externo acaba por romperse y volverse inservible. Afortunadamente, casi nunca quedo "encuerada" casi siempre puedo conservar mi ropa interior, es decir mi forro interno. ¿Que esperaban ustedes de tantos y tan tremendos fregadazos? Porque realmente, no es lo duro sino lo tupido, a 300 kph., que es la velocidad máxima a la que puedo viajar, según consta en un record Guinness, esto es equiparable a la velocidad a la que viaja un automóvil de carreras Fórmula Uno, imagínese la fuerza de cada impacto.

Pero no me refería en el primer párrafo a N.Y., vivo en México y dicho magnífico nombre se refiere al Frontón México. El juego se denomina Jai Alai o Cesta Punta y los deportistas que lo practican se llaman *Pelotaris*, quienes despliegan una medida elegancia al practicar este espectacular deporte: no hay contacto personal alguno, visten pantalón largo y cuando ganan cada tanto, o aun un campeonato, no se lanzan gritando y alardeando, realizan bailes, o despliegan muecas o señas burlonas desmedidas, de ningún tipo …

Ya que mencione a Babe Ruth, el pelotero prodigio, quien fue amigo del grandioso pelotari zaguero Manuel Guara en Cuba, es sabido que Ruth no fue capaz de aprender a jugar Jai Alai, ni aun siendo discípulo del mencionado gigante de la pelota Vasca.

Dada la huelga que se desato ahí, ya hace varios años, estoy sumamente triste y recluida, a medio vestir, en la bolsa en donde me han dejada olvidada. No puedo creer, la indiferencia humana, ante quien les ha brindado emociones sin límite.

La canasta

VER TEJER UNA canasta me impacta. Me resulta tan complicada su elaboración y sin embargo, con qué rapidez la realizan. Las hay de varias formas y tamaños. Me voy a referir en este momento a una canasta en particular. Dicha canasta tiene una forma muy particular, y sin duda, es la canasta más rara, que a alguien se le haya podido ocurrir. Sin embargo, se le ocurrió a algún(os) poblador(es) del norte de España, los Vascos, hace cientos de años. El tamaño, pero sobre todo la forma, debe de ser casi milimétricamente perfecta, sobre todo en un lado curvo en particular, si es que se quiere que le sirva a una persona en particular. Alguien que la ve por primera vez podría pensar: ah, debe servir para colocar flores, ¿que otro posible uso podría tener? De acuerdo a mi nieto Santiago de casi tres años es un "platano". Pero dicha persona en particular, mencionada arriba, no tiene la menor intención de darle dicho uso. El tejedor, debe saber que cada persona en particular, que le pida la fabricación de una canasta, ésta deberá plegarse completamente a las especiaciones o *al modelo* particular, que utiliza dicho personaje.

Cada canasta, como todo, tiene una vida limitada, pero éste tipo de canastas generalmente sufren un deterioro, de leve a serio, por lo que requieren su continua reparación. Momentáneamente, algunas veces se pueden reparar con cinta muy resistente utilizada para empacar, o bien para arreglar los conductos de aire acondicionado. Sin embargo cuando el *alma* (aro) que mantiene todo el mimbre en su lugar se troza, la canasta ya está lista para visitar un basurero, o servir para calentar algún "boiler", en algún vecindario de pocos recursos.

La razón por la cual la especificación mencionadas arriba es tan importante, es porque si la curvatura es ligeramente mayor, *la cesta*, que es como en realidad se le llama a dicha canasta va a "enganchar", lo que se traduce como; la pelota va a terminar en el techo y lo contrario "escapar", significa que la pelota saldrá demasiado rasa, ambas condiciones peligrosas e inaceptables por el pelotari. En otro cuento platique acerca de la pelota, en este me refiero a la *herramienta*. El lugar en donde se juega se llama cancha. El juego: Jai Alai o Cesta Punta. Para mí, cuando menos, un ex pelotari retirado, en contra de mi voluntad, por dos ataques cardiacos, indiscutiblemente es el juego más rápido, apasionante, elegante, y viril.

Apréndelo a jugar y ya verás si lo cambias por cualquier otro deporte.

El juego alegre

JAI ALAI TRADUCIDO del vasco al español quiere decir *Juego Alegre*, y vaya que si es alegre. De acuerdo a los "Récords de Guinness", es el juego de pelota más rápido que existe (velocidad máxima, 302Km/h). Es decir, la pelota "que se encesta" puede venir a la velocidad de un automóvil de carreras de Fórmula 1.

En relatos anteriores ya hable de la pelota y de la cesta utilizadas en el juego de Cesta-punta (su otro nombre), pero la cancha solo la mencione sin proporcionar especificaciones algunas, las cuales, presento a continuación para que el lector pueda tener una idea más completa de dicho deporte y se refieren al ya mencionado Frontón México *(El Palacio de la Pelota)*.

La cancha es "parecida" a una cancha de frontenis, conocida por "casi todo mundo". Menciono las diferencias:

La pared del frente (frontis) está construida utilizando granito, una pared de frontenis, construida con ladrillos, literalmente seria hecha añicos con golpes de la pelota de Jai Alai. La pared posterior similarmente requiere un material sumamente resistente a los golpes. A la pared "larga" izquierda se le llama "pared de ayuda".

El techo debe ser una red (malla ciclónica) la cual cubre también todo el resto del frontón, de tal forma que las pelotas no puedan "escapar" de la cancha.

El piso debe estar fabricado con concreto armado, sin junta alguna, muy bien nivelado y muy bien pulido. En donde termina el piso (a lo ancho) de la cancha existe un ancho tablón que limita el área válida para el bote de la pelota. Junto a este tablón se encuentra la *contra-cancha* utilizada por los jugadores (pelotaris) para intentar alcanzar las pelotas que han sido rematadas a dos paredes. Esta contra-cancha está limitada por la red antes mencionada.

La cancha es enorme, llegando a veces a 60 metros de largo por 10 metros de ancho. Los límites de la cancha lo forman: en el frontis; una placa metálica horizontal, (la famosa chapa) aproximadamente a 50 cms. del piso, limitando la altura mínima a la que la pelota debe pegar en el frontis. Otra placa metálica horizontal, justo limitando la altura del frontis, a diez metros de altura, que rodea la pared larga y la pared posterior. Para no dejar la menor duda de si la pelota boto dentro o fuera de los límites del frontis, la cancha cuenta con "colchones" justo por abajo y arriba de las placas metálicas limitadoras. En cuanto al límite relativo al ancho de la cancha, está delimitado por un tablón cuyo sonido, o la falta de este, no dejan duda de si la pelota boto fuera o dentro de la cancha.

FRONTON MÉXICO restaurado, pero cerrado ya por varios años

El nuevo Frontón México.

FRONTON DE MILAN en donde se observa la malla protectora

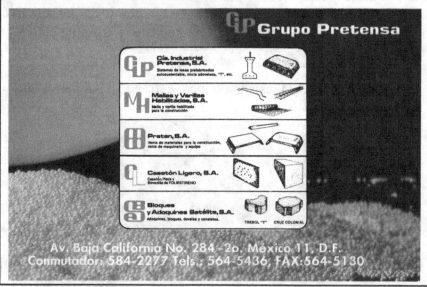

A CHULA...!

REBOTE

CHULA

CHIC CHAC

EL JAI-ALAI Y SUS PRINCIPALES JUGADAS

En este bello deporte existe una gran variedad de hermosas jugadas, las cuales tienen cada una su nombre. Para que los nuevos aficionados a este deporte se vayan familiarizando con los términos que se utilizan en todas partes del mundo, a continuación les explicamos las más importantes.

1.- REBOTE: Cuando la pelota, después de pegar en el frontis, llega a la pared de rebote (o sea, la de atrás) contestando el pelotari, ya sea de derecha o de revés.

2.- CHULA: Cuando la pelota, lanzada de revés, pega en el frontis y llega al ángulo entre el suelo y la pared de rebote. Es una jugada muy difícil de realizar y prácticamente imposible de devolver.

3.- CHIC-CHAC: Cuando la pelota es lanzada de derecha para que bote cerca de la pared de rebote y por el efecto que lleva, al tocar la pared, inmediatamente pica nuevamente hacia el suelo. También es una jugada muy difícil de contestar.

4.- CORTADA: Cuando se despide raso, con mucha fuerza, arriba de la chapa.

5.- REMATE A DOS PAREDES: Cuando la pelota es lanzada para pegar en la pared de ayuda, después en el frontis y así, la pelota pica en el suelo y se va a la reja. Igualmente puede tirarse de revés y se le llama costadillo a dos paredes.

6.- DEJADA: Cuando la pelota es lanzada por el pelotari con mucha suavidad para que pegue arriba de la chapa y no bote mucho.

7.- BOTE-PRONTO: Cuando la pelota se encesta, ya sea de derecha o de revés, acabando de botar en el suelo.

8.- PICADA: Es una jugada que se realiza frecuentemente y consiste en despedir de derecha de arriba hacia abajo, para que la pelota pegue en frontis e inmediatamente baje para botar en el suelo y levantarse mucho.

9.- ARRIMADA: Como su nombre lo indica, es la que, lanzada de derecha o de revés, se pega la pared de ayuda.

Existen muchas jugadas más como el bote- corrido, la carambola, el tiro al ancho, la extendida y el costadillo, pero en otra oportunidad se las explicaremos, también con gráficas.

CORTADA

REMATE A DOS PAREDES

DEJADA

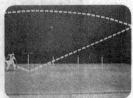

BOTE PRONTO

PICADA

ARRIMADA

Aquí aparece el pelotari Alejandro realizando un impresionante *caminado de dos o tal vez tres pasos en la pared.*

¡Asombroso!

Campeonato de primera fuerza

TENGO DOS FOTOS en mi estudio, que me recuerdan los años, en los cuales podía realizar mi deporte, y en los cuales disfruté con pasión, hasta que dos infartos me obligaron a suspender definitivamente tal maravilla. Las fotos referidas se refieren a un antes y a un después, es decir: antes y después del evento al que representan.

El procedimiento normal para competir en un campeonato de primera fuerza es el siguiente: aprender a jugar lo suficientemente bien, para poder estar dentro de una cancha aprendiendo con otros jugadores, con cierta seguridad, hasta sentirse confiado, para competir en un campeonato de tercera fuerza. Posteriormente, competir en un campeonato de segunda fuerza; de preferencia ganar ambos y finalmente ya competir por "¡el grande, el importante!". Esa sugerencia general, la utilicé en mi caso particular, para mi vida deportiva referida a la maravilla inventada hace más de cuatrocientos años por algún(os) Vasco(s) (¡con mayúsculas!) ¡Que Bárbaros!, el bien llamado Jai Alai (Juego Alegre). Yo logré obtener, en varios campeonatos sucesivos; el tercer lugar de tercera fuerza, el segundo lugar de segunda fuerza, el primer lugar de segunda fuerza y finalmente, el primer lugar de primera fuerza.

El camino al campeonato de primera fuerza, fue muy arduo. No llegamos invictos. Tuvimos que ganarles a los invictos para ganar el privilegio de competir por tal honor. Bajo la observancia del intendente (encargado de definir las parejas que jugaran cada partido y autoridad máxima), el "Chato" Arellano; después de la toma correspondiente de la foto, nos indicó que iniciáramos el partido. Rojos: Adrián Zubicaray (*campeón mundial* "amateur") y Manuel Quijano vs. Azules: Daniel Sepúlveda ("Sammy") y Octavio Velasco. Rápidamente se pudo ver el dominio abrumador de los azules. Inesperadamente, "Zubi" se lastimó (en realidad o así lo fingió) y el partido se suspendió. Salió de la cancha y ya no regreso. La regla existente, implícita y explicita es: "el que suspende pierde". Así "Sammy" y yo festejamos nuestro triunfo en forma efusiva, pero medida, como es la costumbre es ese deporte. Cuando llegamos al vestidor, el "Chato" Arellano se apresuró a comentarnos a los "azules", lo siguiente; "Dado que ganaron por una lesión, no por una terminación normal de un partido, ¿qué les parece volver a jugarlo, para que no resulte una victoria "incompleta"? Nuestra inmediata contestación fue: ¡Por supuesto que no, según las reglas, ya ganamos! ¿Por qué exponernos a perder el siguiente partido? Si hubiera sucedido al revés, ¿a poco ellos nos darían otra oportunidad?, ¡ni locos! Pero el "Chato", no se dio por vencido, siguió insistiendo en que deberían ganar un partido completo. "Sammy" y yo finalmente accedimos a jugar otro partido, el cual ganamos por muy amplio margen, así tuvimos que ganarles tres juegos al oponente para conseguir el trofeo correspondiente. ¡Qué gran satisfacción! Excelente ánimo para iniciar un nuevo día.

Manuel Quijano   Adrián Zubicaray   Daniel Sepúlveda   Octavio Velasco

"En cualquier campo, busque la situación más extraña y explórela a fondo" John Archibald Wheeler

U N GRAN CIENTÍFICO como Wheeler, quien fue un físico nuclear y acuñó el término "agujero negro" y seguramente él se refiere particularmente a situaciones extrañas, relacionadas con las partículas sub-atómicas, en donde las situaciones extrañas abundan, solo basta recordar al gran científico Richard Feynman, quién expresó: "quien diga que entiende la *teoría cuántica*, quiere decir que no la entiende".

Yo creo que este concepto puede y debe expandirse a otras áreas en donde se pueden encontrar fenómenos, experiencias y situaciones inesperadas que pueden proporcionar conocimientos y satisfacciones muy fuera de lo común.

Yo conocí esta interesantísima recomendación, ya en mi edad madura, pero tuve la suerte de seguirla, sin conocerla, y no porque yo fuera por el mundo buscando tales situaciones. Simplemente, al toparme con ellas mi capacidad de asombro, "me forzó" a seguirlas. Porque el Jai Alai, el Jazz, el inicio de la era de la computación, son sin duda, *situaciones extrañas* y yo *las exploré a fondo*.

Espero que mis nietos, si llegan a leer este gran consejo, lo apliquen a sus vidas. Que sus intereses sean "de fondo", no sólo banales. Además sería muy recomendable que fueran varios, que se diversifiquen en gustos y pasiones. Recuerden que sólo se vive una vez, y que es recomendable aprovechar dicha única oportunidad, al máximo. Esta vez, me congratulé durante mi vida de haber seguido tal consejo tan adecuado, según mi criterio.

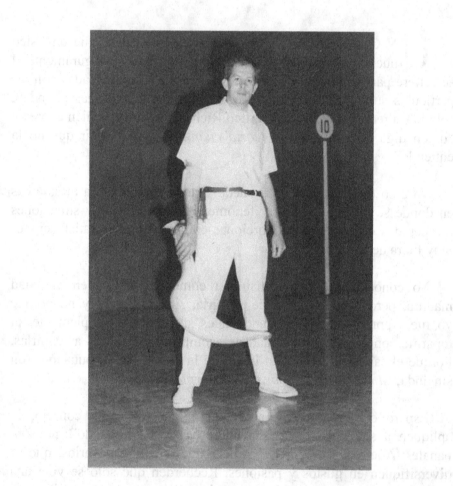

Quilates por centavos

A TODOS NOS gusta ahorrar al comprar, no consideramos lo que gastamos, lo que cuenta, es curiosamente, lo que ahorramos. Todavía nos gusta viajar a E.U., en donde se encuentran verdaderas ofertas. Dicha situación se debe a productos ligeramente defectuosos, o a algunos productos restantes, debido a un cambio de moda o temporada. Dicha explicación de la ganga, resulta convincente.

Pero hay de ofertas a ofertas. Veamos lo que ofrece Itunes: a doce pesos la melodía —un precio más que razonable—. Ahora bien, este precio, normalmente aplica a cualquier *canción,* sin discriminar su calidad. Recientemente, he tenido la suerte de encontrar, ofertas que me resultan grotescas groserías, me explico; por una parte, estupendo encontrar gangas, pero que las melodías de los grandes virtuosos con interpretaciones, y más aún, creaciones de tremendos solos *improvisados,* lo cual requiere un dominio del instrumento y mucha creatividad rítmica, melódica e intelectual, única en el tipo de música que yo escucho. Es triste que estas características musicales, ya casi no tengan valor para la inmensa mayoría de los oyentes — mas *no son escuchantes*—, cualquier bazofia, si la compró una gran cantidad de ignorantes, por lo menos musicalmente hablando, logra éxitos insospechados. Las ofertas a las que me refiero, incluyen cien melodías, lo cual al dividirlas entre el costo del álbum completo, resultan con un costo unitario de $0.60 pesos. ¿La maestría en el instrumento más la utilización intelectual creativa, de los mejores músicos virtuosos mundiales, en bastante menos de un peso por melodía? Eso es equivalente a comprar Quilates por centavos.

¡Es que yo me aburro!

¡QUÉ POCA IMAGINACIÓN de quien puede decir tal idiotez! Es decir, solo los idiotas se aburren. La vida es sumamente interesante y se vive una sola vez.

Pero si el aburrido no puede apreciar escuchando la maravilla de la buena música, entonces si lo entiendo, aunque no lo justifico.

Si el aburrido no puede valorar la grandiosidad de la ciencia que nos permite entender, en cierta medida, cómo funciona el cosmos, la vida, y toda la tecnología que se ha podido desarrollar a partir de los fantásticos descubrimientos de todos los grandes científicos, entonces si lo entiendo, aunque no lo justifico.

Si el aburrido no puede agradecer, que tuvo la oportunidad increíble de haber nacido y que tiene un cerebro que le permite realizar lo anterior arriba descrito y muchas otras actividades interesantes, entonces si lo entiendo, aunque no lo justifico.

Si el aburrido no tiene la capacidad intelectual para escoger y leer, la inmensidad de buenos libros, sobre temas apasionantes, que le brindan conocimiento invaluable, —tipo Peña Nieto—, entonces si lo entiendo, aunque no lo justifico.

Si al aburrido no se le ocurre visitar planetarios, museos, bibliotecas, comprarse un microscopio y/o un telescopio, entonces si lo entiendo, aunque no lo justifico.

Si el aburrido no intuye que debería tomar cursos, muchos de ellos gratuitos, sobre los temas arriba descritos, o bien consultar los artículos y videos de valor que se pueden encontrar en la Internet, entonces si lo entiendo, aunque no lo justifico.

Si no es así, entonces al aburrido, no le quedará más remedio que instalarse con sus refrescos y papitas ante la caja idiota e idiotizarse, aún más, para aumentar el rating del canal del desagüe. ¡Lo cual no entiendo y mucho menos justifico!

El sobrino que no pudo ser adecuadamente orientado

ME ENCUENTRO EN una de las frecuentes reuniones familiares. Los hermanos nos reunimos cada dos meses para comer en nuestras diferentes casas. Cuento con un sobrino quien asegura que la música es lo que más le gusta en esta vida. Efectivamente: ya cuenta con su guitarra eléctrica (¿en esta época que otro instrumento se les ocurre tocar?) ... bueno si también la batería, para "aporrearla" como si fueran los solistas, en donde lo único que importa es que existan una gran cantidad de golpes, caigan adonde caigan, pero eso si, al mayor volumen posible. Aquí aplica un dicho de mi amigo Roberto Morales, quien decía respecto a cierto baterista: "Toca muy mal, pero muy fuerte". En mi última conversación con el sobrino, le pregunte si su guitarra contaba con un distorsionador integrado, solo como tema de conversación, puesto que yo sé que así vienen todas. Una vez que me contesto que así era, le comente que todo aparato de alta fidelidad, es decir, de alta calidad, desde hace más de sesenta años tiene como uno de sus parámetros más importantes un bajísimo índice de distorsión total, siendo éste de únicamente 0.08. Que por lo tanto como, si tanto le gusta la música, por qué razón está aprendiendo a tocar un instrumento musical que opera contrariamente a cómo operan los amplificadores de alta calidad.

Es decir, los amplificadores de calidad, están diseñados, con grandes problemas técnicos y que aumentan el costo, para reducir la distorsión al máximo posible y las guitarras eléctricas tienen inter construido, fuera de toda lógica y buen gusto, un distorsionador. Su argumento fue que; lo usaba poco, pero jamás acepto que su instrumento escogido tenía un problema intrínseco de mal diseño (si, ya sé que es a propósito, pero eso no le quita el mal). Después de que no lo pude convencer en este punto, le hice la siguiente pregunta: ¿Amas verdaderamente a la música o amas más al dinero? Te lo pregunto por la siguiente razón, aunque existen en el mundo probablemente miles de millones de chamacos que están *estudiando* la famosa guitarra, si sucede que te convertirás en un músico profesional, y por pura suerte, tienes alguna rareza o defecto (que no tiene nada que ver con virtuosismo) que atraiga a los millones que están atentos de lo que les gusta a las grandes masas, entonces *estas hecho* en la vida, únicamente económicamente hablando, pues tendrías muchísimo dinero.

Pero dado que prácticamente el único instrumento que estudian los jóvenes hoy en día, es la guitarra eléctrica – con distorsionador incluido –, la competencia es bestial, y por lo tanto vas a tener que hacer unas *rarezas* más extrañas que las que despliegan en la actualidad dichos *bichos extraños*, extremadamente ruidosos y escondiendo su absoluto desconocimiento musical, en un gran circo luminoso, en donde decenas de miles de, ahora si aplica la palabra, *fanáticos* brincando como locos, totalmente fuera de control (Homo ¿*sapiens*?). Recuerdo que me contesto que ese era el instrumento que había decidido estudiar, y que quería lograr que su papa le pagara una gran escuela musical como, por ejemplo, Berklee, lo cual me pareció un desperdicio, de darse dicho caso. Asimismo me comento que un amigo de él le regalaría una copia de su colección de música electrónica, lo cual me confirmo, a que le llamaba amor a la *música – cualquier ruido* –. Asimismo, me comento, que le gustaba mucho la música medieval porque; lo calmaba enormemente, lo cual vi muy comprensible, si no indispensable. El *stress* que produce dicha *música* moderna, sobre todo el molestísimo ruido de la *tabla eléctrica* es desquiciante.

He escuchado que la música de Mozart es muy recomendable para proporcionar tranquilidad muy especialmente para los niños, lo cual parece muy razonable. En mi caso particular, me proporciona un placer exuberante de alegría y de captación del inteligente desarrollo de cada solo, que me asombro de la capacidad intelectual, melódica, rítmica y de creatividad de cada virtuoso. Y así como muchas veces al escuchar a Rachmaninoff, Grieg y a muchos compositores románticos (y no tan románticos) se me salen las lágrimas por sentimiento y alegría. Asimismo al escuchar Jazz, algunas veces me sucede lo mismo. Estos son algunos de los momentos en que me da verdadero gusto pertenecer a la especie Homo sapiens. Existen genios que producen y personas que somos capaces de disfrutar de sus grandes obras y ejecuciones. Por

Dios, ¡de que prodigios se pierde la gente común y corriente!, quienes oyen *música* mucho peor que común y corriente.

En ese momento le comente que existía otro tipo de música, ésta de gran calidad que era el Jazz. A esto me contesto que a él *también* le gustaba esa música, que en realidad le gustaba toda la música. Al preguntarle a cuales músicos de Jazz había escuchado, me pudo nombrar a dos músicos de mediana calidad y ahí paró su lista de músicos conocidos por él (ahora me recuerda a Peña Nieto no pudiendo mencionar el título de únicamente tres libros que hayan marcado su vida). Le pregunte si había escuchado a alguna *big band*. A lo cual me contesto que no, por lo que le comente como estaban organizadas dichos conjuntos musicales. Al no mencionarle a una guitarra como un instrumento preponderante, no lo podía creer ya que me dijo: "¡TIENE QUE HABER SIEMPRE, CUANDO MENOS UN GUITARRISTA COMO SOLISTA!". Yo le comente que definitivamente no era así, en algunas grandes bandas había un guitarrista, pero que dicho instrumento normalmente no tenía un papel preponderante, sino un papel bastante limitado. Ese comentario me confirmo que no tenía idea de lo que estaba hablando.

Otro punto que le era de vital importancia, era la rapidez con los que los guitarristas eran capaces de tocar, a lo cual yo le conteste que antes que la velocidad, es *el contenido* de lo que puedan tocar, la velocidad de un gran músico, puede llegar o no, ese punto es secundario. Lo que sí es cierto es que, los grandes virtuosos pueden generalmente tocar sumamente rápido, pero esto lo pueden y deben realizar después de dominar el instrumento en todos los otros aspectos. Un buen virtuoso de Jazz primeramente se puede evaluar cuando toca alguna melodía estándar (es decir una melodía que ya haya *hecho historia*) en un ritmo lento, es decir, como una balada.

¡Cómo me hubiera gustado convertirme en su mentor, en el área musical! Poder haberlo guiado a que él seleccionara un instrumento *verdadero*, no una tabla sin caja acústica y con un distorsionador integrado, pero resultaba absolutamente claro, que él ya estaba mucho muy contaminado, más allá de cualquier reconsideración, respecto a un cambio de instrumento, no creía nada de lo que yo le comentaba, en pocas palabras, él no me reconocía ninguna autoridad moral, así que no quedaba más por hacer. A continuación él me pidió que le regalara una copia de mi gran colección de Jazz, el tesoro que yo he ido cuidadosamente acumulando durante sesenta años. Después de considerarlo por algunos minutos, opte por no hacerlo. Una copia de dicho *tesoro*, únicamente se la regalaría a alguna persona de la que yo esté suficientemente cierto de que la puede apreciar y que no va a estar mezclada con, por decirlo lo menos caustico posible, con *música* popular de pésima calidad, con una monotonía enfermante, una vulgaridad inagotable, falta de gusto y elegancia y una falta de creatividad absoluta. Adicionalmente, dicho repertorio para poder entenderlo y gozarlo cabalmente requiere de amplia guía para poder entender el desarrollo paulatino del Jazz y como recomiendo escucharlo, – es por esa razón, que yo presentaba seminarios de Jazz –, de no ser así, pienso que lograr captar su magnitud queda seriamente limitada. Una comparación similar consistiría en entregarle a alguien quien desconoce química, la tabla de elementos de Mendeleiev, sin mayor explicación.

La n y el profesor injusto

ANTONIO NURRIETA MECOECHEA tiene un grave problema con la n. Tiene problemas en muchos otros aspectos, pero la n, lo trae loco y a sus alumnos muertos de risa. En realidad, era como oír a Cantinflas dando clases de ingeniería, en una universidad tan prestigiada como la Universidad Ibero Americana. Increíble pero cierto. El diccionario Nurrieta-Español que me atreví a compilar es demasiado extenso para un cuento corto, por lo que mencionare únicamente las entradas más cómicas como; pa' que naiden diga, puede ser muy importante, pero en ningún caso creo que pueda llegar a serlo, par de tres, un momento (de fuerza) trepao girao, lealons, denles una leidilla, no te vayas a acardiacar, Lionardo, no te aberres en una aberración, cosas que si no se pueden, a lo mejor alora, no permanezcan en el amonimato, si no lo pueden demostrar, agregenle de todo, como en una miselania, trigonomatematicas, ¿qué sucediria si...?, ...

Como escribía: RRoca, aria, arimetica, asero, deficis, inresponsabilida.

Definiciones: cuerpo humano = pedazos de carne, cuerpo rígido = patielon y no se deforma, ...

Pero el diccionario es enorme y lleno de barbaridades, tal vez, valdría la pena, un día publicarlo completo.

Como es tan frecuente en la vida, casi siempre habrá un traidor y lacayo, en este caso, creo saber quién fue, pero no puedo asegurarlo, pero era uno de sus barberos. Este tipo, cuando escuchaba *la puntada*, se desternillaba de risa, para irle directo a comentar confidencialmente, en la primera oportunidad, quien y que se había dicho acerca de sus peripecias gramaticales. Dicho diccionario me costó la carrera de ingeniería en la UIA. Nurrieta me hacía un examen final personalizado, con preguntas sin solución como: datos incompletos para resolver una estructura, o peor aún: *demuestra una definición X*.

Sin embargo, esto me permitió, mediante muchísima determinación, tenacidad y suerte terminar una carrera como matemático en Cal Poly, en Pomona, California y posteriormente ingresar a una empresa líder en computación. Para alguien que comprende que casi cada hecho en esta vida tiene consecuencias definitivas posteriores, sinceramente le agradezco a Nurrieta su falta de ética profesional, en varios aspectos. En la Internet leí que se le acusaba de fraude en algún puesto relativo al deporte, así como su declaración de que era un *soldado dentro de la política*. Pero de haber continuado yo en la UIA, con toda probabilidad no existirían ni mis hijos ni mis nietos. Exactamente éstos que hoy tengo y disfruto.

Leonard Rapoport

EL INGENIERO LEONARD Rapoport fue un maestro en la *Universidad Ibero Americana (UIA)*, —mejor conocido como "Lionar"—, según la pronunciación, casi siempre incorrecta, de la mayoría de nuestro idioma pero de suma comicidad, que otro maestro y director de la carrera de ingeniería —Antonio Nurrieta Mecoechea—, tenía como modo habitual de comunicarse y de presentar sus clases. En otro de mis relatos aquí incluidos, —*La n y el profesor injusto*—, comento más a detalle a este tipo. "Lionar" era el profesor de Cálculo Práctico, materia muy interesante y útil, en donde, por ejemplo, aprendimos las bases y el uso de la ya olvidada, ingeniosa y útil *Regla de Cálculo* (conservo la mía con cariño), era tan indispensable, como lo es una *Laptop* moderna. También nos enseñó otras bases, aparte de la que utilizamos normalmente (base 10), como la utilísima base 2, base de toda la computación. Él tenía contacto con la *UNAM*, pues también enseñaba en ese plantel, en donde tenían una de las primeras computadoras —*IBM 650*—.

El ingeniero Rapoport aprovecho esta situación para que nosotros lográramos tener una experiencia con ese producto, escaso y maravilloso. De esta forma; previas indicaciones de cómo había que escribir un programa, él nos dejaba un problema a resolver el cual era "corrido" en la mencionada máquina y durante la siguiente clase, nos entregaba el resultado de dicha corrida. Era muy raro que nuestra codificación y la perforación de las tarjetas perforadas y de los datos de prueba estuvieran correctas al 100%, por lo que procedíamos a realizar los cambios requeridos y nuevamente eran procesados. Y así sucesivamente, hasta que por fin el programa funcionaba adecuadamente y obteníamos los resultados pertinentes.

Desde el primer momento la programación de una computadora me pareció algo sorprendente, ya que requería utilizar el cerebro para pensar la solución de cada problema presentado. Tan fue algo de trascendencia para mí, que posteriormente tome diversos cursos de programación basados en otros lenguajes de programación. Programador fue mi primer trabajo y toda mi vida profesional estuvo relacionada con las computadoras, desde su inicio hasta las potentísimas y enormes: "Main Frames". En resumen trabaje como: programador, operador, ingeniero de sistemas, analista, programador de sistemas, instructor y finalmente como gerente del *Centro de Computo*.

DADO QUE YO estudié dos años de ingeniería y finalmente me recibí como Matemático, tuve una gran diversidad de profesores de las varias áreas de dicha ciencia. Mis "Alma Mater" fueron la *UIA* en México y el *California State Polytechnic College (Cal Poly)* en Pomona, California.

De todos los profesores en los Estados Unidos, no recuerdo alguno que me llamara la atención, ni por sus métodos de enseñanza ni por algún otro aspecto. Respecto de los maestros en México tengo una similar apreciación de sus dones didácticos, con excepción del Ing. Andrés Lasaga. Él estudio, a su vez en la *UIA* y obtuvo, en toda su carrera, un diez de promedio. En una ocasión en que en un examen obtuvo una calificación ligeramente menor de diez, le pidió una revisión de examen a su profesor, quién reconoció el error y corrigió la calificación a diez.

Andrés presentaba sus ponencias sin consultar jamás apunte o libro alguno. Las extensas y complicadas demostraciones a los varios teoremas ahí presentados, muy rara vez contenían algún error. La cantidad de materia que en dicho curso se presentó fue verdaderamente avasalladora. Fue el mejor curso de matemáticas, por mucho, en toda mi carrera. Yo tuve la suerte de asistir a la *UIA* cuando recién iniciaba la carrera de ingeniería y se tenía que estudiar en serio. El horario de clases era de las siete de la mañana a la una de la tarde y de las cuatro de la tarde a las nueve de la noche. Las tareas y sobre todos los exámenes eran agotantes en extremo. Excepto para los estudiantes brillantes, para el resto de los estudiantes el obtener cuando menos un seis era una tranquilidad. Uno de mis hijos, también estudió ingeniería en la *UIA*, logrando obtener él nueve y pico de promedio. En varias ocasiones le pregunte sobre diferentes tópicos matemáticos, de los cuales, jamás me pudo comentar que los hubiera estudiado. Sin duda el nivel de estudios, en general, había bajado, pero no solo eso, ya el ingeniero Lasaga no era maestro de matemáticas. Uno de los teoremas más complejos para demostrar que recuerdo, es; el "Teorema de Swartz", que según me acuerdo requiere cerca de treinta pasos. Nunca se me olvidara el título ni su postulado. De la demostración no me acuerdo ni del primer paso, el cual resultaba bastante complejo.

Los relatos a continuación, se refieren a mi trabajo profesional en empresas de primer mundo, durante algunos años, pero en realidad, años después: "tipo calcetín".

El problema Y2K

M I TRABAJO EN el corporativo del *Gigante Triste* comenzó así: me fue asignada la tarea de ser el analista para diseñar el nuevo sistema de nómina de dicha empresa, el cual requería más de cien programas, los cuales había que establecer en todo detalle. Vio que el diseño consideraba todas las facilidades concebibles, en aquel tiempo, para que resultara un sistema robusto, pero muy flexible, ya que no se guardaba en ningún programa, ningún dato que pudiese cambiar al pasar el tiempo (por ejemplo: tipo de cambio peso-dólar). Todos esos datos se encontraban en varias tablas externas a todos los programas. Cada registro de cada empleado contenía suficientes campos para contener todo posible dato adicional. Cada campo (por ejemplo: nombre de empleado) estaba sobrado para poderse ampliar razonablemente. Es decir estaba "blindado" para poder ser operativo durante muchos años, lo cual resulto cierto.

Sin embargo, en un cierto momento de mi sueño, el problema *Y2K* me llego como un latigazo. Dicho problema realmente existió al llegar el año dos mil, debido a lo siguiente. Dado que uno de los recursos más preciados, cuidados y caros de las computadoras de aquella época era la memoria, era una práctica generalizada el utilizar la menor cantidad de memoria posible (bytes). Una de esas estrategias consistía en ahorrar dos dígitos en todos los campos concernientes con el dato de algún año, por ejemplo: en vez de guardar 1985, se deschaban los dos primeros (19) y solo se guardaban los últimos dos (85). Ahora bien, al cambiar los dos primeros por 20 (siglo XXI). Todos los programas en los cuales hubiera que restar una fecha del año dos mil (o mayor), de una fecha del siglo anterior, el resultado resultaba negativo, es decir incorrecto. Esto significaba un cambio correctivo masivo a todos los programas, incurriendo en una gran cantidad de tiempo y costo involucrado. Yo desperté con un fuerte sobresalto, preocupado por el problema que tenía que resolver. Momentos después, entendiendo mi posición actual, comprendí que ese problema no había existido y que además aunque lo fuera, yo ya gozaba de retiro y no había motivo alguno para preocuparme.

El Gigante Triste
(Big Blue)

Maneras groseras para terminar una estupenda relación

L A IBM 650; mediante la cual yo aprendí nociones de programación, gracias a un curso de *Cálculo Practico* impartido por el ingeniero Leonard Rapoport en la UIA (Universidad Ibero Americana). Dicha maquina se encontraba físicamente en la Ciudad Universitaria y resultaba difícil de programar. Requería, entre otras habilidades: buena memoria y toma de notas, debido a que las instrucciones requeridas tenían el siguiente formato:

5 235 768 En este ejemplo hipotético, 5 le indicaría la operación a realizar: *sumar;* 235 apuntaría a la dirección en donde se almacenaba el primer sumando, 768 correspondería a la dirección de memoria del segundo sumando, y en donde se almacenaría el resultado correspondiente. Ésta tarea difícil, fue la chispa que incendió mi pasión por la referida nueva profesión, la cual crecería exponencialmente exponencial hasta nuestros días.

—Existe una oportunidad excelente, me comento un amigo de uno de mis hermanos; Jorge Hassel, ofrecen un curso gratuito sobre programación, el cual pienso tomar, ¿quieres aprovechar este singular evento? Existe esta nueva profesión, la cual quiero investigar

—Por supuesto, dame los datos correspondientes, y en este momento me voy a inscribir, le contesté. Lo típico; Hassel reprobó y yo lo aprobé. El curso resulto interesante; consistió en el aprendizaje de los elementos básicos de una computadora y de las reglas para interpretar las perforaciones en una tarjeta perforada, el indispensable medio de comunicación de entrada/salida con la computadora. Asimismo, programación básica utilizando el nuevo lenguaje de programación, que tomo dos semanas para aprenderlo, los días completos. Me emociono aprender este nuevo e interesante material *pensante*. Ya había encontrado, lo que sería mi profesión de por vida, o eso creí.

Tarjeta perforada

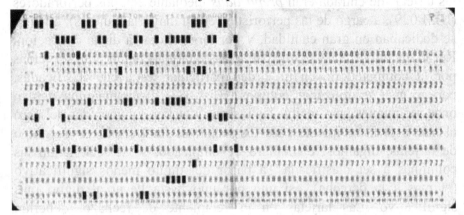

La IBM 1401, ya transistorizada, sería la primera computadora comercial, —sumamente exitosa —, en donde la comunicación con ella se realizaba, en forma exclusiva, todavía mediante tarjetas perforadas, ya fuera para *ordenarle* qué, y en forma muy detallada como hacerlo, y con cuales datos realizar las operaciones requeridas. Esta maravilla ya contó con varias mejoras considerables, a saber; lenguaje de programación simbólica (*SPS*), el cual permitía una de suma importancia. Ahora, el programador se olvidaría por completo, de recordar o apuntar códigos de operación y direcciones numéricas. Había surgido lo indispensable en el ámbito de la computación; como en la vida real, ya era posible nombrar objetos, es decir: direcciones e instrucciones. La programación cambio de una programación de direcciones numéricas a una programación de símbolos nemotécnicos. Ahora, el ejemplo anterior se escribiría (codificaría):

ADD HORASEXT SALARIO, que significaba muy claramente; sumar las horas extras al salario base de cualquier empleado, que en ese momento se estuviera procesando. La propia computadora asignaría cada dirección de su memoria, según se fuese requiriendo de forma automática. ¡Qué diferencia! ¡Del cielo a la tierra! Algún(os) programadores de sistemas quienes trabajaban en el Gigante Triste, había(n) cambiado, en forma drástica, el arte de la programación. ¡Habían realizado una gran hazaña!

El dispositivo básico de entrada/salida (input/output) de la computadora lo constituía el lector/perforador de tarjetas. A su vez, las tarjetas de entrada eran *preparadas* mediante equipos perforadores (IBM 029), a cargo de las perforistas (en su mayoría mujeres), quienes se dedicaban en gran cantidad, y por largas horas a dicha ocupación. Resultaba muy frecuente que paquetes de tarjetas requirieran ser leídas por la computadora, en un orden particular, es decir, clasificadas, para lo cual se utilizaban equipos (IBM 083). Estas máquinas tenían once recipientes para recibir las tarjetas (stackers) numeradas del cero al nueve y un recipiente para los rechazos. Para clasificar un grupo de tarjetas, digamos: el número de empleado, se seleccionarían las columnas a ser clasificadas, a partir del digito menos significativo (el mas a la derecha), así uno por uno hasta llegar al digito más significativo. Las tarjetas en el recipiente de rechazo, deberían corregirse, estarían en blanco o con múltiples perforaciones invalidas.

En adición, se inventaron nuevos dispositivos de salida (output), la impresora 1403 muy rápida, la cual utilizaba un muy ingenioso mecanismo. Un motor hacia girar, a gran velocidad, una cadena metálica que tenía grabada varios juegos de caracteres tipográficos completos (letras, números y caracteres especiales) y que estaba colocada en posición horizontal. Existía una compuerta, que se abría para colocar el papel, con perforaciones, que tenía forma continua y se enganchaba en varios *tractores* que lo fijaban y a su vez lo recorrían según fuera necesario. Montado en dicha puerta, un cartucho de cinta entintada que también giraba lentamente para que su uso fuera uniforme y por tanto su duración mayor. Al cerrarla, ya todo listo, el motor comenzaba a girar; y mediante una sincronía perfecta, al pasar el carácter requerido, montado en la cadena giratoria (según, el programa en ejecución) en cierto renglón que le tocara imprimir, un pequeño martillo (de los 132 existentes, ya que existían 132 posiciones de impresión por renglón) era disparado contra el papel, que a su vez golpeaba al cartucho de tela impregnado de tinta. Resultado: el carácter correspondiente impreso en el papel, de magnifica calidad. Era impresionante ver la velocidad de impresión (600 líneas por minuto y posteriormente 1,200), así como la velocidad de salto de espacios y de hoja. (En la imagen de la computadora 1401, más adelante, se puede apreciar dicha Impresora, la Lectora/Perforadora y otros dispositivos).

El ruido producido en este proceso era bastante molesto, por lo que dicho dispositivo contaba con una gran tapa que cubría toda el área de impresión (con una ventana transparente para poder ver que se estaba imprimiendo) y que normalmente se mantenía cerrada. No faltaron algunos programadores, también conocedores de acústica, quienes producían melodías mediante los golpes de los martillos. Me gustaba escucharlas, de vez en cuando, ya que además me asombraba el ingenio de dichos cibernautas. Por cierto, hablando de melodías, éstos u otros programadores, transcribían melodías que podían escucharse al colocar un radio de transistores, sobre la CPU (Unidad Central de Procesamiento, —nombre técnico de la computadora—), en él se escuchaba un sonido muy peculiar, que puede considerase como al precursor de la música electrónica.

Luego aparecieron las cintas magnéticas cuya capacidad de almacenaje permitía que el entrada/salida (input/output) de datos que requería millones de caracteres, en ese tiempo. Hoy en día, el requerimiento de almacenamiento de datos, es probablemente de cuatrillones o mucho más. Con respecto a las cintas recuerdo el proceso más largo mientras trabaje en la Ciudad de La Puente, en California. Un archivo que contenía cerca de cincuenta mil registros, requería cerca de cuarenta y cinco minutos para clasificar dichos registros. De tal forma que aprovechábamos dicho tiempo para cenar. Así, al regresar ya había terminado a estaba cerca de hacerlo. Cualquier mini computadora moderna podría realizar dicho proceso en menos de un segundo. Las personas que no vivieron esa experiencia, dan por hecho las increíbles velocidades modernas y aún se molestan cuando algún proceso tarda algunos segundos.

Mi primera experiencia con dicho equipo fue en un *Service Bureau*, — Oficina del Gigante Triste que ofrecía programación y proceso a diversos clientes —en donde amablemente me permitieron practicar programación —sin sueldo—, pero con oportunidad para la utilización de la máquina, cuando estuviera disponible. Esto era, en general, a altas horas de la noche, dado que, en aquel entonces, para *correr* cualquier programa, se requería *maquina dedicada*, sin mencionar lo tardado de cada proceso. Uno y solo un programa podía ejecutarse en un cierto momento. En dicho establecimiento, se preparaban programas, según requerimientos de cada cliente y ahí mismo se procesaban. Me acuerdo, con agradecimiento del gerente y del personal que ahí laboraba. En particular, de su gerente, Fernando Álvarez, quien me proporciono la siguiente carta de recomendación:

IBM De Mexico, S. A. *Oficinas Generales: Av. Insurgentes Sur No. 100 Mexico 6, D.F.* | *Tel. 25-75-60 Direccion Cablegrafica: Inbusmach*

October 10, 1963

To Whom it may Concern

The undersigned herewith certifies that Mr. Octavio Velasco Tejeda started working on May 20, 1963, as a Programmer Trainee in the IBM Service Bureau Mexico City; without being employed by IBM, he made every effort to realize a great job.

Mr. Velasco had the opportunity to get a good experience in programming in our 1401 Card System.

As a matter of fact, we are using almost daily some of his programs.

IBM DE MEXICO, S. A.
SERVICE BUREAU

Fernando Alvarez Jr.
Manager of Service Bureau

El operador de la 1401 — Fernando Madrid— era muy amigable y me prestaba la computadora, en cada momento disponible. Hecho curioso de la vida, años después se convertiría en mi gerente; punto muy importante, por lo menos para mí, lo cual narraré en su momento.

Computadora IBM 1401

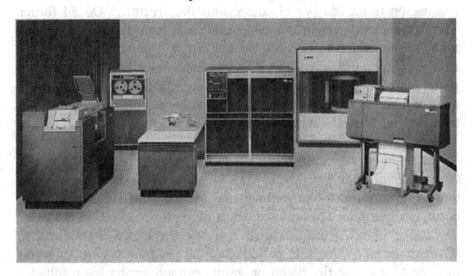

Aprender a programar no es sencillo (especialmente en dicha época); requiere utilizar mucha lógica y tener *mucho cuidado con todos los detalles*, así como prever absolutamente todos los posibles eventos que pueden o pudiesen ocurrir, del tal modo que la computadora *sabría* qué acción tomar. Para ayudar a esta tarea, se recurría al *diagrama de bloque*, en donde se consideraban todas las posibilidades y sus correspondientes acciones a tomar. Por ejemplo: una decisión ineludible se refería a la siguiente situación; ¿la tarjeta recién leída, es la última? Esta situación era detectada por el lector de tarjetas. En caso negativo, era una de las tantas tarjetas de datos, que debería procesarse de acuerdo a su tipo, digamos, en una corrida de nómina: tiempo extra, caja de ahorro, etc. En caso afirmativo, se deberían imprimir ciertos totales, y terminar dicho proceso, o que se yo.

Una vez terminado el programa — redactado — en hojas especiales para este efecto, se requería perforarlo y compilarlo; —una función de un programa compilador—, que equivale a traducirlo al lenguaje de máquina, en otras palabras a convertirlo a: ceros y unos, —el único *idioma* que puede *entender* una computadora—. Dicho programa simbólico original compilado *correctamente* (el programa compilador no detecto ningún error), ya podía *correr* en la máquina. Y ahí era donde empezaban los problemas: programador vs. equipo. Casi invariablemente, todos los programas contenían y aun contienen, todo tipo de errores; error de dedo, algún(os) evento(s) no considerados, puntuación requerida por el compilador incorrecta ... De tal forma, que el número de compilaciones requeridas, para dejar un programa *probado*, dependía de la habilidad del artista —programador—, pero también intervenían otro tipo de situaciones; el clásico: tarjetas mal perforadas, así como probar el programa, mediante datos de prueba que contuvieran todos los errores imaginables posibles por ocurrir, por ejemplo: una letra en un campo numérico. Etc.

El *enemigo* más implacable del programador, era un *led* rojo que tenía el nombre de *process*, el cual indicaba que existía algún error, que el programador correspondiente estaba obligado a encontrar, corregir y compilar nuevamente, antes de reprocesarlo. Esta actividad se conoce como *debug*, lo cual equivale en inglés literalmente *a localizar al bicho* que está perjudicando al programa. Y así, una tras otra, hasta que por fin, dicho programa proporcionaba los resultados esperados (cuando menos, hasta el momento). Me acuerdo, sin dejar de sonreírme, cuando a uno de los programadores, con tremenda mala suerte y mala lógica lo *bautizaron* como al *Rey del Process*, creo que no tengo que explicar por qué.

Uno de los principales problemas adicionales con el que se topaba un programador lo constituía el estado de la tecnología de aquella época, pues *se contaba únicamente con 4K (4,096 posiciones) de memoria.* No, no me equivoque exactamente 4,096 posiciones de memoria para almacenar el programa y sus datos correspondientes. A cada posición se le conocía como a un *byte* y estaba formado por únicamente 6 bits (posición mínima de memoria). Dicha configuración era suficiente para especificar a todos los números, alfabeto y caracteres especiales, mediante un código binario —ceros y unos—.

Para las empresas que necesitaban memoria adicional, podían solicitar un aumento de memoria de 4K adicionales, el cual se localizaba en un mueble del tamaño de una lavadora de trastes moderna. La memoria —cada bit—, estaba físicamente constituido por un núcleo magnético miniatura, el cual era magnetizado, representado *uno*, cuando dos de sus alambres internos recibían simultáneamente una corriente eléctrica, de no ser así, representaban un cero, lo cual indica cómo se iba formando el contenido interno de la memoria.

Circuito Impreso con capacitores y resistencias a la izquierda y núcleos magnéticos a la derecha

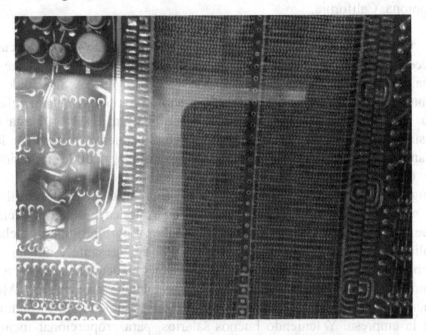

Regresando a mí *trabajo* en el S*ervice Bureau*, yo me ocupé en aprender a fondo a programar la 1401, lo cual realicé de la forma siguiente: yo pedía ser el programador de todo programa sencillo y de no gran urgencia, lo cual conseguí. Una vez que adquirí más confianza y experiencia, me surgió la idea de programar la solución de un problema matemático: *Método de Prescott D. Crout, para la solución de n ecuaciones con n incógnitas.* Fue mi cuñado — Roberto Campuzano —, quien me enseño dicho método, cuando estaba estudiando la carrera de Ingeniero en Electrónica en la UIA, para la cual este procedimiento era muy utilizado. Un ejemplo de las instrucciones muy rara vez utilizadas era: obtener la dirección de la dirección de algunos datos y el uso de registros de la maquina muy rara vez utilizados en programas comunes. Estas operaciones raras se utilizarían para resolver el problema señalado, mediante operaciones entre matrices. La programación de dicha solución requería de la utilización de las instrucciones avanzadas del referido *SPS*, instrucciones que normalmente no se utilizaban, así que resultaba ideal para mi propósito. Ya no recuerdo cuanto tiempo me tomo este proyecto, pero con seguridad, fueron bastantes meses. Nunca me imaginé que posteriormente me resultaría de gran utilidad, ya que fue parte de mi tesis para graduarme como matemático en *Cal Poly*, Pomona, California.

Cerca de un año después. Ya con "suficiente" experiencia, necesitando un empleo pagado, me presenté en la empresa Monterrey, Cia. de Seguros, cuyo directivo, aún recuerdo, era el Sr. Holden. Obtuve el empleo, bajo las ordenes de uno de los pocos buenos jefes que me tocaron; el Sr. José Barquera. Su equipo, una IBM 1401 estaba instalada en Mariano Escobedo, esquina con Presidente Mazarik, en la planta baja. Dicho edificio siempre me ha gustado, tiene la impresión de que fabricaron un puente soportado por dos columnas y de ahí colgaron el edificio. El proyecto que me asignaron fue el desarrollar la primera póliza de autos *mecanizada* de América Latina, es decir, que era producida mediante una computadora. Logré programar dicha aplicación, en tiempo y forma y me resultaba interesante y ameno el trabajo en dicha empresa. Sin embargo, me preocupaba mi futuro: ¿toda mi vida como programador?, me preguntaba a mí mismo. Me encantaba dicha actividad, pero como progresar subiendo el escalafón de la empresa. Y teniendo buenos salarios, para proporcionar mejor soporte a mi familia y ser capaz de proporcionarles una vida mejor y principalmente, el poder mandar a los hijos a buenas escuelas y después a muy buenas universidades. Después de todo, nuestra herencia será, básicamente una magnifica educación.

Habiendo aprobado varios cursos de programación y sobre todo con la experiencia práctica arriba mencionada, cierto día me dirigí al corporativo del *Gigante Triste*, en donde solicite a la secretaria de su gerente general, que me hiciera el favor de preguntarle a su jefe, a quien yo ya conocía, si podría recibirme. Ya en su oficina, platiqué con respecto a los cursos aprobados y a la experiencia con la que contaba. Fernando Rodríguez Montero, me escucho muy paciente y amable y cuando termine, su respuesta fue terminante; lo siento mucho, pero, ¡en esta empresa no se contrata a nadie que no tenga un título profesional! Si quieres ingresar, es indispensable que consigas uno. ¡Qué frustrante, pero que buen consejo!

Veo necesaria una digresión, para que se entienda mi continuación dentro del ámbito de la 1401, pero que ocurrió mediante una fortuita, pero al final de cuentas, afortunada decisión de mi parte. El nivel de programador cambio a un nivel profesional inferior; operador, según narro a continuación:

Para aquel entonces yo ya había cursado el segundo año de ingeniería en la UIA, por segunda vez. Había reprobado la materia *mecánica*, debido a que el profesor de dicho tema, siendo además director de dicha carrera — Antonio Nurrieta — era sencillamente espectacular. Sus clases resultaban tan graciosas que me fue materialmente imposible el no iniciar y mantener al día el diccionario — Nurrieta-Español —; ¡Hay que recordar que se trataba del segundo año de Ingeniera en la UIA (por segunda vez)! Dicho diccionario contiene las babosadas y toda clase de pronunciaciones erróneas de este fulano, del cual, yo puedo proporcionar varios ejemplos:

Definición de Cuerpo Rígido: Patielon y no se deforma
Definición de Cuerpo Humano: Pedazos de carne
Definición de hemisferio: Jícara patas parriba
¿Qué *sucediria* si …
Puede ser muy importante, pero en ningún caso creo que pueda llegar a serlo
Un momento (de fuerza) trepao girao
Estos libros *lealons, deles una leidilla*

Y así, en cada salón de clase, y como en casi cada trama existe un traidor, quien oía los chistes del día, se reía, e iba directo a chismosearlos. Yo tuve que pagar el precio, ya que el profesor se propuso que yo no pasaría su materia. Sus argucias para lograrlo fueron: exámenes diferentes para cada alumno (impedía copiar, según él), pero además, permitía exámenes fáciles para sus lacayos e impasables para las personas *non-gratas*, las cuales éramos varios. Durante una comida en la casa de una de mis primas, alguien me enseño un libreto editado por *Cal Poly* (California State Polytechnic College). Dada mi endeble situación profesional, decidí reanudar mis estudios de ingeniería, *específicamente* en dicho plantel. El primer paso evidente: solicitar que dicha universidad aceptara mi ingreso. Un par de semanas después, recibo la temida y esperada contestación la cual, me resulto evidente antes y ahora: RECHAZADO. Conviene aclarar que dichos tres años de ingeniería, me costaron, sin exagerar;

—utilizaré un descriptivo bastante socorrido: sangre, sudor y lágrimas. En aquel entonces, la carrera de ingeniería en la *UIA*, resultaba académicamente realmente muy difícil de aprobar cada materia. La razón; teníamos demasiado material por estudiar, horas de clase excesivas y exámenes extensos y agotadores desde el punto de vista intelectual.

El primer año, aprobé *una* materia: dibujo y reprobé las restantes cinco materias, todas relacionadas con matemáticas.

Exp. _____

UNIVERSIDAD IBEROAMERICANA

MEXICO, D. F.

El suscrito DIRECTOR de la Carrera: __INGENIERIA__

impartida en la Universidad Iberoamericana, CERTIFICA que:

JOSE OCTAVIO VELASCO TEJEDA

cursó durante el año Escolar de 19_60_ las materias que se indican, las cuales forman parte del Plan de Estudios expedido en la UNIVERSIDAD IBEROAMERICANA para la carrera profesional arriba indicada; habiendo sustentado los exámenes Reglamentarios, obtuvo las calificaciones siguientes:

MATERIAS Y CURSO AL QUE CORRESPONDEN	CALIFICACION		RESULTADO	CLASE DE EXAMEN
	NUM.	LETRA		
COMPLEMENTOS DE ALGEBRA	7	SIETE	APROBADO	TITULO SUFICIENCIA
1er. C. MATEMATICAS	6	SEIS	APROBADO	TITULO SUFICIENCIA
1er. C. FISICA	6	SEIS	APROBADO	EXTRAORDINARIO
GEOMETRIA DESCRIPTIVA	7	SIETE	APROBADO	TITULO SUFICIENCIA
DIBUJO	6	SEIS	APROBADO	ORDINARIO
INGLES	A	----	APROBADO	ORDINARIO

La Escala de Calificaciones es de 1 a 10; la Calificación Mínima para ser APROBADO es 6 (seis) puntos.

Se extiende el presente CERTIFICADO, en la Ciudad de México, a los **22** días del mes de _____ del año de **1963**

_____
Secretario General

_____
Director

EL GIGANTE TRISTE

~126~

Sin embargo, pasé *limpio* a segundo año, tras presentar exámenes extraordinarios y a título de suficiencia, pero mis calificaciones eran seises y sietes. Me debo dar palmadas a mí mismo, pensé —toda una hazaña—.

En segundo año mejore mi desempeño, pero, como ya mencione; mecánica resultaba infranqueable. Así: ante dicha universidad en los Estados Unidos (y cualquier otra respetable), yo era un estudiante fracasado.

Exp._____

UNIVERSIDAD IBEROAMERICANA
MEXICO, D. F.

El suscrito DIRECTOR de la Carrera: _____ INGENIERIA _____

Impartida en la Universidad Iberoamericana, CERTIFICA que:

JOSE OCTAVIO VELASCO TEJEDA

cursó durante el año Escolar de 19.62... las materias que se indican, las cuales forman parte del Plan de Estudios expedido en la UNIVERSIDAD IBEROAMERICANA para la carrera profesional arriba indicada; habiendo sustentado los exámenes Reglamentarios, obtuvo las calificaciones siguientes:

MATERIAS Y CURSO AL QUE CORRESPONDEN	CALIFICACION		RESULTADO	CLASE DE EXAMEN
	NUM.	LETRA		
CALCULO PRACTICO	NP	— — —	NO SE PRESENTO	EXTRAORDINARIO
2º C. MATEMATICAS	7	SIETE	APROBADO	ORDINARIO
2º C. FISICA 9 - I - 62	8	OCHO	APROBADO	EXTRAORDINARIO
1er. C. MECANICA APLICADA	4	CUATRO	REPROBADO	EXTRAORDINARIO
TOPOGRAFIA	7	SIETE	APROBADO	ORDINARIO

La Escala de Calificaciones es de 1 a 10; la Calificación Mínima para ser APROBADO es 6 (seis) puntos.

Se extiende el presente CERTIFICADO, en la Ciudad de México, a los 22 días del mes de _____ENERO_____ del año de 1963

_____
Secretario General

_____
Director

No sé de dónde o por qué, me surgió la siguiente *obsesión*: yo sé que puedo obtener un título profesional y lo voy a obtener, me dije a mí mismo, *precisamente* en la universidad que me negó el ingreso. De esta forma totalmente irracional, sabiendo que las posibilidades eran prácticamente nulas, un buen día presenté mi renuncia en mi trabajo y empecé a preparar mi viaje a California. Era una partida definitiva para quedarme allá, no fue un viaje *buscapiés*, para semblantear el terreno.

Al presentarme en Cal Poly, acompañado por mi amigo de Bonita High School en La Verne, California, Mike Wade, quien estaba relacionado con la *Chamber of Commerce*, de Pomona, solicitamos una cita con su presidente: Robert C. Kramer, quien nos recibió a los pocos minutos. Al comentarle la razón de mi solicitud, para hablar con él directamente, se quedó muy sorprendido, y me pregunto, si yo no entendía lo que quería decir un rechazo de inscripción. Al contestarle que si lo entendía con toda claridad, proseguí a solicitarle de la manera más atenta, que realizara una excepción y que me diera *una sola oportunidad*, que yo me sentía capaz de lograr dicha meta, *solo aparentemente* más allá de mi capacidad. Con gran paciencia, el ejecutivo escolar me explicaba todo lo que estaba en mi contra: el idioma, mi desempeño escolar previo, la complejidad de altas matemáticas por cursar, mi falta de experiencia en laboratorios (que se llevan en dicho país),…

Yo le conteste que había renunciado a mi trabajo, y que había dejado mi país, para ingresar *específicamente,* en *su* universidad, que por favor, me diera una única oportunidad. La entrevista con seguridad se prolongó por lo menos durante una hora, el Sr. Kramer desplegando una paciencia descomunal. Se podía apreciar qué, al parecer, ya estaba cediendo, cuando le surgió otra área de conflicto. La carrera de ingeniería en los Estados Unidos, tiene incorporados varios talleres, los cuales no son vigentes en México, por lo tanto; la revalidación de materias seria nula, y yo tendría que empezar de cero. Así, de forma asombrosa, el mismo rector propuso una solución alterna; si cambiaba la carrera de ingeniería por la de matemáticas, dado que esta carrera tiene varias materias optativas, las materias aprobadas en la UIA, serían revalidadas, de tal forma que yo ya no empezaría como la canción: *Begin the Begin.* ¡A eso llamo yo ayudar! Porque dada la carga, complejidad, y costo, yo quería tardarme un máximo de cuatro años en su terminación. De inmediato le tomé la palabra: a pesar de mis muy bajas calificaciones (más la reprobada), fui capaz de convencer a un director de universidad Norteamericana, de que me diera una única oportunidad. Evidentemente, el señor Kramer suponía que yo contaba con los medios económicos para pagar la carrera, lo cual no era el caso. Si me lo hubiese preguntado, o se lo hubiera imaginado, con toda seguridad, dado que no hubiera podido mentirle, me hubiera tildado como mínimo, de *poco realista,* y me hubiera invitado, de forma cortes, a abandonar su oficina.

Ya con la aceptación a Cal Poly, me dediqué a buscar en los periódicos algún anuncio en donde solicitaran programadores que me fuera accesible, en todos aspectos. No mucho tiempo después, ubiqué una posibilidad, no a la medida, pero era la única. Al estudiarla; la visualicé atractiva; cerca de mi departamento, y aunque el puesto ofrecido era para operador, no para programador, vi una ventaja muy atractiva. Un programador tiene fechas de entrega específicas de programas terminados y probados, que tiene que cumplir, con universidad de por medio o no. En cambio, un operador (aunque solo en teoría), tiene un horario fijo y al terminarlo, está libre para lo que se requiera (estudiar, en mi caso). Al día siguiente, a las siete de la mañana ya estaba yo esperando que abrieran la empresa *Day and Night Manufacturing Co.*, como primer posible candidato. Un caballero educado y ya de cierta edad —Reede Conner—, me entrevistó y ahí mismo, fui contratado. Así corrí con la buena suerte similar a la de la admisión a la universidad.

Yo podía trabajar debido a que una querida prima mía, Marie Louise Tejeda y su fino esposo; Reynold Brown, se tomó la molestia de ser mi tutor y conseguirme una *Green Card* y me recibieron en un pequeño pueblo (Temple City) y pronto nos mudamos a La Verne. La escuela correspondiente a esa ciudad era Bonita High School, en donde conocí a Mike Wade y nos convertimos en amigos. Me asignaron al último año (senior), dado que yo había terminado la secundaria en México, pero no conocía suficientemente el inglés. Resulta innecesario mencionar que Reynold fue estupendo conmigo. Él era un artista increíble, que forma de dibujar. Él trabajó para la industria cinematográfica, especialmente Universal Picures. Había muchos niños (5), sus hijos, en aquel tiempo. Yo permanecí únicamente un año con ellos, y después regrese a México, para ingresar en la UIA.

Aparezco afuera de la empresa en donde trabaje durante cuatro años en la primera foto, y colocando una cinta magnética en la segunda foto.

Los detalles interesantes (por lo menos, desde mi punto de vista) continúan, pero ahora regresare al porqué viene al caso esta parte de la historia. Sencillamente porque ahí continua mi trayectoria con la 1401, ahora como operador (bastante menor sueldo), ya no como programador. Dicho empleo duro cuatro años, mientras permanecí como estudiante. Fue un periodo exhaustivo, pero que me brindo una enorme satisfacción. Cuando recibí mi título de matemático, regresé a México y me presenté nuevamente ante el director empresarial, quien me había requerido un título, antes de contratarme. Con dicho requerimiento cumplido fui contratado y capacitado como: Ingeniero de Sistemas. Debido a una prisa irracional por regresar a México, se me olvido por completo visitar al estimado caballero Mr. Robert C. Kramer, para mostrarle mi título, agradecerle su oportunidad y demostrarle que yo la había aprovechado hasta lograr graduarme.

Mi título de Matemático otorgado por Cal Poly, en Pomona, California

Probablemente hubiera sido una larga plática, pues tendría que confesarle que lo logre a pesar de trabajar tiempo completo durante todo ese período, muchas noches trabajando tiempo extra. Seguramente se habría sorprendido y me habría dicho que si lo hubiera

sabido, no me habría dado dicha oportunidad, por verla como muy improbable de realizar. Yo estimo que el promedio de horas de sueño durante los cuatro años fue de únicamente cuatro horas. Mi rutina diaria era la siguiente; la hora de levantarme variaba según mi horario de clases, algunos trimestres con clases a las siete de la mañana, otros trimestres con clases empezando un poco más tarde, así podía dormir un poco más. De cualquier forma, permanecía en Cal Poly, por clases o bien en la biblioteca hasta las tres de la tarde. Comía algo rápido en algún lugar y me presentaba a trabajar a las cuatro de la tarde, mi hora de salida normal era a la una de la mañana, cuando quedaba trabajo por realizar, hasta terminarlo.

Mi recibo quincenal

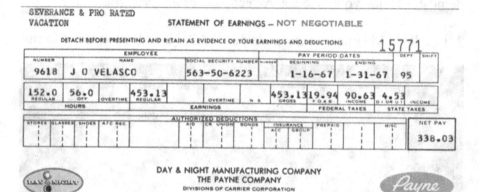

De esta forma, llegaba yo a mi departamento a la una y media de la madrugada (o más tarde). Al llegar, lo primero era preparar un percolador con buen café y procedía a tomar un buen baño. Ya *fresco*, y con mi primera taza de café, revisaba las tareas y estudios que tenían prioridad debido a su fecha de entrega. Hay que recordar que mis tareas se referían generalmente, ni más ni menos, que a matemáticas, de nivel más alto cada vez, por lo que en la madrugada, después de un día *pesado* por asistir a la universidad y después al trabajo, no parecía, ni era, la forma más apropiada para realizar dicho estudio. Los fines de semana, debería limpiar el departamento, llevar ropa a lavar y planchar, avanzar en las tareas y estudios pendientes y descansar un poco. También aprovechaba para nadar un rato, ya que en los departamentos contaban con una alberca. Afortunadamente mi sueldo permitía mantenerme y pagar la colegiatura, que si no mal recuerdo costaba cerca de doscientos cincuenta dólares el trimestre (más libros). Hace algunos años regrese a Los Ángeles y aproveche para visitar Cal Poly. Me encontré que ya no es una universidad estatal, ahora es particular y debe costar una fortuna estudiar ahí. Que suerte que me toco otra época, en donde su costo era muy razonable.

Ni yo mismo puedo creer que lo haya podido lograr, ya que precisamente las matemáticas me costaban trabajo entenderlas y que yo recuerde, únicamente tuve buenas calificaciones en Algebra, ya que me gusto y se me facilito en la preparatoria, pero ya en la UIA, se me complico entenderlas y pasar los exámenes requeridos.

El 7 de abril de 1964 la *IBM (International Business Machines)* anuncio el *Sistema 360 (S/360)*. Este pronunciamiento del CEO (Chief Executive Officer): el antes llamado Director General; resultaba ser la culminación de la mayor aventura financiera de todos los tiempos de empresa alguna, con un riesgo total de cinco mil millones de dólares, es decir: cinco veces lo que costó el proyecto de la fabricación de la bomba atómica al gobierno (a los contribuyentes) de los Estados Unidos de Norteamérica. Thomas J. Watson Jr., lo llamo: el más importante anuncio en toda la historia de la compañía. Entrevistado posteriormente declaro: *¡jamás volvería yo a asumir tan escandaloso riesgo!* Pero fue un riesgo bien calculado y dado que fue estupendamente realizado, la ganancia que proporciono a la empresa fue billonaria. La fuerza motriz determinante de quienes llevaron dicho proyecto a su culminación exitosa fue, entre otros; el Sr. Vincent T. Learson (matemático titulado), quien posteriormente ocupo la dirección de la empresa y a quien le estoy muy agradecido, según comentaré yo también en su momento.

Por lo tanto, la computadora que me encontré al regreso a mi país en mi nuevo empleo fue dicho equipo. ¡Otro salto de varias órdenes de magnitud en todos aspectos! ¡Verdaderamente increíble! Mencionare algunos de los más importantes e impactantes: unidades lectoras/escritoras de tipo magnético como cintas y discos (cada uno con una dirección numérica específica, así como cerca de cincuenta tipos diferentes de dispositivos adicionales; comunicación con el operador mediante un teclado para indicarle cualquier acción específica pendiente de realizar y para recibir sus contestaciones, por ejemplo: montar disco llamado *nomina octubre 1978* en la unidad 191. El disco mencionado llevaba una etiqueta externa (e interna) con dicho nombre. El operador sabía exactamente cuál era la unidad 191.

Sistema operativo (software); primera versión de programa que controlaba cómo y cuándo se realizaría cada operación de cualquier tipo que hubiese de llevarse a cabo en la computadora (hardware). En otras palabras, era el *cerebro* que controlaba a *los fierros*, así como a todo programa que se ejecutaría baja su imperdonable y riguroso mando. El led *process* ya no existía, ahora todo error, de cualquier tipo, detectado por el sistema operativo daba como resultado un listado que se imprimía indicando el tipo de error que había causado *abortar* dicho proceso. La maravilla de la productividad se produjo, no solo por la muy incrementada velocidad de proceso medida en *MIPS* — millones de operaciones por segundo —, sino por la multiprogramación. Esta consistía, entre otras varias *argucias*, en darles *rebanadas de tiempo*, a cada programa en ejecución (mientras los dispositivos mecánicos de entrada y salida y, por lo tanto, más lentos realizaban tareas), para que varios programas, se fueran ejecutando concurrentemente. La memoria interna se amplió a 36K. La memoria externa creció, casi sin límite, al contar con cintas y discos removibles para guardar la información procesada o por procesar. El byte se amplió a 8 bits, así aceptando una variedad de caracteres antes inexistentes y se utilizó por primera vez el sistema hexadecimal (base 16).

Mediante los *canales* se podía cambiar la conexión de los dispositivos sin necesidad de cambio alguno en la programación. La familia del sistema 360 permitió el crecimiento del equipo sin requerir reprogramación, es decir todos los equipos eran compatibles (excepto la 360 modelo 20 con los modelos más grandes). Varios lenguajes de programación nuevos (o mejorados) con sus respectivos compiladores hicieron su aparición en dicho ambiente, tales como: *RPG II, COBOL, PL/1, ASSEMBLER*, etc.

Para estar preparado para tal magnitud de cambios, y poder atender a los clientes adecuadamente, me enviaron a tomar casi dos años de cursos, de donde recibí mi título de *Ingeniero de Sistemas*.

Credenciales de Identificación

Fui asignado a un cliente (en apariencia) de gran importancia —Pemex—, el cual tenía instalado el equipo más pequeño de la mencionada nueva serie, denominado 360/20. Para mí, el estar asignado durante dos años a un cliente que se evaporaba y a cargo de un equipo pequeño, era una pérdida total de tiempo. Como no existía labor por realizar en esa cuenta, se me ocurrió ocupar mi tiempo codificando un programa que hiciera posible que la 360/20 fuera compatible con equipos más grandes de la familia 360. Dicha incompatibilidad ya fue mencionada anteriormente.

No puedo, por espacio (y tal vez aburrimiento del lector), presentar todos los premios/reconocimientos que recibí, sin embargo, mostraré algunos a continuación:

Carta del Presidente, Rodrigo Guerra, invitándome a Cozumel por excelente desempeño

RODRIGO GUERRA   Mariano Escobedo 898 México 5. D. F.

Septiembre 20, 1977

Estimado Sr. Velasco,

Me complace mucho invitarle a la VII Conferencia Administrativa que tendrá lugar en Cozumel, Q.R., del 13 al 16 de octubre de 1977, en reconocimiento a su continuo esfuerzo por cumplir y mejorar la eficiencia en su trabajo; de tal forma que IBM de México sea la compañía líder que todos queremos.

Mis más sinceras felicitaciones y mis deseos porque siga superándose.

Nos veremos en Cozumel.

Cordialmente,

El tiempo continuaba pasando y yo me sentía cada vez más frustrado. Yo veía a mis compañeros de capacitación como progresaban y mi estancamiento me estaba enfermando. Tomé acción. Hablé con mi gerente, Eduardo Bonillas *por enésima vez*, quien no tomó acción alguna. Yo tomé una acción diferente. De alguna forma, localice y hable largamente con un gerente en Los Ángeles, California, yo le mencioné el programa de compatibilidad recién terminado. El gerente resulto gratamente interesado.

— Tu programa nos seria de muy amplia utilización aquí, tenemos muchos casos problemáticos —comentó. En principio, estas contratado, de cualquier forma, requerimos entrevistare, ¿cuándo puedes presentarte aquí?

Quedamos en una cierta fecha, y yo procedí al instante al departamento de personal, para avisar de mi cambio de residencia. La respuesta que ahí recibí fue; tienes que renunciar aquí, puesto que la empresa doméstica (E.U.), es una empresa diferente de la empresa mexicana.

—Yo no quiero renunciar, ¿qué tal si por alguna razón no soy contratado allá? argumente.

—No hay otra forma, tú tomas la decisión y el riesgo, fue la contestación.

Yo salí de la oficina molesto y preocupado. Aunque las probabilidades de contratación eran muy altas, según conversación previa, existía la posibilidad de que algún factor imprevisto, impidiera el éxito planeado. Después de pensarlo con seriedad, evaluando pros y contras, tomé el riesgo y renuncie.

La entrevista en Los Ángeles resulto muy satisfactoria para ambas partes. Duro más de tres horas, en donde se comentaron los posibles clientes que se beneficiarían con el programa referido, sueldo y prestaciones, así como todos los demás asuntos relacionados a una nueva contratación. Se me pidió que me comunicara con mi *nuevo jefe*, para firmar el contrato el viernes siguiente. Yo llame por teléfono, y detecte una voz poco cálida, y muy diferente a la de la entrevista. Repentinamente escuche:

—Lo siento, hay un problema y no te puedo contratar.

— ¿Qué me dice, cual problema?

—Encontramos un mejor candidato que tú.

— ¿Pero qué está usted jugando? Ya me había contratado, solo faltaba la firma del contrato.

— De veras lo siento, no trates de conseguir trabajo en E.U., pues las contrataciones están cerradas. La NASA acaba de despedir a decenas de Ingenieros de Sistemas. Lo que puedo hacer es conseguirte un trabajo inmediato, con uno de nuestros clientes.

—No gracias, yo quiero trabajar para *mí* misma empresa, no para algún cliente.

¡Vaya empresa, como se las gastan, o más bien, como se las hacen gastar a sus prácticamente contratados aspirantes!, me dije a mí mismo. Ésta fue mi primera decepción personal con el Gigante Triste. Hablé con mi ex gerente Bonillas para comentarle lo ocurrido y le pedí una recontratación, dada la situación. Bonillas me contesto que ni intentara ser recontratado debido a que el cierre de contrataciones también era efectivo en México. Frustrado y desempleado, decidí regresar a mi país.

Dado que los exempleados del Gigante Triste son muy codiciados, no tardé en encontrar trabajo, esta vez en Honeywell-Bull, en donde me encontré en un ambiente totalmente diferente al de la empresa anterior. Sus equipos eran bastante *primitivos* y la forma de operar de dicha empresa era totalmente contraria a mi *alma mater* empresarial. De manera rutinaria, yo estaba muy frecuentemente en contacto con personal del Gigante Triste, preguntando acerca de las posibilidades de una recontratación. Pasaron casi tres años, hasta que finalmente hablando precisamente con el operador mencionado anteriormente —Fernando Madrid—, ahora convertido en gerente, me citó en su oficina para platicar. El Gigante Triste tenía un sistema de nómina totalmente obsoleto. Había que rediseñarlo y existía un puesto abierto para tal encomienda. Después de una amplia platica referente a la magnitud del proyecto, sueldo y otros asuntos complementarios, yo me despedí de Fernando prácticamente contratado. En quince días debería presentarme para firmar el contrato correspondiente, por lo que procedí a renunciar en Honeywell-Bull.

El día acordado, me presenté nuevamente ante Fernando, quien se muestra muy inquieto y después de una breve platica, me suelta el *cubetazo de agua helada*.

—No te puedo contratar, lo siento.

— ¿Qué me estás diciendo? ¿Sabes que ya renuncie a mi trabajo? ¿Cuál es el motivo?

—¡Tú expediente te muestra como **_no re—contratable!_** ¡No puedo hacer nada al respecto! Lo siento de veras.

Así, que le dio tal rabia a mi ex gerente que yo buscara nuevos horizontes y yo mismo me consiguiera un empleo en los Estados Unidos que me marco con esa pésima anotación. Muestra su abominable calidad humana en forma muy clara.

—Solo te pido un favor Fernando, dime quien es el Director General actual, en lenguaje pomposo utilizado: CEO (Chief Executive Officer).

—Vincent T. Learson.

Hecho una furia, me dirigí a mi casa con la intención de escribir la carta más agresiva de mi vida denunciando a ese cobarde cretino ex jefe mío, Eduardo Bonillas.

La primera carta decía lo que debía decir, en tiempo y forma, pero era sumamente agresiva, lo cual era la realidad de cómo yo me sentía, pero reflexione… una carta tan agresiva probablemente la van a tirar a la basura, y no es lo que yo quiero, pensé. Lo que yo quiero — lo que antiguamente se llamaba en el Gigante Triste: *Open Door Policy* (Política de Puertas Abiertas) —, es que la injusticia cometida por Bonillas se ponga al descubierto, y que se me restaure en dicha empresa. A ese truhan debería de impedírsele que continuara como gerente, dañando a quien sabe cuántas más personas, excepto a sus favoritas, fue mi reflexión.

La última versión de la carta, terminada varias horas después, decía lo que debía decir, pero con gran refinamiento, sin agresión alguna. En realidad, yo no esperaba que mi carta fuera contestada. Habiendo pasado casi tres años de dicho suceso, en realidad tenía muy pocas esperanzas, de siquiera obtener alguna contestación. Cuando mucho: lo sentimos, ya no podemos remediar la situación, o algo por el estilo.

Cuál sería mi sorpresa, cuando pocos días después, recibí un telegrama de un alto directivo del Gigante Triste, quien viajaría a México a entrevistarme. Yo no lo podía creer, con razón me gustaba trabajar en esa *EMPRESA* (a pesar de algún(os) gerente(s) cretino(s)), tenía la impresión, si no la certeza, de que: ¡es la mejor empresa del mundo! Ellos mantenían su palabra acerca de sus reglas y sus credos, hasta, por lo menos, tres años después de haber sido injustamente marcado como una persona non grata. ¿Cómo se podrían interesar otras compañías en mí, con tal pasado? Considero esto casi como a una acción criminal. ¡Una difamación, nada menos!

Telegrama del corporativo, contestación a mi carta

Posteriormente me llegó el siguiente telegrama para hacer una cita en el corporativo en México:

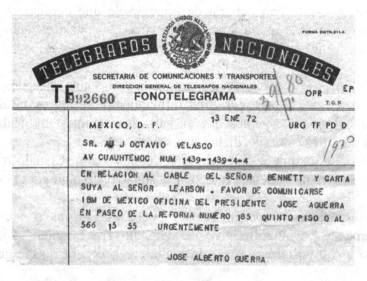

La entrevista duró cerca de tres horas en donde el ejecutivo enviado, el Sr. William Lawless, utilizo varias hojas en donde detallo todo lo ocurrido, referente a la nefasta actuación de Bonillas en contra mía, así como lo que sucedió en Los Ángeles. Pocos días después, recibí una carta del corporativo del Gigante Triste aceptando la incapacidad gerencial de Bonillas e invitándome a regresar a laborar a mi bien querida empresa, lo cual acepté de inmediato.

I.B.M. World Trade Corporation   821 United Nations Plaza, New York, N.Y. 10017

Office of the Chairman of the Board

January 31, 1972

Mr. J. Octavio Velasco
Ave. Cuauhtemoc #1439-4
Mexico 13, D. F.

Dear Mr. Velasco:

Based on the report of Mr. W. J. Lawless, Jr., who investigated your letter of December 15, 1971, I conclude that you have been *not* treated properly in your efforts to be rehired by IBM Mexico.

Although I don't believe that any firm commitment or promise was made that you would be rehired, you were given the understanding that you could be rehired; that is, you were eligible for rehire, assuming a vacancy for which you were qualified arose.

During the two years in which you were attempting to be rehired, it is evident that on several occasions you were not given the courtesy of a final reply, and only in late 1971 were you told that there was negative information in your file which was an important factor in your not having been rehired.

As a result of the investigation, there is general agreement in IBM Mexico and in my office that you would be an asset to IBM Mexico as an employee. Consequently, you will be contacted by IBM Mexico and offered a position within the next week. I hope you will accept the offer and rejoin IBM.

Please accept my apologies on behalf of IBM Mexico and IBM World Trade Corporation for the mishandling of your case, and thank you for calling the matter to our attention.

Sincerely,

Gilbert E. Jones

Recordando este suceso, fue de una verdaderamente emocionante situación, fue un evento, verdaderamente especial. Por lo que se; es el único caso de un ex IBM que después de tres años fuera de la empresa, gana su caso — un *Open Door* — y es invitado a regresar. En el momento que entre nuevamente en ese edificio, me pareció un sueño, entonces, al presentarme el contrato para firmarlo, solo lo firme sin comprobar que fecha de ingreso habían colocado. No estaban dándome crédito por los tres años trabajados anteriormente. ¿Es esto justo para el empleado? En esos tiempos, dicha oportunidad de utilizar dicha defensa era tan vigente, se me comento, que cuando el inculpado resulto ser el CEO de México, José Guerra, fue retirado de su puesto cuando un empleado del Gigante Triste se presentó en White Plains, sin aviso previo, pero al escuchar el problema, la junta mensual gerencial se suspendió para darle curso inmediato a tal problema. Así se manejaba esta política en esos días.

Open Door Policy (Política de Puertas Abiertas)

La Política de Puertas Abiertas

Compañeras IBMeístas:

Hace poco, uno de nuestros empleados preguntó si los cambios recientes en la dirección de la IBM World Trade habían afectado la Política de Puertas Abiertas. La respuesta es que los cambios directivos de la IBM World Trade no influyen en esta política básica ni la alteran en absoluto. El presidente del directorio de la IBM World Trade, A. K. Watson, afirmó en estas mismas páginas, en setiembre de 1960:

"Existen, sin embargo, ciertos aspectos básicos que no se han modificado y que nunca se modificarán en nuestra compañía. Nuestra Política de Puertas Abiertas, que fue una de las primeras normas consagradas ya desde los comienzos de la compañía, cobra hoy mayor importancia, si cabe, que la que tuvo en el pasado".

Este criterio mantiene aún su vigencia.

En resumen, el procedimiento de Puertas Abiertas consiste en que cualquier IBMeísta que tenga un problema, debe ante todo plantearlo ante su gerente inmediato. Si después de esa conversación no se considera satisfecho, queda en libertad de recurrir al gerente de personal o al gerente de su país y, si fuese necesario, al gerente general del área. Si aún así no queda satisfecho, deberá escribirme directamente a mí.

La Política de Puertas Abiertas existe para asegurar a cada empleado una atención justa e imparcial en los problemas que plantee. En un clima de debate franco y abierto pueden solucionarse la mayoría de los problemas. Espero que cada empleado tenga plena conciencia de su derecho a usar las Puertas Abiertas cada vez que sea necesario.

De esta forma, fui _recontratado_, como Analista de Sistemas y se me asigno el proyecto tan indispensable y urgente comentado arriba bajo la gerencia de Fernando Madrid, quien renuncio un poco después. La nómina tardo cerca de tres años en completarse. Constaba de más de cien programas complejos que abarcaban la nómina propiamente dicha, adicionalmente otras aplicaciones complementarias que se programaron en el lenguaje PL/1. Afortunadamente, el responsable de la nómina por parte del usuario Jaime Collazo, quien resulto una persona que dominaba dicha aplicación. De tal forma que se diseñó con exactamente las necesidades requeridas. De esta forma, formando un dúo, él conocedor de las necesidades de la aplicación y yo de la parte de Ingeniería de Sistemas logramos echar a andar un sistema sólido, duradero y dado que todos los datos variables residían en tablas, no se requerían frecuentes actualizaciones a programas. El último año fue el más pesado, ya que durante las pruebas de cada programa y después de la corrida total, teníamos maquina disponible básicamente durante las madrugadas. Me enteré que dicho sistema de nómina — el _SIN_ — duro quince años funcionando.

Que el usuario sea parte de la planeación y programación de cualquier sistema es básico. Un sistema para cobrar pagos a los clientes, o algo similar, fue diseñado y programado en Costa Rica en lenguaje RPG. Constaba con cerca de cuarenta programas sencillos, que a algún gerente se le ocurrió que tenía que utilizarse aquí en México también, pero se le paso consultar al usuario. Así que fui a Costa Rica, como Ingeniero de Sistemas, para que me entrenaran en su uso y aplicación y me traje el paquete de todos los programas. Al regresar, instale la totalidad de los programas, los probé y le mostré los resultados al gerente para quien iba a ser de utilidad dicho sistema. El mostro inmediato rechazo y me pregunto quién lo iba a obligar a utilizar dicho paquete, sin pedirle su opinión antes de viajar a Costa Rica. Tomo mucho tiempo tratar de convencerlo. El ultimo gerente que lo trato, fue un caballero y Comodoro Chileno — Alfonso Carvallo —, quien formó un grupo de trabajo en donde listamos doce puntos importantes, en orden de ejecución. Ya al final de la junta, alguien menciono un punto que resulto más importante que todos lo demás, y que no nos habíamos dado cuenta, ninguno de los asistentes. Así que curiosamente se designó como _punto cero_, y cuando nos acordamos siempre nos reímos de dicha puntada. Para finalizar esta historia, el famoso paquete nunca se utilizó. Así que me asegure la siguiente vez que esto no volviera a pasar, lo cual fue el primer punto, el trabajar con el usuario.

El último año fue más difícil aun que los dos anteriores, dado que las pruebas finales de cada programa y en forma principal, la prueba del sistema completo, controlado por el sistema diseñado exprofeso, para este propósito funcionara a la perfección. Todo esto lo realizábamos a partir de las diez u once de la noche y toda la madrugada, ya que durante el día la maquina estaba cargada y saturada con su producción diaria.

El problema principal que me encontré fue la escasa disponibilidad de programadores asignados. Mi gerente, un *gallo chileno* —Jorge Troncoso— sucedió a Fernando Madrid y me *prestaba* programadores con cuentagotas. Esto propicio que dicho sistema de nómina se atrasara ligeramente en su terminación, con la consecuente evaluación de mediana calificación en mi expediente, a pesar de que durante meses trabajé (trabajamos) hasta altas horas de la madrugada, programando yo mismo, y aún el referido usuario (no era nuestra responsabilidad), debido a que la asignación de programadores se me restringía en exceso. El referido chileno, con sus consentidas programadoras, les daba recursos y muy buen trato, contrastado con lo que yo requería y recibía. La desigualdad era tan notoria, que yo estuve a punto de presentar otra *puerta abierta*, ahora en contra de este otro inepto gerente, pero opté por la abstención: me crearía fama de *eterno inconforme*, o algo por el estilo. En una ocasión, durante una madrugada, mi esposa me habló para avisarme que regresara a mi casa de inmediato, ya que había fuertes indicios, de que el bebe que estábamos esperando ya tenía deseos de nacer.

Ya por terminar —al fin—, el SIN (Sistema Integral de Nomina), requería la creación de Manuales de Operación, es decir: cada programa tenía que tener un instructivo, que le indicara al operador, *en detalle*, que acción tomar si cualquiera de los cerca de cien programas fallaban. Era, sin duda, una operación muy laboriosa y detallada (y aburrida). Cada programa tenía que tener especificaciones, en detalle, de que pasos seguir cuando algún programa causara problemas, demasiado complicado y detallado para mencionar aquí. De cualquier forma, cada programa tenía que tener su expediente completo. El cual así fue realizado, pero el reinicio cuando ocurría una falla era automático, previa corrección del error.

Telegrama del exgerente de Centro de Cómputo —León Avalos —, previo a Jorge Troncoso

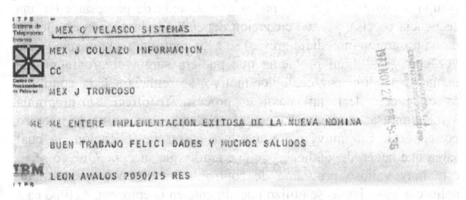

¡Qué flojera escribir tanto detalle para tantos programas! ¿Por qué mejor no diseñar un sistema totalmente automático, me pregunté a mí mismo? Y no solo me lo pregunté, lo diseñé, programé y lo instalé como parte fundamental del famoso SIN. Dicho programa complejo era el que controlaba la ejecución de la nómina. Implico estudiar a fondo instrucciones directas del sistema operativo OS (Operating System) de la S/360. Según recuerdo, la instrucción de control básica utilizada fue la famosa SVC (Supervisor Call), la cual permitía acceso del programa que emitía dicho código de operación, a ciertas funciones del sistema operativo OS. Todos los programas de la nómina, durante su ejecución, *emitían como primera instrucción un código de terminación* (¿16?), el cual le indicaba al OS que el programa había terminado de forma incompleta y por lo tanto incorrecta. En contraposición, todos los programas que terminaban su proceso exitosamente, *emitían como ultima instrucción*, un código de terminación (¿0?). Si en un momento dado de una corrida algún programa resultaba abortado, en dicho momento, el resto de la *corrida* de la nómina era abortada. Una vez que se encontraba y resolvía el problema (por ejemplo: corrección de datos inválidos), el *deck* (grupo de tarjetas) de control (JCL), <u>tal cual</u>, se colocaba en la lectora para el reproceso de la nómina, *a partir del programa exacto en donde se había encontrado el problema,* lo cual permitía al siguiente programa en secuencia a ejecutarse y así continuaba el proceso hasta que el último programa terminaba exitosamente. No existía en el Gigante Triste otro programa de este tipo y nivel en ese entonces. Era complicada su concepción y requería conocimientos avanzados del sistema operativo OS. Permitía que cualquier sistema (grupo de programas relacionados que deberán de procesarse en una secuencia precisa, y cuya ejecución dependía de la exitosa ejecución, de un programa inmediato previo) se auto controlara a sí mismo y una vez corregido algún problema que pudiera surgir, el programa que había suspendido por cualquier motivo, se reiniciara para continuar así el proceso de la aplicación en proceso. Yo ofrecí este programa a mi empresa, mediante su gerente chileno, a quien no le intereso promoverlo. Era muy interesante ver correr la aplicación, la cual sabía qué hacer, dependiendo de qué era lo que sucedía. Que yo sepa, este muy valioso programa de control —un sistema operativo de aplicaciones— jamás se utilizó nuevamente en la empresa. Actitud casi típica de buena parte de los gerentes, por lo menos de mi tiempo.

Dado que la programación me resultaba tan interesante, sin ser parte de mis obligaciones, prácticamente diario le dedicaba yo tiempo a programas que se me ocurrían y que resultaban muy útiles para resolver o facilitar la solución de ciertos problemas. Cuando trabaje asignado a Pemex, una cuenta que estaba por caer, yo avise a la gerencia y tomaron poca acción, hasta que se perdió dicho cliente. Fue en esos dos años que yo aproveche para programar un programa muy interesante ya que permitía convertir programas que corrían en una 360 modelo 20, no compatible con los modelos 360/30 y superiores. De tal forma que si un cliente decidía cambiar su máquina 20 por un modelo superior, este programa convertiría todos los programas de dicha instalación y dicha mejora no resultaría traumante, debido a toda la reprogramación que de otra forma seria inevitable. Tuve que ingeniarme para poder realizar de alguna otra forma lo que el programa requería en una máquina que contaba con dispositivos de entrada y salida diferentes, así como otras funciones inexistentes en los modelos más poderosos. Algunas pocas funciones, no era posible su conversión, así que dicha parte había que adaptarla de alguna forma. Definitivamente, uno de los programas más útiles que programé, fue un programa que al llenar unas pocas hojas que describían las principales características que tendría que realizar un programa, dichas especificación se perforaban en tarjetas y estas resultaban ser el *input* (datos de especificación) de dicho programa. El resultado era un *programa completo* en lenguaje Cobol. Era fantástico y se le ocurrió a un buen amigo mío — Gerardo Campbell — quien ya me dio programada, con una lógica sobresaliente la primera parte del programa que consistía en examinar dichas tarjetas de datos, posición por posición para encontrar que dato estaba perforado. Ese era un muy buen comienzo, pero faltaba una gran parte para lograr producir un programa completo. Él lo bautizo "El Cerebro", lo cual vi como genial. Gerardo estaba convencido que el *software*, era la parte interesante y la que permitía ganar dinero. Vea usted si tenía razón, nada más acuérdese de Bill Gates y del formidable programador de Steve Jobs, Steve Wozniack, todos multimillonarios. Por cierto que un día Gerardo me invito a ver una maquina Burroughs y me quedé asombrado de la facilidad para operarla, nada de JCL (tarjetas de control), que en videos de aniversario del Sistema 360, los mismos presentadores reconocen y se burlan de sí mismos al mencionar dicho esperpento de control de un sistema que costo cinco billones de dólares.

Una vez terminada dicha responsabilidad, yo ocupé puestos como; Instructor de Sistemas Operativos, Compiladores y otros programas de control, Programador de Sistemas Operativos (System Programmer), y finalmente opte por solicitar una Gerencia. Craso error, en primer lugar porque abandonaba el área técnica que tanto me atraía, pero peor aún, no tenía idea de lo que conllevaba ocupar el puesto de gerente de tercer nivel, dentro del Gigante Triste, por lo menos, bajo los gerentes que me tocaron.

Carta felicitándome como nuevo Gerente de Soporte de Sistemas Internos

I B M de México, S A

Oficina del Director de Management Services   Mariano Escobedo 595, México 5, D. F.

URGENTE   10 de febrero, 1983.

Octavio Velasco
P r e s e n t e .

Otavio:

Estimado Octavio:

Le felicito por su reciente nombramiento como Gerente de Soporte a Sistemas Internos. A nombre de la función, deseo darle la bienvenida al sistema gerencial. Su desempeño ha demostrado muchas de las cualidades importantes para tener éxito como gerente.

Por experiencia, le puedo augurar que los siguientes meses serán muy estimulantes, a medida que usted se ajusta a las responsabilidades y los retos de su nueva asignación. El trabajo gerencial es una "ciencia" a la vez que un "arte". La capacitación que adquiera en su trabajo, con su gerente y en los cursos formales de Desarrollo Gerencial, le serán de gran utilidad en el desarrollo continuo de sus habilidades.

Con el propósito de intercambiar ideas sobre su nueva responsabilidad, le invito a participar a la reunión que se llevará a cabo el próximo 14 del presente de las 8:45 a las 12:00 horas, en la Sala de Juntas Grande en Mariano Escobedo No. 748, 2ª Piso.

Le deseo continúe con su éxito, satisfacción y efectividad en esta importante asignación. ¡Buena suerte!

Atentamente,

X *Fernando Lira M.*

Héctor M. Meza C.

Carta de felicitación de Rodrigo Guerra, CEO del Gigante Triste

Oficina del Presidente

Mariano Escobedo 595 México 5, D. F

10 de febrero, 1983.

Octavio Velasco
P r e s e n t e .

Estimado Octavio:

Deseo felicitarle y darle una cordial bienvenida al Cuerpo Gerencial
de IBM de México.

La verdadera fortaleza de nuestra compañía, ahora y en el futuro, es-
triba en las cualidades de nuestro personal. Como gerente, una de sus
principales responsabilidades, es mantener y desarrollar esas cualidades.

Día a día, la complejidad de nuestro negocio aumenta. Las demandas por
incrementar nuestra productividad, son continuas. Dentro de este marco,
conservar el liderazgo gerencial para mantener en alto la moral de nuestros empleados, a la vez que un desempeño sobresaliente, es el reto
principal que afrontan todos nuestros gerentes. Su participación como
Gerente de Primera Línea, es vital para nuestro éxito.

Estoy seguro que continuará su carrera en la compañía, con el magnífico
desempeño que ha demostrado hasta el presente.

Atentamente,

Rodrigo Guerra B.

Esta empresa nunca ha tenido algún sindicato y siempre ha tratado de evitar cualquier evento que le produjera un desplegado negativo en algún periódico. Yo creo que esta pudiera ser una de las razones por las cuales los gerentes de tercer nivel se ven obligados a tratar a sus subordinados *con pinzas*, ya que con gran facilidad cualquiera de ellos, puede llevar a cabo una *puerta abierta* (como yo mismo lo hice, pero en mi caso, en forma justificada plenamente), que es (era) una forma de presentar alguna queja en contra del gerente respectivo, que en dado caso, podía llegar hasta el más alto ejecutivo.

Yo llegue a dicho puesto de gerencia como un advenedizo, ya que los integrantes del grupo asignado, esperaban que alguno de ellos resultara promovido a tal puesto gerencial. Al no resultar así, desde el principio empecé a encontrar resistencia de todo tipo. Un evento importante que me propicio un problema severo, fue el recibir en mi equipo a un nefasto y traicionero elemento que tenía malos antecedentes, los cuales no me fueron informados, y en vez de estar agradecido por haber sido bien recibido en su puesto, alborotó a los otros integrantes y finalmente utilizo *puertas abiertas*, lo cual me causo grave reprimenda de mi gerente.

Sin embargo, en dicha gerencia, recibí un reconocimiento, a nivel internacional (A/FE era la gerencia de América Latina y del Lejano Oriente), pero en el párrafo anterior ya explique la causa principal del problema.

Carta de felicitación de AFE debido a mi buen desarrollo gerencial

IBM *IBM de México, S. A.*
Oficina del Director de Business Systems

MARIANO ESCOBEDO 595
11590, MEXICO, D. F.

PERSONAL

21 de junio de 1983.

Octavio Velazco
Presente.

Estimado Octavio:

La reciente revisión de Systems Management Control que realizara personal de A/FE arrojó magníficos resultados, demostrando nuestro alto nivel de calidad en todas las disciplinas de SMC.

Deseo agradecer su valiosa contribución en la obtención de este objetivo.

Sinceramente,

Mario J. Lewit

Como gerente yo recibía, casi diariamente, boletines que me instruían a llevar a cabo todo tipo de nuevas actividades adicionales. Yo estaba seguro que existía un gran departamento en Nueva York, encargado exclusivamente de encontrar más y más trabajo para los gerentes, mucho de este visiblemente de poca utilización, o francamente absurdo e innecesario. Ejemplo real; estaba muy penado el hecho de que cualquier papel que tuviera impresa la palabra; *Confidencial,* se quedara dentro de algún manual (de las decenas que existían para cada empleado), o bien en algún cajón o librero, que no se cerrara con llave. Lo importante aquí es lo siguiente; el que recibía el reporte y la sanción si tal hecho era detectado por algún empleado de seguridad, *era el gerente, no el empleado descuidado. ¿*Lo puede creer? ¡El gerente manejaba *una guardería ingenieril!* Y cuidado con llamarle la atención al infractor, se puede molestar y promover la ya mencionada *puerta abierta* (esta vez inapropiadamente).

Para evitar el pesado tránsito de la hora pico, y por la cantidad de trabajo mencionada, yo llegaba a mi oficina a las 7:30 de la mañana y me retiraba, dejando siempre varios pendientes, alrededor de las 9:00 de la noche, después de revisar cada cubículo de mis empleados, para cerciorarme que todo papel clasificado estuviera bajo llave. A todos estos problemas mencionados se sumó otro, que fue *la gota que derramo el vaso.* Diariamente me sentía dentro de un sándwich, por abajo la presión del personal a mi cargo, atizados por el tipo despreciable mal educado y mal agradecido mencionado un tal José algo, que ya ni quiero, ni puedo recordarlo, y por arriba una presión de mis gerentes, totalmente fuera de toda medida. Como se puede ver aquí, yo tenía varios reconocimientos en todas mis asignaciones, inclusive en el área gerencial, pero la presión aumentaba hasta hacerla insoportable. Me acuerdo que casi a diario, me tomaba unos diez minutos para salir al parque enfrente de la empresa para caminar y respirar profundo, para liberar la presión y tratar de controlar el dolor provocado por las ulceras estomacales. Pero aun vendría lo que a continuación narro:

Durante esa época, la empresa ofreció un plan de retiro voluntario muy interesante, ya que el renunciante recibiría alrededor de cuatro años de salario. Justo a tiempo pensé, ¡qué suerte! Al investigar el detalle encontré que se requería un mínimo de quince años para poder calificar al mismo. Revisando mi tiempo de trabajo encontré que únicamente contaba con doce años. Pero yo estaba seguro de que eran más de quince, algo estaba muy mal. En el departamento de personal me indicaron que solo me contaban doce años. ¿A qué error se debía esto? Sencillamente a que mi antigüedad empezó a contar a partir de mi segundo ingreso, los tres años anteriores ya no se consideraron. Yo hablé con alguna persona del departamento de personal, pero no hubo forma de corregir dicho error. Hable con alguien de Nueva York y la respuesta fue la misma. Muy caro me resultó no verificar cuando firme mi contrato al *reingresar* a la empresa, en lo referente a que en la antigüedad, se considerara el tiempo previamente laborado. ¿Qué le parece a usted, una empresa cuyas ganancias estratosféricas rondaban los miles de millones de dólares anuales, se ahorraran, por decir alguna cantidad, dos millones de pesos? ¿Los daños arriba referidos no merecían resarcirse? Después de pensar que debería de hacer entre interponer una demanda, o pedir una liquidación, creo que *muy erróneamente opté por una liquidación* que evidentemente resultaba en una fracción de lo que tenía derecho. Salta a la vista la avaricia recurrente en los negocios, mientras más grandes, son más insaciables.

Cuando mi entonces novia Paty fue cambiada de puesto durante sus vacaciones y renuncio, ella le reportaba al Gerente de Ventas, Roberto Sarraf y, sin razón alguna, aprovecho para cambiar de secretaria. Aunque le hablaron varias veces del Departamento de Personal, ella ya no quiso regresar al Gigante Triste. Yo me enoje con ella, por no defenderse. Ahora yo, en una situación muchísimo peor baje las manos en vez de pelear un juicio, el cual probablemente hubiera ganado, aunque luchando sin el mejor abogado ante el gigante multibillonario, pues tenía varias veces la razón. Así que ahora, años y años después, antes de morir, demasiado tarde, pero mejor tarde que nunca, *efectuó una denuncia virtual contra Eduardo Bonillas, Abel López, y sus dos gerentes coraza Héctor Meza y Mario Lewit. Y desde luego contra su empresa protectora, IBM.* Con razón Héctor Meza se mostraba feliz cuando yo le solicite mi liquidación, ya respiro tranquilo, no estaba yo en camino a proceder legalmente. Mi ulcera sangrante ya no daba más, o me salía de ahí con rapidez o mi salud me cobraría la factura. ¡Pero sé muy bien que los hubiera no existen!

El documento que presento a continuación (tres páginas), publicó notas con respecto a las posibles consecuencias, de utilizar la política de Puertas Abiertas:

EL PRESIDENTE EJECUTIVO DE IBM CORPORATION CONTESTA
¡DIGALOS!

Comentario Previo: Por su importancia presentamos a su consideración un artículo publicado en un número reciente de IBM News distribuido entre el personal de IBM Doméstica.

Nota del Editor: Al enterarse de la Política de Puertas Abiertas, algunos compañeros de reciente ingreso se han preguntado si el utilizar esta Política no los convierte en "Hombres Marcados". Un ¡Dígalo! presentado en 1965 sobre el tema que nos ocupa fue contestado por el señor T.J. Watson, Jr. en un número de "IBM News". En beneficio del personal que ha ingresado a la empresa desde entonces, reproducimos nuevamente la respuesta del Sr. Watson.

Planteamiento del Caso: Durante los cinco años que tengo de laborar en IBM, un excesivo número de gerentes han negado lo que considero es sinceridad de parte del Sr. Watson al mantener en vigor la Política de Puertas Abiertas. Esta actitud negativa sólo puede minar la fe del individuo en la compañía para la cual trabaja, o, cuando menos, crearle la impresión de que el creer en la Política es infantil de su parte. A continuación cito algunas de las opiniones que he oído acerca de la Política de Puertas Abiertas –EXPRESADAS POR GERENTES – tanto en la División DP como en las Oficinas Generales de IBM Doméstica:

1. Sólo un tonto o un loco utilizaría la Política de Puertas Abiertas.
2. Las Puertas Abiertas conducen a la calle.
3. Si una persona utiliza la Política y su punto de vista es apoyado por el Sr. Watson, conservará su empleo, pero será considerado a partir de entonces como un "Hombre Marcado" en IBM y nunca podrá progresar.
4. Si un gerente complica un caso al grado de que el empleado lo presente al Sr. Watson, el gerente también está terminado para IBM. (He llegado a escuchar que aún en el caso de que el gerente tenga la razón será eliminado por carecer de la habilidad suficiente para impedir que su personal acudiese al Sr. Watson.)

Tomando en consideración la frecuencia con que se expresan estas opiniones, tengo plena seguridad de que casi todos en IBM han escuchado estas opiniones sobre la Política de Puertas Abiertas en acción: ¿Considera usted que sería tonto o alocado el pedir una información concreta sobre este Programa tan vituperado?

Respuesta: En organizaciones de negocios, militares y de otros tipos, el
individuo que se atreva a pasar sobre los niveles de autoridad normales,
asume cierto riesgo y reconocemos francamente que esto es cierto cuando
un empleado de IBM utiliza el camino de las Puertas Abiertas. Empero,
tengamos en mente que a través de la Política de Puertas Abiertas, un compañero descontento que cree no se le trata justamente, tendrá plena seguridad de que se le escuchará.

La Política de Puertas Abiertas es el resultado de uno de los principios básicos sobre los cuales se ha cimentado IBM - El Respeto por la Dignidad
y los Derechos del Individuo. Aún cuando la mayoría de los problemas deben
ser sanjados mediante franca discusión entre el empleado y su gerente, habrá
ocasiones en que el individuo tendrá necesidad de acudir a un nivel más alto.

El empleado puede estar seguro que toda investigación se realizará partien-
do de la suposición de que su queja es válida.

Si se determina que el empleado está en lo cierto, la razón le será concedi-
da. Un compañero demostró en su propio departamento que el valor de un
procedimiento ideado por él produciría una reducción de costos considerable.
A fin de extender este beneficio a otras áreas de trabajo, presentó su proyecto a la gerencia de división, luego a la gerencia general Doméstica, sin que
fuese aceptado. Reconociendo que tenía poco que ganar y sí mucho que perder si insistía abiertamente con sus superiores, pero convencido de la utilidad de su idea, decidió presentármela a mí. Este concepto se aplica ampliamente en IBM Doméstica y su creador recibió un Premio por Contribución Destacada.

Si la queja del empleado carece de fundamento, generalmente obtendrá una
visión real de la situación que la produjo y regresará a sus labores habiendo aclarado el caso. Se le conceda o no razón, el interesado seguirá
teniendo las mismas oportunidades de progreso en la empresa.

En cuanto a los gerentes, las consecuencias podrán ser serias cuando des-
cubramos una mala administración. Un compañero reportó que una persona
encargada de analizar el Programa de Sugerencias había ofrecido aprobarlas
si el remitente estuviera dispuesto a "Pasarle una Tajada" del premio. Al
comprobarse la veracidad de la denuncia, el culpable fue despedido de la
Compañía.

Aquellos gerentes que se han visto envueltos en casos de Puertas Abiertas
han recibido reconocimiento por su actuación y ello les ha ayudado para
progresar. Un empleado que fue cesado se quejó de que su gerente lo
había presionado al exigirle que desempeñase una labor imposible de realizar. La investigación subsecuente demostró, muy por el contrario, que
otras personas de ese departamento estaban desarrollando la misma labor
sin dificultad alguna. Además, el querellante había estado recibiendo

- 3 -

atención y consejo esmerados durante los últimos seis meses antes de
ser despedido. No volvió a contratarse al individuo y a partir de entonces su gerente ha progresado satisfactoriamente dentro de la empresa.

A nadie nos agrada que se nos investigue en la forma necesaria para es-
clarecer los casos de Puertas Abiertas, pero considero que los resultados
de la Política justifican la ansiedad que provoca. Quizá algunos de los
que lean este artículo tengan alguna sugestión que presentar para mejorar
el Programa y agradeceré sus comentarios.

En suma, estoy convencido de que la Política de Puertas Abiertas contri-
buye positivamente en favor del personal y espero que su aplicación
coadyuve al bienestar de la compañía.

Thomas Watson, Jr.

Dado que mis dificultades iniciaron desde mi primer proyecto (escases de programadores) y que desde que dedique enormes cantidades de tiempo, esfuerzo y entregué un producto terminado (la nómina) con muchísimo más de lo mínimo esperado, yo debería de haber recibido una calificación máxima — siempre excedió los resultados esperados —, ya ni se diga con mi terrible experiencia en la gerencia, por lo que concluyo que; el articulo arriba mencionado, relacionado con las consecuencias de presentar una puerta abierta, aplicó perfectamente en mi caso. Le encuentro parecido con el medio político, los gerentes se cubren las espaldas.

En mi caso particular, que tal si IBM hubiera considerado el daño hecho por Eduardo Bonillas. *De hecho, ese documento en donde me marca Eduardo Bonillas como no-recontratable, en mi archivo personal, es lo que correctamente se le llama una carta de difamación*

Hasta este momento, ya he presentado *algunas* de las felicitaciones y reconocimientos que había recibido hasta ese momento. La nueva nómina, vital para el Gigante Triste, era una gran contribución a dicha empresa, mi futuro en esta empresa se veía esplendoroso. Veamos nuevamente el curso que siguió a la persona, arriba mencionada Jaime Collazo, quien también había recibido varias felicitaciones y reconocimientos y para él, estoy en exceso confidente que la calificación en su evaluación respecto a su trabajo en la nómina resulto soberbio, *y su futuro si resulto esplendoroso,* su último puesto fue de Vice Presidente del Gigante Triste. La diferencia básica y lógica fue, la calidad de gerentes que le tocaron a Jaime Collazo (es seguro que estuvieron atentos a sus logros), y los que me tocaron a mi (haciéndome la vida imposible), con calificativo adecuado de obtusos. Yo debería de haber ocupado puestos muy importantes, sin esas zancadillas. ¡Varias como ya lo comente!

En conclusión, tomando en cuenta el artículo anterior, las cobardes acciónes de Eduardo Bonillas tuvieron las consecuencias que no sucedieron;

1-. Yo hubiera podido seguir una carrera ascendente dentro del Gigante Triste, México.

2-. Yo hubiera podido seguir una carrera ascendente dentro del Gigante Triste, en E.U., sobre todo porque llevaba yo un programa muy útil y necesitado por varias empresas.

3-. Yo debería haber recibido el Plan de Retiro completo, dado que yo había trabajado el tiempo requerido y además había que considerar los daños causados por Eduardo Bonillas.

Las tres opciones me fueron negadas.

Adicionalmente, el trato que recibí, empezando con la fecha de recontratación (sin considerar el tiempo antes trabajado, la falta de programadores para terminar el SIN a tiempo o antes, y considerando mi aportación del controlador de aplicaciones para la nómina (y para cualquier otro sistema que requiriera programas consecutivos que deben correr únicamente si el programa anterior termino correctamente), deberían de haberme dado una calificación extraordinaria, no una mediocre como en realidad, así fue. ¡Todo parece indicar que recibí mi castigo por haber utilizado la Política de Puertas Abiertas, desde mi reingreso! Ya ni que mencionar como se me trato en mí puesto de gerencia: — abominable —.

Dado que me hicieron trampa respecto a los quince años trabajados, ni consideraron todos los daños de mi ex gerente, excepto recontratarme, yo me vi obligado a trabajar por mi cuenta, con muy poco capital, comparado con el que me correspondía, muchísimo para mí, centavos para la empresa, por lo que tuve la necesidad de conseguir un socio. Funde una pequeña empresa *Gaslock*, su función era fabricar Sistemas Contra Robo y Asalto de vehículos y después le añadimos una pequeña fundición de pewter (verdadero). El negocio sobrevivía, pero en una cierta ocasión obtuve un pedido por mil sistemas, lo cual nos dio un respiro.

Un gran día, al pasar por la Ave. Coyoacán, vi un pequeño letrero; Él Águila, Cia. De Seguros. Ahí me atendió una persona educada, platicamos y me permitió instalarle uno de nuestros sistemas. Al mes aproximadamente, los pedidos empezaron a llegar lentamente. Mi socio — Dionicio De Velasco —, a quien agradecí y continuo agradeciendo su ayuda, decidió dejar el negocio, tal cual, sin pedir absolutamente nada. Eventualmente, llego un momento en que a todos los asegurados les era obligatorio instalar dichos sistemas en sus vehículos, era su producto muy confiable y difícil de encontrar y sobre todo reconectar los cables de la bomba de gasolina, por lo que sé que evitamos decenas de robos. Uno particularmente especial; mi hermano Gustavo salió dos semanas de vacaciones y cuando regreso encontró sus dos autos cargados a tope con mercancía valiosa, pero no pudieron arrancar ningún vehículo. Es decir en esa ocasión, nos solo fueron dos autos recuperados, además el contenido almacenado por los ladrones.

Artículo publicado en el periódico: El Economista en donde relata como Gaslock salvo varias vidas.

SEGUROS

Martes 15 de abril de 1997 ■

▼ *Gaslock, mecanismo antirobo para autos*

La alarma que salvó su vida

■ *Un sistema indetectable, con garantía de por vida y reconocido por aseguradoras*

Teresa Izquierdo

Los ladrones encerraron a Sebastián Muñoz y siete personas más de su fábrica de pinturas en una cámara hermética, en la que en poco tiempo después se asfixiarían por falta de oxígeno, de no ser porque los maleantes regresaron sólo unos minutos después.

No es que recapacitaran, sino que no lograron llevarse el auto del ingeniero Muñoz al que le instalaron Gaslock, un Sistema Automático contra robo y asalto, perfeccionado por su cuñado, el también ingeniero José Octavio Velasco.

El indetectable mecanismo, que tiene garantía de por vida, corta el paso de la gasolina en muy poco tiempo, por lo que el afectado tiene posibilidades de encontrar su vehículo a escasa distancia de donde fue sustraído, explica.

Velasco, quien da servicio a compañías aseguradoras como El Águila, que bonifica a sus clientes hasta 50% del costo del sistema, que es de 850 pesos, explica que expende dos modelos, porque hay quien prefiere que una alarma le avise del siniestro y para otros es suficiente la inmovilización de la unidad.

Admite que en el mercado han surgido sofisticados mecanismos anti-robo de autos, pero el suyo, dice, no es más caro ni complejo, ni tampoco menos confiable, y es más efectivo que el bloqueo o corte de corriente, y más difícil de restablecer por el sujeto ajeno a la propiedad. En cambio el dueño, con absoluta facilidad, con un solo toque devolverá al coche su función original, detalla.

Al propio Velasco le cambió la vida un robo de auto hace 25 años. Relata que fue tal su rabia que buscó hasta encontrar en el mercado un mecanismo efectivo anti-robo, que en ese tiempo comercializaba en México una empresa estadounidense, de la que se convirtió en distribuidor. La empresa se fue del país y Velasco ha modificado y mejorado el funcionamiento del sistema.

Adicionalmente, conseguí ser el proveedor de un contacto de Avon, para quien le fabrique miles de miles de aretes, mediante una maquina centrifuga, la cual podía reproducir cualquier modelo de tamaño pequeño. Por desgracia, ambos de estos negocios empezaron a decaer. El de los Sistemas contra robo, debido a que Él Águila, quien pagaba casi la total del costo, decidió ya no instalarlo debido a que los deducibles, increíblemente bajaron, a pesar, de los altos índices de robos.

Así, yo necesitaba continuar trabajando duro, con tres hijos asistiendo también a la UIA, mi negocio funciono por algunos años, pero no tenía el soporte económico que merecí y no recibí, y debido, a dicho cierre, al mes, tuve dos ataques cardiacos, *causado por al stress*. Por la otra parte, mi cliente de aretes tuvo un problema con el comprador de Avon y ahí se perdió la otra oportunidad que yo tenía. Mi última orden la conseguí de otro cliente Refrigeración Ojeda S.A., por ochocientas alarmas para ser colocadas en refrigeradores de medicamentos, las cuales avisarían si sucedía tal evento de falta de frio. Ese fue todo un caso espeluznante debido a que yo pude conseguir la orden pero no tenía dinero para comprar todos los componentes, así que me vi forzado a pedir un anticipo. El Gerente de Compras me dijo: ¿que garantiza que me entregaras el pedido completo y a tiempo? Yo le conteste: mi palabra. Así que eso le basto a este buen personaje, pero él me recordó, ¡tienes que entregar todo en dos semanas!

Con bastante seguridad, el lector se estará preguntando que tiene todo esto que ver con el Gigante Triste, así que, por favor, sea paciente y disfrute esta interesante historia verdadera. Así que fui a comprar todos los miles de componentes requeridos; transistores, resistores, capacitores, circuitos integrados, *buzzers* cables, etc. Así mismo ordene mil circuitos impresos urgentes a mi proveedor de los mismos, quien me los debería entregar de forma muy rápida. En mi mejor momento de negocio, logre tener hasta ocho empleados, en ese momento, solo me quedaban dos, los más leales. Por tanto, en cuanto recibí los circuitos impresos, ya tenía todos los componentes requeridos, así que empezamos a armar las alarmas, trabajando diez y ocho horas diarias, únicamente tomando unos minutos para tomar algún bocadillo y apartando unas cuatro horas para dormir.

El cuarto día, me dirigí a mi hogar a cenar con mi familia. Mi hijo tercera generación y ultima con mi mismo nombre, se dio cuenta de mi agotamiento, zozobra y preocupación acerca de no poder terminar el pedido a tiempo, a pesar de mi esfuerzo titánico. Sencillamente, estaba sintiendo mi falta de capacidad para mantener mi palabra y terminar a tiempo, pero algo peor aún seria tener que regresar el anticipo y regalar todos los componentes, ya que no se podían devolver, ni vender. Es decir pérdida sobre pérdida. Una visión que también me aturdía era la vista de mí mismo presentándome ante el cliente como a un inhábil e incumplido empresario, es decir un patán.

Mi hijo, con mucha calma, me dijo; no te preocupes papá, vamos a tu oficina para ver que tienes. Así, a medianoche nos dirigimos a mi establecimiento y ahí le enseñe lo que se tenía que hacer, contando con las tres personas, y la actividad que cada persona realizaba. Él con mucha atención iba tomando notas del proceso de manufactura. A las tres de la mañana, me presento el siguiente plan;

No le dé importancia a la diferentes actividades, lo importante es que el personal referido era de doce personas. Fabuloso. Acabas de confirmar, ya de manera formal, que la tarea, es imposible de realizar, Yo no tengo el tiempo, para empezar a buscar tantas personas. ¡He fallado!

Actividades	Especialización	Gente P/actividad	Prioridad Inv
1 Masking	No	← 1	No 75/300
2 Dimar tablillas	No	← 2	4009
3 Soldar	No	↓ 1	
4 Cortar puntas	No	↓ 4	300
5 Medir/Cortar	No	Manu M/s 2	(Falta) 28 cortos 22 largos
6 Bolar	No	chiche 1	(falta Grandes) 21 cortos
7 Configurar cables	No	Pedro Tona 2	(falta configurar) algunos
8 Soldar cable tablilla	Sí	} 2 Donel Pepe	∅
9 Probar	Sí		88
10 Empaquetar	No	1/12	

Todo lo contrario papá, voy a pedir dos semanas de vacaciones y yo te voy a conseguir todo el personal requerido, mis amigos me ayudaran para completar la fuerza de trabajo requerida. Pues bien, tomando esta aseveración por cierta, que todo saldría bien, me fui a dormir. Confidente de que mi hijo conseguiría toda la ayuda para tener éxito. Al día siguiente, como lo prometió, algunos amigos empezaron a presentarse, y para el siguiente día, teníamos a todo el personal requerido. Seguí dicho plan de trabajo, bajo la supervisión de mi hijo, trabajando un poquito menos al día, de tal forma de no terminar tan agotados y comenzáramos a cometer errores que son cruciales en cualquier actividad, pero el que no funcione un refrigerador con medicamentos, puede ser mortal.

Desgraciadamente, uno de los gerentes y dueños del cliente, cambió mi diseño, *el cual ya había sido aceptado previamente*, sobre el cual ya le habíamos fabricado algunos pedidos, que incluía una modificación en donde varios cables deberían de conectarse y desconectarse mediante un conector, lo cual requería que dichos conectores se fijaran mediante una maquina especial, en vez de mi diseño de cables soldados al circuito impreso. Yo no tenía dicha máquina, pues no la utilizaba y de haber contado con mayor tiempo de entrega la podría haber conseguido, pero dada la fecha requerida de entrega, no pude conseguir un taller que se comprometiera a entregarme más de cinco mil cables en dos días máximo. Mi única alternativa, me vi forzado a utilizar pinzas manuales y dedicar a cuatro personas a fijar los conectores, operación que no se puede comparar al de una máquina, por lo que les indique la importancia de tal proceso y les pedí que lo realizaran con la mayor fuerza y concentración posible. Pero aun así, temí que algunos conectores pudieran zafarse.

Al final de la primera semana, estaba yo tan fatigado que, cuando saque mi auto del garaje, estaba tan adormilado que me baje del vehículo, dejando la velocidad en *drive*, y sin poner el freno de mano. Afortunadamente, al sentir el movimiento del automóvil, reaccione y me volví a introducir, logrando apretar el pedal del freno, pero no lo suficientemente rápido para detener a tiempo el movimiento, por lo que la puerta se dobló al chocar con la columna de la entrada. De no haber logrado detener el auto, con mucha probabilidad hubiera resultado herido de gravedad o bien de muerte, ya prensado por la puerta y la columna o bien siendo arrojado debajo del vehículo. Esto lo tengo muy presente en mi mente, era mediodía, así que mi hijo me mando a acostarme hasta el día siguiente.

Yo estaba a cargo de soldar los componentes y de las pruebas finales de cada equipo. Afortunadamente, cuando mi negocio iba bien, me fui a una feria de herramientas en California a buscar algunas muy útiles o indispensables mejor dicho, para alta producción que fueron; una máquina para cortar simultáneamente todos los alambres sobrantes de todos los componentes ya soldados, una máquina para pelar las puntas de los cables (parecida a un sacapuntas) y un recipiente especial en donde se calentara la soldadura hasta que se licuaba y ahí se sumergía (hasta el borde) del circuito impreso para que todos los componentes quedaran soldados. Aclaración; este proceso ya quedo obsoleto mediante la nueva técnica con máquinas automáticas que sueldan todos los componentes en el circuito impreso moderno sin agujeros, que se denomina soldadura superficial (surface mount).

Al pasar los días, las alarmas terminadas se iban empacando en sus cajas individuales y ya teníamos confianza de terminar el pedido a tiempo. Desde luego que quedare eternamente agradecido a mi hijo, esposa Patricia y a mi hija del mismo nombre, a todos los amigos de mi esposa y de mi hijo, todos quienes me ayudaron a lograr este épico y aparentemente trabajo imposible de terminar a tiempo. El domingo, antes del lunes día de la entrega, a aproximadamente las cuatro de la tarde se estaba empacando la última alarma del pedido. Estábamos muy felices celebrando con pizzas. De tal forma que me fueron pagadas todas las alarmas, y algo de dinero para librar el pago a mis empleados durante cierto tiempo. Estaba por recibir otra orden del mismo cliente, por lo que me adelante a comprar los componentes requeridos y ordenar la fabricación de otros mil circuitos impresos y empezamos a armar las correspondientes alarmas, para mantener activos a mis empleados, para poder terminar a tiempo esta orden ya sin necesitar a tanto personal, que tal vez no sería fácil de conseguir y el tiempo de entrega sería igual, únicamente dos semanas. Pero, como me lo temía, los conectores empezaron a soltarse de los cables, por lo que me cancelaron dicha siguiente orden. Sin poder conseguir clientes, al final de ese mes, con miles de componentes, ya utilizados, y como cualquier componente electrónico, una vez afuera de la tienda ya no se puede devolver, ya solo podía regalarlo o tirarlo a la basura. Casi al final de ese mes, solo tenía dinero para pagarles a mis fieles empleados y me vi forzado a cerrar mi negocio, con gran tristeza y preocupación. Mis tres hijos, estaban estudiando, como yo, en la UIA.

Unos cuantos días después, cerca de las siete de la mañana, sentí un fuerte dolor en el pecho, así que me cambie de posición, tal vez me había dormido en una posición molesta por demasiado tiempo, o tal vez porque el día anterior había jugado dos horas Jai Alai, especialmente ese día necesitaba sacar toda mi frustración y hacer ejercicio que me encantaba realizar, dos veces por semana y tratar de olvidar lo sucedido. Yo vivía una vida muy saludable, por lo que con bastante probabilidad mi cuerpo estaba en muy buena condición física, aunque nunca podemos saber lo que llevamos dentro. Pero el dolor estaba aumentando cada segundo cuando apareció un dolor en la mandíbula. Desperté a mi esposa y le comunique el problema. Ella se vistió de prisa y me llevo al Hospital Satélite. Tuve suerte de que se encontraba un cardiólogo en emergencias, me tomo un electrocardiograma y me proporciono Angiotrofin sublingual para calmar el dolor. Si, ese era un ataque cardiaco, así que salió a realizar una llamada. Cuando volvió a entrar en el cubículo, nos preguntó si teníamos seguro Médico, lo cual afortunadamente todavía habíamos podido conservar, debido a un seguro de grupo, el cual me consiguió nuevamente, mi hijo Octavio. El cardiólogo le indico a mi esposa que debería ser llevado a otro hospital, en donde contaban con el mejor equipo para tratar este padecimiento. Así, que el problema no era sencillo.

Mi esposa dijo: — bueno lo voy a llevar directo al hospital indicado.

—No, dijo el cardiólogo: ya viene en camino una ambulancia con un cardiólogo que los va a acompañar. En pocos minutos arribo la ambulancia, con el cardiólogo presente. Se me coloco acostado en la camilla y mi esposa me acompaño.

Una vez en el hospital — Ángeles Interlomas —, un joven doctor Ramón Alcocer (quien ya falleció, según me indicó mi cardiólogo), me realizo una angioplastia. Tal maravilla de la medicina moderna, indico que tres de mis arterias estaban tapadas por colesterol al setenta por ciento y la cuarta tenía un aneurisma.

—

Mi corazón mostrando el 70% (aprox.) de las tres arterias y una con bloqueo total

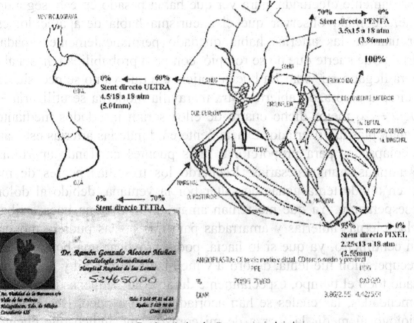

G.I.D.C.I.   **Hospital Angeles de las Lomas**

GRUPO INDEPENDIENTE DE CARDIOLOGIA INTERVENCIONISTA S.C.

NOMBRE	EXP. No.	EDAD
Jose Octavio Velasco Tejeda	151575302	64

ENVIADO POR	DIAGNOSTICO	FECHA
Dr. Luis Saldívar	Angor inestable	29/03/02

INTERPRETACION — Dominancia derecha. Tronco principal sin lesiones.

DA ocluida antes del aneurisma , no se observa este. Se realiza ACT con stent directo en dpes lesiones de CX y dos en CD. CX   1/3 distal Pixel 2.25/13(18atm/2.55) y 1/3 medio Penta 3.5/15 (18atm/3.86) y CD 1/3 medio Tetra 4/18 (18atm/4.42) y 1/3 proximal Ultra 4.5/18 (20atm/5.01)

Sin lesión residual y flujo TIMI III.

Yo estaba programado para una cita en el quirófano, para *soportar* una cirugía, a corazón abierto, temprano, la siguiente mañana. Pero dado que yo tengo un tipo de sangre rara O-, y no tenían suficiente cantidad, en el banco de sangre, así que, el resto del día fue dedicado a conseguir suficiente sangre, que para las nueve de la noche ya la había. Ya tranquila, en este aspecto, mi esposa se fue a tratar de dormir a la casa, ya que le iban a tocar varios días de insomnio, por lo menos parcial. Había otra sorpresa esperándome, mientras trataba de dormir, otro dolor muy similar, me sacudió, y por su intensidad, el doctor fue llamado de emergencia. Cuando llego, me realizo otro electrocardiograma y me dio otra pastilla de Angiotrofin. A esa hora era todo lo que se podía hacer. Ya calmado el dolor, intente, nuevamente tratar de dormir, lo que no fue fácil.

Al día siguiente, una nueva angioplastia fue inteligentemente, y necesariamente efectuada, para ver qué había pasado en este segundo ataque. Se pudo observar que el aneurisma había desaparecido, es decir una de las arterias había quedado permanentemente tapada, muerta. ¡Qué suerte que no se rompió, con gran probabilidad, hasta ahí hubiera llegado mi vida! La buena noticia era que ya no se necesitaría una cirugía a corazón abierto. Otra maravilla moderna se utilizaría — el *Stent* —, o mejor dicho cuatro de ellos serían insertados mediante otra angioplastia, insertados exactamente en donde las arterias estaban casi colapsadas para proporcionar unos puentes en donde aperturas más amplias eran necesarias. Recuerdo los tres días peores de mi vida, en donde tenía ganas de saltar por la ventana, debido al dolor y desesperación. Ya que me tenían amarrado a la cama boca arriba, con las piernas abiertas y amarradas para que no las pudiera mover, ni un centímetro, ya que si lo hacía, podía provocar una hemorragia. La recuperación fue lenta, dolorosa y me hizo sentir inútil y me sentía agotado todo el tiempo, especialmente durante las pequeñas caminatas recomendadas, las cuales se han acortado, poco a poco. Después mi cardiólogo al medir la fuerza de mi corazón, me indico que cuento únicamente con la mitad de la fuerza normal.

Finalmente, ¿en dónde entra IBM en esta historia? En cuanto a mí respecta, *Yo le asigno responsabilidad directa, a los tres gerentes y por tanto a IBM* de esta situación recién comentada, debido a dos situaciones:

Primera; de haber continuado teniendo confianza en mí, respecto de que estaba, en efecto, continuando mi muy buena trayectoria, de buen juicio y manejo gerencial correcto, los tres gerentes arriba mencionados, y no creer las mentiras del payaso — José algo —, debido a mi larga historia profesional durante toda mi estancia en la empresa, Yo debería de haber continuado toda mi vida laboral en mí, una vez, firma predilecta.

Segunda; de haberme dado IBM, mi duramente ganado derecho, la cantidad correspondiente de retiro anticipado. Yo pude haber comprado una casa para rentarla y haber iniciado un negocio con más capital para haber tenido un mejor inicio, el cual fue negado a mí, ya ni que mencionar todas las otras porquerías de Eduardo Bonillas (aun la que le hicieron a mi ahora esposa Patricia). Me resulta curioso, inexplicable y me da coraje, mi falta de agallas para haber efectuado una demanda a IBM, en tiempo y forma, la cual con toda probabilidad, hubiera vuelto a ganar. Por la sencilla razón de que yo tenía la razón, por segunda ocasión. *Pero aún queda pendiente la responsabilidad directa de IBM de realizar el pago adeudado ya comentado, más daños, perjuicios, e intereses acumulados.* Tal vez queda, algún gene conservador, no avaro en algún alto ejecutivo, que como en mis tiempos, no quiere que aparezca ninguna publicación dañina a la imagen de IBM. Aún hay algo de tiempo para reaccionar.

Odio y alegría no son antónimos, pero si requieren de un estado de ánimo totalmente opuesto cuando se expresan. Pero son tan diametralmente opuestos que el confundirlos mostraría un desconocimiento muy profundo en el carácter de una persona. Hay una persona que me conoce desde hace varias décadas y como comentario después de leer mi libro *Chimpancé de lujo*, concluyó y así me lo comentó; no me gusta lo que escribes, ni como lo escribes, muestras mucho odio guardado. En realidad, no tiene porque gustarles a las personas los temas que yo escojo, ni como utilizo el lenguaje, ni como redacto. El único punto a mencionar aquí, es que no me esperaba tal comentario de dicha persona, ya que esto demuestra cuán desconocida es mi personalidad, según su criterio.

¿Pero de qué forma se relatan una serie de daños serios causados por un cobarde cretino? Acaso no se pueden llamar los hechos con sus nombres y dichas acciones con los adjetivos respectivos. ¿Qué al recordar dichas marranadas no debe el afectado indefenso arder de coraje, durante el momento de la narración? ¿Significa esto que existe un odio permanente en contra del agresor? En muchas situaciones me imagino que es así, pero categóricamente y afortunadamente, no es mi caso. Tengo en mi despacho un *collage*, que muestra las computadoras con las que trabaje y que necesariamente me podrían recordar todos los momento agrios, ya que en esa época precisamente sucedieron los largos años de agresión en mi contra por el poco hombre Eduardo Bonillas, y un grupo de otros gerentillos maléficos que trabajaban como yo, en El Gigante Triste. Si dicho *collage* me estuviera recordando y avivando un odio enfermo continuamente y yo lo hubiese colocado, a propósito, frente a mis ojos, estaría yo para que me encerraran en un manicomio.

Pero no, no es el caso, yo me siento y considero bastante alegre gran parte del tiempo, debido sencillamente a que gozo de relativa buena salud, toda mi familia se encuentra bien en todos aspectos, y principalmente porque buena parte de todos los días lo dedico a escuchar buena música, lo cual, para mí, por lo menos, es incompatible con el estar recordando odios fuera de lugar y tiempo.

Si yo vivía una vida sin excesos, de ningún tipo, gozaba de buena salud y deportista, por qué razón había yo tenido dos ataques cardiacos, a mi edad, todavía bastante joven, y curiosamente al mes de cerrar mi negocio. Con toda seguridad había una conexión — Stress Excesivo — yo estaba seguro. Años después, en el libro *Genome. The Autobiography of a Species in Twenty Three Chapters*, escrito por el doctor en Zoología y gran conocedor y divulgador de evolución; Matt Ridley, encontré la (casi) certeza de la causa de mi problema cardiaco.

El cromosoma 10 produce una hormona (CYP_{17}), cortisol, la cual interfiere con el sistema inmunológico. Cuando existe mucho Cortisol en las venas, — por definición —: existe Stress. El Stress es causado por el mundo exterior, en mi caso el cierre de mi negocio, que como ya explique en la Primera y Segunda circunstancias arriba mencionadas son atribuibles y fueron causadas por los gerentes mencionados y siendo parte de la empresa IBM, y por lo tanto resultan responsables. En muchas pruebas realizadas a chimpancés y otros simios (hay que recordar que somos 98% chimpancés), así como con varios grupos de personas, descritas a detalle en dicho libro, *la principal causa de Stress es no poder controlar el entorno*, lo cual fue exactamente lo que me paso a mí. Por ejemplo; en un estudio en Inglaterra, cuando debido a un cambio de política, todas las personas que contaban con trabajo sin posibilidad de perderlo, repentinamente ya podían ser despedidas, aumentó muy significativamente los ataques cardiacos, en personas sanas.

Mí problema cardíaco fue causado por stress económico, que fue resultado de lo anteriormente comentado. De haber yo podido continuar con mi empleo (tratándome como persona capaz y consciente), o, por lo menos, de haber recibido mi bien ganado bono, con toda probabilidad esto no hubiera ocurrido. Por lo tanto, *yo culpo de este problema y sus consecuencias, directamente a mis antiguos gerentes y por tanto a IBM.*

Tiempo después, se le ocurrió una idea publicitaria a un amigo Raúl Miranda, que me pareció podría resultar interesante para El Gigante Triste. Conseguí una dirección de correo, *que parecía adecuada*, y escribí para pedir una cita con algún ejecutivo que pudiera atenderme, en persona, para platicar los detalles de la negociación. La contestación fue tajante: requería la divulgación total de la idea, y de ser necesario, pedirían aún más detalles.

La idea era similar a la anécdota, en donde una persona se presenta en la Coca Cola, y pide x millones de dólares por revelar una idea, que de adoptarla, cambiaría radicalmente la magnitud de dicho negocio. La idea completa constaba de una sola palabra: "embotéllenla". En otras palabras, esta otra idea solo podía revelarse en condiciones similares, de una negociación previa, condicionada a la utilización o no de la idea, pero no revelarla a cualquier tipo que lo pregunte, sin poder de decisión. Poco tiempo después viaje a Nueva York, y aproveché dicho viaje para visitar al corporativo de mi ex empresa. Éste se realizó durante el invierno, por lo que el clima era congelante. En la valla de seguridad, pedí hablar con algún ejecutivo indicando que era un ex empleado. El guardia pidió el número de empleado. Yo no tenía la menor idea, de cuál había sido dicho número, casi veinte años antes. Quince minutos de espera refrigerada. El guardia me dice que alguien vendrá a verme *en la valla*. Quince minutos después, el guardia pregunta si yo me comunique, vía correo con un tal Sterenberg. Yo le respondí que sí, y pasan otros gélidos quince minutos, cuando el guardia me dice que no seré recibido. Punto.

¿Qué tipo de empresa es ésta? Sin duda alguna, ya no la de los Watson, Learson, Lawless, Jones y muchos otros. Un ex empleado fiel quien ha sido tratado en forma malévola que impidió que fuera contratado en un trabajo, que él mismo había conseguido en Los Ángeles, que no pudo ser recontratado en México hasta tres años después cuando mandó una carta de queja a un *CEO sumamente capaz y educado*, quien le dio la razón y lo invito a ser recontratado, pero que indebidamente no le consideraron su antigüedad inicial, lo que le costó perder x millones de pesos y sobre todo dos ataques cardiacos años después. Y a esta persona, mayor de edad, exempleado de IBM, casi congelada esperando casi una hora, no la invitan a pasar, *ni al cuarto del conserje*, ¡que educación de bárbaros! Así para mí la empresa que fue la mejor del mundo en un cierto tiempo de mi vida, mediante golpe tras golpe asestado en mi contra, se convirtió en una más de la cadena de empresas avaras y despreciables de este planeta. La segunda carta de mayor enojo, que he escrito durante mi vida, estuvo dirigida a esta misma empresa. Como era de esperarse, no obtuve contestación alguna.

A continuación una porción de dicha carta traducida al español:

PERSONAL AND CONFIDENTIAL   October 30th, 2002

Mr. Sam Palmisano: IBM CEO

Asunto: Trato excesivamente rudo y grosero durante mi visita a Armonk

Estimado Sr. Palmisano:

Sé que con toda probabilidad, usted no recibirá esta carta, será filtrada, por uno de sus asistentes. Puede ser que usted, o al lector, aún les interese saber cómo se trata a la personas que trabajaron en su corporación. En mi caso particular, en aquellas fechas tenía yo sesenta y cuatro años de edad, cinco meses después de dos ataques cardiacos, viajando de la Ciudad de México a Armonk, aprovechando un viaje a N.Y. para ofrecerle una brillante idea (que alguien ya logro implementar recientemente), y en donde fui tratado en forma por demás ruda, falta de toda cortesía y decencia.

Anterior a esta visita, yo había encontrado un correo suyo, en donde usted prometía contestar todo email enviado. Así, yo le envíe un email solicitándole una cita para proponerle una posible gran idea. Dicha idea no se puede mencionar a cualquier persona, debido a que si se difunde mal, cualquier persona puede buscar su implementación, y dicho secreto se habrá perdido. De tal forma, me contesto un tal Steremberg, pidiéndome todo lo referente a la idea, e incluso solicitar más datos de ser necesario. Él no entendió la problemática de decirle mi idea. Yo personalmente ya había tenido varias situaciones que me hacían desconfiar de su compañía, ya que me dañaron seriamente en varios sentidos, emocional, frustración, salud, etc. Adicionalmente, yo quería hablarle sobre este artículo, en particular, cambiar la mala impresión que este causa respecto a su empresa, de tal forma que si yo recibía, lo que se me negó, y a lo que tengo derecho, en su momento, la conclusión se transformaría en algo positivo, lo cual me resultaría agradable, y el mensaje final de este articulo sería muy diferente.

De tal forma que, al arribar a su reja, el lunes Octubre 21 del mismo año, solicite hablar con alguien. El guardia me pregunta por mi número de empleado, el cual ya no recuerdo. A los quince minutos me preguntan si yo hable con alguien de IBM. Otros quince minutos después me preguntan si hable con el tal Streremberg Otros quince minutos después el guardia me dice que un tal Al Wells, vendrá a la reja a hablar conmigo. Otros quince minutos pasan y el guardia me dice que no seré recibido. Punto. Pido hablar por teléfono con Wells, denegado.

Nota: Este párrafo no es parte de la carta; bueno, pensaran los lectores, una hora de espera, no es tan grave, aunque a mi edad mantenerse de pie tanto tiempo es muy cansado, Pero ese no era el problema, *el problema principal era que había nevado y había un frio insoportable*, sobre todo para quien no está acostumbrado, y ya está en la tercera edad. Mi prima Marie quien había sido tan amable para llevarme ahí, estaba también molesta y desesperada, viendo como me estaban haciendo esperar en la reja, como si estuviera pidiendo migajas de pan.

Créame Sr. Palmisano, no soy un Osama Bin Laden Mexicano, terrorista o espía deseoso de robar secretos de sus castillos (como se ve en su papelería), estoy únicamente dedicado a resolver problemas interesantes y remunerados, usando mejores métodos: utilizando el antes importante motto de su empresa; "Think", que alguna vez se utilizaba frecuentemente.

Sr. Palmisano, fui tratado peor que a un limosnero. ¿Era demasiado pedir que alguien pensara (Think), que la mínima cortesía, para un *ex empleado extranjero* era pasarlo a un lugar bajo techo, ofrecerle una silla, un poco de café caliente, aun en el lugar del personal de limpieza?, ¡fue demasiado pedir!, el poder hablar en persona con alguien.

Comprobé que IBM cambio exactamente ciento ochenta grados. Ya mencione antes en un libro mi aventura única sobre el trato que se me dio, tan especial, el caballero Vincent T. Learson. Pero la era de la decencia hace tiempo terminó. Ahora todo es sospecha del inventado terrorismo y del trato más impersonal posible.

La pregunta que queda en mi mente es; Wells y Steremberg viven *deprimidos* en sus castillos de hielo, o esa es la forma normal de tratar a sus ex compañeros?

Gaslock

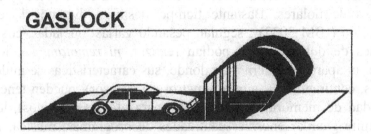

RECORDANDO MI COMENTARIO en el tema *El Gigante Triste*, en donde debido a que las condiciones de trabajo durante mi gerencia ahí, y el desconocimiento a mi duración laboral total, me produjo una ulcera sangrante grave, lo que me obligo a renunciar a mi antes querida *Alma Mater* laboral, me permitió, o más bien me obligo a buscar una forma de vida diferente. Dado que lo que realmente me gustaba era la parte técnica de la computación, pero aun esta, la empresa la había complicado innecesariamente a un grado tal, que la inmensa mayoría de los clientes tenían pavor de hacer un cambio de marca y se mantenían aferrados a dicha empresa. La comprobación a esta aseveración es evidente, hoy en día, un niño puede aprender a utilizar la computadora muy fácilmente. La complicación y las decenas de manuales eran necesarios para conservar a los clientes cautivos. Hábilmente Steve Jobs tuvo el genio para realizar el cambio absoluto a la computación moderna. *El Gigante Triste*, aguanto lo más que pudo, pero fue incapaz de alcanzar, ni se diga mejorar, la hazaña de Jobs. Un moderno David vs. Goliat, ¡que súper tipo!

Ciertamente el monstruo lo intento con su *Personal PC,* pero su producto resultaba irrisorio comparado con la siempre avanzada, integrada, bella y futuristamente original, que junto con su socio, el también genial, en el área técnica, su tocayo Steve Wosniack lograron algo realmente increíble y yo hasta diría imposible, pero veo que existe. Pero, para alguien como yo, que conozco muy bien la historia de computación y la viví en gran parte, no puedo concebir que la primera computadora haya pesado toneladas, tuviera decenas de metros de longitud, consumiera enormes cantidades de electricidad, su capacidad de almacenamiento se media en miles de bytes y costara millones de dólares. Bastante tiempo después, digamos la cuarta generación (IBM 3033) , seguían pesando varias toneladas, costando millones de dólares, y no podían realizar, *ni remotamente*, lo que realiza un aparato moderno, en donde, sus características se miden en gramos, centímetros (y aun milímetros de espesor), pueden tener una capacidad de memoria casi ilimitada (para efectos prácticos), lo que le permite guardar enormes cantidades de programas, música, fotos, videos, etc., son además teléfonos para hablar a cualquier parte del mundo, cuestan pocos miles de pesos. Bastante a menudo, me tengo que pellizcar para confirmar que no estoy soñando.

Bien, ahora vuelvo al tema de mi obligado cambio de profesión. Hace muchos, muchos años, me robaron un auto y la lucha que tuve con mi aseguradora para que me pagaran un precio de reposición razonable fue tal, que decidí, que a mí, no me volverían a robar un vehículo. Compre un libro apropiado en donde encontré al fabricante de *Gaslock*, el único sistema contra robo, que bloqueaba el paso de gasolina, en forma automática, por supuesto, mucho más eficaz que algún truco eléctrico. Una alarma, por definición, únicamente avisa, no evita. Contacte y visite al fabricante americano y me convertí en su distribuidor en México. Encontré aspectos mejorables y cambie el diseño electrónico y continúe comprándole la válvula para cerrar el paso de la gasolina. En cuanto surgió la tecnología FI (Fuel injection), ya no fue necesario utilizar una válvula, el procedimiento consistía en cortar el cable que alimentaba la bomba eléctrica de gasolina.

Sistemas Gaslock, contra robo y asalto de autos
(vista interior y exterior)

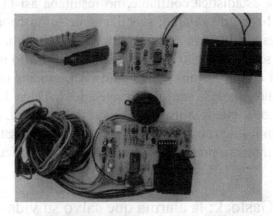

Al principio, como en casi todo negocio, especialmente con pocos recursos, es una tarea titánica, como así lo fue. Un día con suerte, al pasar por una avenida, vi un anuncio: "El Águila, Cia. de Seguros". Era un edificio pequeño y estaba casi vacío, en cuanto a vehículos. De tal forma que entre, me estacione y pregunte por alguna persona que me pudiera atender, en lo referente a evitarles el robo de vehículos. Me atendió un caballero muy atento, quien acepto que se instalara uno de mis sistemas en su automóvil, sin costo, para que lo probaran. Tiempo después resultaron ser mis mejores clientes durante varios años. A todos sus asegurados se les ofrecía la instalación gratis, situación que mi negocio y yo, agradecimos. Inesperadamente, por alguna razón, a pesar de que los robos eran muy significativos, bajaron los deducibles y esto causó que gran parte de los nuevos asegurados ya no les interesara la instalación de Gaslock.

A pesar de que el instructivo, y al cliente le solicitábamos que fuera tan amable de reportarnos si les robaban su auto, sencillamente para llevar una estadística confiable, no resultaba asi la situación. El afectado por el robo de su auto, sencillamente lo buscaba en un radio de tres cuadras y ahí, con toda seguridad, lo encontraría, o por lo menos, jamás se me informo de algún robo exitoso. Lo que si sucedía con frecuencia es que se nos comentara; "Ah, gracias me evitaron el robo de mi auto, pero se me olvido avisarles". Dada la cantidad de equipos instalados, puedo afirmar, casi con toda certeza, que evitamos cientos o aun miles de robos. Inclusive, me consta que salvamos varias vidas y como muestra presento, a continuación, un artículo publicado en 1997.

Gaslock: la alarma que salvo su vida

SEGUROS ———————————————— **Martes 15 de abril de 1997 ■**

▼ *Gaslock, mecanismo antirobo para autos*

La alarma que salvó su vida

■ *Un sistema indetectable, con garantía de por vida y reconocido por aseguradoras*

Teresa Izquierdo

Los ladrones encerraron a Sebastián Muñoz y siete personas más de su fábrica de pinturas en una cámara hermética, en la que en poco tiempo después se asfixirían por falta de oxígeno, de no ser porque los maleantes regresaron sólo unos minutos después.

No es que recapacitaran, sino que no lograron llevarse el auto del ingeniero Muñoz al que le instalaron Gaslock, un Sistema Automático contra robo y asalto, perfeccionado por su cuñado, el también ingeniero José Octavio Velasco.

El indetectable mecanismo, que tiene garantía de por vida, corta el paso de la gasolina en muy poco tiempo, por lo que el afectado tiene posibilidades de encontrar su vehículo a escasa distancia de donde fue sustraído, explica.

Velasco, quien da servicio a compañías aseguradoras como El Águila, que bonifica a sus clientes hasta 50% del costo del sistema, que es de 850 pesos, explica que expende dos modelos, porque hay quien prefiere que una alarma le avise del siniestro y para otros es suficiente la inmovilización de la unidad.

Admite que en el mercado han surgido sofisticados mecanismos anti-robo de autos, pero el suyo, dice, no es más caro ni complejo, ni tampoco menos confiable, y es más efectivo que el bloqueo o corte de corriente, y más difícil de restablecer por el sujeto ajeno a la propiedad. En cambio el dueño, con absoluta facilidad, con un solo toque devolverá al coche su función original, detalla.

Al propio Velasco le cambió la vida un robo de auto hace 25 años. Relata que fue tal su rabia que buscó hasta encontrar en el mercado un mecanismo efectivo anti-robo, que en ese tiempo comercializaba en México una empresa estadounidense, de la que se convirtió en distribuidor. La empresa se fue del país y Velasco ha modificado y mejorado el funcionamiento del sistema.

El Conglomerado Industrial Avar y Cía.

YO TUVE CUATRO pésimas experiencias con dicha empresa; algunas de carácter de estricta relación económica, como proveedor. Respecto a ésta, me solicitaron que les presentara un modelo, en tres dimensiones, de su icono empresarial, *sin proporcionarme especificación alguna*. Los dos primeros modelos fueron rechazados, (¿qué esperaban?). Por fin conseguí un icono en tres dimensiones y el tercer modelo, realizado por una escultora profesional; —Elisa Ponzanelli—, lo aceptaron con gusto. A continuación presento una pieza en su vista posterior, como prueba de mi planteamiento.

La importancia del icono mencionado, radicaba en que dicha compañía cumpliría cincuenta años de fundada. El pedido prometido, *hablaba* de miles de piezas; *no compraron ni una*, porque: "una camiseta con su logo, les costaría $14.00 en vez de $15.50", que yo les había cotizado. En este importantísimo evento, regalarles a sus empleados una camiseta —desechable—, en vez de una hermosa figura de pewter <u>verdadero</u>, con duración indefinida, ¿por escaso peso y medio? Además, nunca hubo negociación alguna, la rechazaron sin pagar un centavo por los modelos. Todavía conservo los modelos como prueba y (agrio) recuerdo. Por necesidades económicas, yo decidí regresar, como posible proveedor, mientras trabajaba para una empresa que fabricaba equipos para limpiar piezas de maquinaria, indispensables en fábricas y talleres. Era y es demostrable que dichos aparatos ahorran bastante dinero y se amortizan en alrededor de un año. La única otra opción existente era contratar a una empresa que presta equipos, los cuales son muy viejos e ineficaces, a cambio de que se compre el líquido solvente *cada mes* —se necesite o no—, a cambio del pago correspondiente. La tecnología de nuestros equipos, permitía que el solvente tuviera una vigencia de hasta tres meses. En este punto residía la ventaja económica de comprarnos los equipos ya que mejoraban además la presentación de cada taller. Adicionalmente, hay una ventaja ecológica al utilizar el solvente hasta su máxima vida útil. Les interesaron sobremanera el modelo pequeño y el grande y así nos solicitaron uno de cada uno. Bueno, pues es correcto que prueben los productos. En el mercado no existía ningún equipo ni remotamente parecido en cuanto a su eficiencia y ahorro de solvente. Dada la cantidad de vehículos y maquinaria en fábricas en su haber, en una situación normal, el pedido debía de ser enorme. Su veredicto: "excelentes maquinas, pero no nos son costeables". ¿Qué me dicen? El estudio de viabilidad (y ahorro) que les presentamos era irrefutable. Existe un dicho muy socorrido; "Piensa mal y acertarás", y dado todo lo aquí expuesto, no puede afirmarse ni comprobarse (no se permite entrar a sus fábricas), pero si es inevitable sospechar que las máquinas fueron copiadas y fabricadas por ellos mismos, por decenas.

Estando esperando la resolución arriba mencionada, fui llamado para que les cotizara una cubierta para proteger varios de los vehículos que ayudaron con la fuerza y *sufrimiento* de válvulas, pistones, bielas y demás, a su *conversión*, de simples y "humildes" emigrantes y negociantes a magnates de riqueza inconmensurable. En esta ocasión quieren proteger, contra la intemperie, a los *fieles* vehículos que los transformaron en forma drástica, me dije a mí mismo. Tal vez, en esta ocasión sea diferente su avaricia (que iluso). La otra empresa en la que también trabajaba yo; diseñaba, fabricaba e instalaba, sin exageración, algunas de las mejores *velarias* del mundo. Que mejor cubierta que una preciosa, espectacular y durable protección para tales *tesoros*. Así, se presentaron varios diseños para su consideración. Uno de los diseños básicos presentados fue el siguiente:

Pasaron tres semanas sin saber de ellos. Yo hablé para preguntar que habían decidido. La respuesta fue la misma anterior. Presupuesto muy alto. Yo me enteré en visita posterior y lo constaté al verlo. El pago de estos multimillonarios a sus camionetas, héroes de tal imperio, fue un techo construido con material de desecho de otras de sus obras.

Yo tuve otra pésima experiencia con dicha empresa, esta vez como empleado. Este evento ocurrió cuando, por razones fortuitas, llegué a quejarme con uno de los directores de dicha empresa, quien era sobrino del dueño. Fui recibido, casi segura y solamente, debido a que yo fui condiscípulo de dicho directivo durante la primaria y secundaria. Nunca fuimos amigos. Uno era rico y el otro no (yo). Después de los saludos y recuerdos correspondientes, yo le comenté acerca de todas las muestras, que nunca me pagaron, y del pésimo gusto de regalar camisetas en vez de iconos, como conmemoración de dicho importante aniversario. Además, sin la más mínima negociación.

—Yo les hubiera bajado el precio, a cambio de un jugoso pedido. ¿Qué no es el motto de tu tío: ganar – ganar?, continué.

—Si te entiendo muy bien, ¿déjame ver qué puedo hacer al respecto?, contesto el ejecutivo.

Al continuar la plática, el empresario me comenta:

—Estamos buscando a un gerente de sistemas, ¿me puedes recomendar a alguno?

—Claro que si, estas frente a él.

—No me digas que tú tienes dicha experiencia, ¿en qué empresa trabajaste?

—Ni más ni menos, que entre otras, en IBM; trabaje como operador y programador, Ingeniero de Sistemas, y otras actividades relativas al "software", y finalmente: ¡fui gerente del centro de cómputo!

Sin decir otra palabra, tomó el teléfono y dijo:

— ¿Paco, puedes subir un momento, por favor?, y colgó.

A los pocos minutos, Paco tocó, abrió la puerta, entró y se sentó. Mi ex condiscípulo le comento mis antecedentes y le dijo:

—Puede ser un elemento valioso, platica con él y tú decides.

Fui contratado ahí como Gerente de Sistemas, en donde realicé un estupendo trabajo (junto con las personas a mi cargo), durante un escaso año y medio. Lo puedo afirmar categóricamente, con toda verdad. Dada la oportunidad encontrada a mi edad, ¿no la aprovecharía yo al máximo?, solo estando mal de la cabeza. Mi jefe se dedicaba primordialmente a las relaciones públicas internas de la empresa (especialmente importante, le resultaba enterarse de todos los chismes), es por eso que me contrato, lo supongo, para quedar bien con uno de los directores. En cuanto a su conocimiento de sistemas, jamás pude conocer algo que valiera la pena.

Pero yo ya había tenido varias experiencias terribles con uno de mis gerentes, durante mi vida laboral anterior, y este caso, fue una de los peores. Un gerente, por definición, es un capataz. Sin embargo, existen capataces amables, sensibles, educados y justos, etc. También los hay déspotas, mal educados, estúpidos, injustos, obtusos y cretinos, mi experiencia. A pesar de mi desempeño descrito (comprobable), este tipo me despidió. De esta forma; en la navidad de ese año, yo estaba de forma injusta desempleado, a los cincuenta y cuatro años de edad, ya con casi nulas oportunidades de conseguir otro empleo y mis tres hijos en edad universitaria.

Las actividades y logros míos (y por supuesto, de mis colaboradores), habían sido los siguientes; multitud de "pendientes" rezagados del gerente anterior fueron de forma expedita llevadas a cabo. Atención personalizada a cuarenta fábricas, incluyendo visitas a todas ellas, en los diferentes estados de la república, antes inexistente. Los gerentes de las fábricas se mostraron sorprendidos y agradecidos y me presentaron sus recomendaciones, sugerencias y necesidades, las cuales fueron puestas en práctica.

Todas las computadoras existentes, eran unas piezas de museo, a punto de perder la posibilidad de mantenimiento. Resultaba muy urgente encontrar un reemplazo compatible; lo cual realicé, *en un abrir y cerrar de ojos*, además consiguiendo un importante descuento, si se compraban varias máquinas en forma simultánea. En Honeywell-Bull encontré una maquina totalmente compatible con los dinosaurios cibernéticos existentes. El lenguaje de programación para todos los programas existentes era RPG, es decir, el lenguaje más arcaico de la variedad ya existente en aquella época, tenían, como norma; realizar la mínima inversión posible, en equipo y en software. *Cero pesos con cero centavos.*

Una de dichas computadoras compradas, se utilizó para establecer el centro de cómputo, inexistente en la matriz (esto me daba y sigue dando mucha risa). Cuando el primer día de trabajo, pregunte en donde se encontraba el centro de cómputo, se me indico: en el sótano. Al dirigirme a éste y abrir la puerta, me encontré con un amplio local… en su totalidad vacío. ¿Cómo era posible, que ese emporio, no tuviera suficientes, las más modernas y confiables computadoras para manejar los millones de operaciones diarias? Los *respaldos* ("back-ups") de todos sus archivos vitales los encontré en una de las fábricas, en una bodega, llena de polvo y en donde las cintas magnéticas estaban expuestas al sol. Es decir, todo mal hecho. En otras palabras, mi contratación era: *una papa caliente*. Únicamente logré que se compraran seis computadoras (corporativo y cinco fábricas).

Desde el principio de la relación con mi jefe, existía un problema: él me dijo que detestaba a IBM y a todo lo relacionado con dicha empresa, por tanto, viniendo yo de tal *monstruo*, existía aversión hacia mí; así que, por ejemplo; no me indico que yo tenía derecho a un vehículo, por mi posición gerencial. Yo me enteré varios meses después y, por mi cuenta, conseguí tal beneficio. Se me ocurre que tal aversión a dicha empresa pudiera ser que lo rechazaron cuando intento trabajar para dicha compañía.

Durante la década de los ochentas, apareció un libro que proponía un nuevo concepto — la reingeniería —, escrito por Mike Hammer (mismo nombre del popular personaje detective televisivo). El problema que tuvo la empresa Avar y Cia. fue que quiso pasar del Pleistoceno computacional a la vanguardia cibernética de *golpe y porrazo*. Me explico, el Sr. Hammer sugería que la transición se debería llevar a cabo paulatinamente, uno, dos o tres procesos como máximo. Esta empresa se quiso pasar de lista, y quiso aplicar la reingeniería a la totalidad de sus procesos simultáneamente. El Director de Sistemas (mi jefe) inventaba ideas irrealizables e inentendibles, tratando de implementar dicha locura. Esa fue también una causa de roce y distanciamiento entre nosotros.

El director susodicho, utilizo software Oracle —a prueba—, pero mintió diciendo que lo iba a contratar y continuo utilizando dicho software después del periodo autorizado de prueba, lo que le costó el puesto al representante de ventas de dicha empresa, quien sigue siendo mi amigo y fue excompañero mío en IBM a quien yo invite a trabajar años atrás, y podría corroborar lo que aquí estoy comentando. En una junta relacionada con este tema, el director exploto, sin causa grave alguna, y vocifero como enfermo mental. Yo me vi obligado a pedirle disculpas a dicho ejecutivo de ventas, por tal desastre de actuación.

Cuando me despidió dicho patán, se me ocurrió escribirles una carta a los altos directivos, *para que tomaran cartas en el asunto*, avisándoles del gran riesgo que corrían manteniendo a dicho director corporativo de sistemas en su puesto y quien me estaba despidiendo de forma injusta. Ninguno de ellos me entrevisto, ni contesto por escrito, o de alguna otra forma. Otra peculiaridad gerencial déspota, y en contra de sus propios intereses. Ya como último recurso, solicite una cita con mi primer contacto arriba mencionado y cuando me recibió, en efecto, casi de inmediato, le comente:

— Tú me conoces y sabes cómo he llevado mi trabajo aquí, las ideas de este loco no funcionan y van a causar un caos a esta empresa.

— "Estoy de acuerdo contigo, aquí en la dirección tampoco lo entendemos, pero le tienen mucha fe y *nos tiene colgados de la brocha*, además recuerda que mi tío (el director general) expresó que si este proyecto no resulta, él renunciara".

— En efecto, yo mismo lo escuche cuando lo menciono en varias de las tantas juntas que tenemos, así que sabes que se está cometiendo además una severa injusticia en mi contra, mi gerente argumenta que yo soy el culpable de que no funcionen sus ideas, pero estando yo fuera ya se arreglara todo, ¿me puedes ayudar?

— No, me da pena decírtelo, pero no tengo tal poder de decisión, lo siento mucho.

Finalmente, dicho Director de Sistemas obtuso: — Francisco Hernández Palomar — y los cinco gerentes que le reportaban fueron despedidos dos años después por ineficientes. El Departamento de Sistemas fue desmantelado y se contrató a una empresa externa para que manejara dicho proceso. En retrospectiva, de cualquier forma me hubieran despedido, dos años después.

Si solo uno de los directivos me hubiera escuchado, se hubieran anticipado a tantos problemas.

A mí me gusta todo

CUANDO ALGUNA PERSONA me dice: *a mí me gusta todo, respecto a cierto tema,* esta aseveración me informa algo importante acerca de ella. En concreto, esta confesando que no hay algo que la encienda y la apasione. ¿Cómo es posible que le guste todo? En toda actividad humana necesariamente existen grados de perfección, de buen gusto, de elegancia. Por lo tanto no es entendible que a una persona le guste lo mismo, toda dicha amplia gama de *calidades.* Lo que está expresando es que le da igual, si el producto tiene calidad o no la tiene, pero no lo dice. Para ser más específico, pregúntele al que *le gusta toda la música,* con qué frecuencia y cuánto tiempo escucha música clásica y asimismo, respecto al Jazz. Dudo mucho que les dedique tiempo en forma significativa, con toda probabilidad lo que oye es, casi en forma exclusiva, música comercial de baja calidad. En otras palabras, estas personas están incapacitadas para evaluar la alta calidad de ciertos productos. Pero esto resulta curioso porque para otro tipo de productos, pueden elegir los de excelente calidad, sin ningún problema. Lo más probable, es que esto se deba a que cuando existe el factor precio, éste les permite a las personas pudientes, escoger el producto más caro, el cual generalmente, resulta el mejor.

De donde viene el rock

EL TÉRMINO; "ROCK and roll" era en su origen un término náutico, usado por los marineros durante siglos. Se refiere al "rock" (movimiento hacia atrás y delante) y "roll" (movimiento hacia los laterales) de un barco. La expresión puede encontrarse en la literatura inglesa, remontándose al siglo XVII, siempre referida a botes y barcos. Es decir, ni siquiera el nombre del género fue inventado por los ejecutantes. Hubo una gran *explosión* entre 1954 y 1960, estuvo constituida por Elvis, Haley y la banda formada en Liverpool por los Beatles, activa durante la década de 1960, y reconocida como la más exitosa comercialmente y críticamente aclamada en la historia de la música popular.

Lo anterior narra la cronología de lo acontecido, mas no contempla, en absoluto, su fundamentación musical: armónica, melódica, rítmica, instrumental, imaginativa, etc., por la sencilla razón de que no tiene base inteligente ni musical, de ningún tipo. Su base es muy fácil de anotar, ya que es la total no-base. Es la antítesis de la música. La monotonía más patética. La vulgaridad más rotunda. La des-creatividad máxima.

Como no iba a resultar de esa forma si sus representantes eran y son, casi adolescentes sin estudios musicales o de algún otro tipo, para llamarlos por su nombre hippies mugrosos, y de una ignorancia de varios órdenes de magnitud.

En cuanto a sus instrumentos: la batería la tomaron del Jazz, pero únicamente debido a que se puede mal tocar y estrepitosamente fuerte. El bajo, también tomado del Jazz, lo reemplazaron por otra guitarra debido también a que no necesitan, ni ritmo ni algo remotamente parecido. *Hay que darles crédito* por la invención de la guitarra eléctrica, con distorsionador integrado, un instrumento infernal, que acompañado por voces horribles, o cuando menos, voces de adolescentes, con apariencia o realidad de débiles mentales, a volúmenes desquiciantes, inundan todo lugar en este pobre planeta, en donde no hay escapatoria, para los pocos seres que realmente escuchamos.

Como esto no es suficiente, estos seres no-valedores, se uniforman con atuendos grotescos y se contorsionan como algún demente Quasimodo.

Juglares a la retro

"UN *JUGLAR* ERA un artista del entretenimiento en la Europa Medieval, *dotado para tocar instrumentos musicales,* cantar, contar historias o leyendas. Se diferenciaban de los *trovadores,* por sus orígenes más humildes, por tener como propósito entretener y no ser autores de sus versos, porque generalmente eran copias de versos de trovadores, arreglados por ellos mismos, aunque sí existían quienes componían sus propias obras ... En tiempo de Alfonso X, el Sabio se multiplicaron tanto que llamaron la atención de la corte y fueron objeto de disposiciones particulares en las leyes, como en *La Ley 4°, título VI, Partida 7°,* en que se les declara: infames" [...]

¿Qué tiene de malo un juglar o un trovador? Nada en particular. Pero es una actividad que se inició hace cerca de mil años. ¿Qué tiene de malo esto? Nada en particular. Pero si tiene mucho de minimalismo. ¿Para qué estudiar un instrumento musical serio, que llevara años de trabajo y sudor el llegar a dominar?, si con estudiar algunos pocos acordes de una guitarra y "cantar", ya sea que se tenga buena voz o no (eso es lo de menos) y se *compongan* algunos versillos muy monótonos y repetitivos, será más que suficiente. Habrá público para que los oiga, les aplauda a raudales, y compre sus discos.

Para completar el estudio de dicho instrumento serio, habría también que estudiar armonía, contrapunto, y estudiar y practicar muy a fondo, sus sólidas bases. Pero, ¿para que esforzarse si hay publico inculto que está dispuesto a fondearlos?

Esta actividad, conjugada con lo que el resto de la industria disquera y radiofónica, y televisiva a partir de los sesentas vende muchísimo, que es lo que ultimadamente importa a dichas empresas. *Ellas están para ganar muchísimo dinero, no para promover el arte o educar,* como me lo dijo textualmente un director del canal del desagüe (Televisa). Ellas mal educan; que el daño lo corrija el gobierno, cosa que evidentemente no realiza.

Eso de la polifonía, ¿a quién se le habrá ocurrido tal complicación? Unos cuantos simplísimos y monótonos acordes y cualquier voz son muy redituables, ¿para qué complicarse la vida con años de estudios, dejar de ganar dinero y además exponerse a vivir una vida dedicada al arte y a las carencias? ¿Quién supuso que el arte nos es de importancia?, no hay como grandes ingresos y ser ídolos instantáneos. Sin intentarlo con esfuerzo. Deducen ellos: ¡al diablo con lo bello y elaborado!

La extinción del Bebop

YO ME SENTÍA con la urgencia de llorar. Sencillamente sentarse en mi sillón reclinable favorito, por cierto herencia de mi madre, y tal como lo vi en la película; *Cuando el destino nos alcance*, protagonizada por Charlton Heston y Edward G. Robinson, quien en el día de su muerte se recuesta y siente la tristeza de ver que todo a su alrededor está siendo llevado inexorablemente a la extinción; prácticamente casi toda especie de planta y animal, así como la belleza y la verdad. Así que yo, bien acurrucado y con una buena copa de vino, o bien de una cerveza, disfrutaba de mis preciados objetos obtenidos con bastante anterioridad.

Pero, lo que lo entristecía, en este momento particular, se refería a la extinción de un ente no viviente, pero sin embargo, un importante productor de felicidad para el ser culto, pensante y de buen gusto. El motivo causante de tal desasosiego se debió a que los objetos causantes de su mencionada alegría ya no se encontraban a la venta. Busco incansable en todos los lugares en donde, años antes, se podían encontrar en bastantes tiendas. Su búsqueda resulto muy cansada y frustrante. En efecto, aun existían a la venta objetos relacionados a su delicado y fino gusto, sin embargo eran muy pocos, en cuanto a su variedad y de pésima calidad. Dichos objetos no eran, ni remotamente, lo que estaba buscando. Por supuesto que los creadores maravillosos de dichas objetos —obras de arte—, ya están casi extintos, quedando ahora muy pocos que compartían su pasión. En las escuelas secundarias y universidades, que los formaban por cientos, décadas antes, ya había solo unos cuantos que querían seguir tal profesión, que ya casi había dejado de ser apropiada, para "ganarse la vida", con dignidad. Sin embargo, para el tipo de objetos de muy relativa similitud, en cuanto al medio físico, pero de pésima calidad, el mercado mundial estaba repleto. Resultaba sumamente rentable y por lo tanto, decenas de nuevos productores de los mencionados objetos, aparecían exitosos, casi a diario. Esos individuos mugrosos, vestidos con raros uniformes y peor aún, "primitivos musicales", según el director de orquesta y pianista de música clásica y Jazz —André Previn—, son los que casi han eliminado del escenario a los virtuosos de antaño.

Bien, recapacité, esta tendencia no la puede cambiar ni Dios, así que me serví otra cerveza, encendí mi equipo de Alta Fidelidad (de bulbos, por supuesto) y escogí a los LP's y CD's de mis apreciados virtuosos a disfrutar el día de hoy. Yo fui un trompetista y soy Jazzista "de hueso Colorado".

Existe mucho Bebop grabado y todavía existimos escuchantes, y músicos virtuosos, quienes estamos *necios*, en no dejar que las disqueras y el monopolio de los medios masivos desaparezcan este inigualable genero de arte musical.

Vuelta a la monotonía

CREO YO QUE, cuando algún producto o acción se copia, debe cuando menos, mantener la calidad o de preferencia mejorarla. Los japoneses son un ejemplo viviente de dicho proceso. Si el copión no se preocupó por inventarlo, siquiera que con cierto respeto, la copia no resulte una porquería y/o un retroceso.

Existe una forma musical, específicamente *la marcha (tiempo 2/4)*, en donde se acostumbra que cada tiempo (musical) vaya acentuado mediante un golpe en el bombo (tambor grande) que es cargado por el encargado durante tales eventos. Dicha acción, le da la *vida* requerida para ayudar a las personas que están marchando a mantener un paso ágil y exacto, es decir, marcial.

Esta acentuación se utilizaba dentro de grupos de Jazz, especialmente por las grandes bandas, hasta que el baterista Kenny Clarke alrededor de 1940 cambio dicha utilización. Esto resulto totalmente apropiado. Quitar el exceso de acentos tan marcados. Mejor utilizar el bombo para verdaderos acentos, y dicho acento de tambor trasladarlo a un acento más débil y más acústico, producido por el par de pequeños platillos (contratiempo) que son unidos mediante un pedal controlado por el pie izquierdo del baterista, el cual produce un *chac* metálico al chocar. Nunca más se volvió a utilizar dicha práctica antes común, por ningún grupo de Jazz.

Durante la nefasta década (1960), en donde aparecieron los mugrosos hippies, y la educción, honradez y belleza pasaron a último terminó, la buena música fue una de las más perjudicadas. Gran cantidad de dichos jóvenes desorientados y con prácticamente cero educación musical (si habían oído el nombre de la nota Do, ya sabían demasiado y les sería contraproducente). A alguno de estos, se le ocurrió inventar un instrumento nuevo — una guitarra eléctrica infernal — que fue, es, y será la base de este *género musical*, que puede oírse aquí y en China, así como en el resto del mundo, a toda hora, todos los días. No solo eso, podría oírse en el futuro muy remoto en los planetas cercanos habitados, si es que hay alguno(s).

Los bateristas de ese bodrio, parecen ser los solistas y a volumen descomunal aporrean su instrumento, sin ton ni son, robando un estilo de acentos obsoleto (hace setenta años), molestísimo, y sin sentido musical alguno. ¿Qué podía esperarse de analfabetas musicales?

Instrumentos musicales al destierro

¿ PUES DE QUE crimen se les acusa? ¿Son acaso artículos metálicos que dañan de alguna manera a los humanos? Utilizados para lo que no fueron diseñados, únicamente pudieran dañar al oído. Sin embargo, bien utilizados, lo único que producen al (buen) escuchante es placer. ¿Qué otro crimen pudiesen provocar que merezcan tal expulsión del ámbito acústico? El otro posible crimen pudiese ser un crimen contra el monopolio de las casas disqueras y estaciones de radio, televisión y cine con referencia a la monotonía, mal gusto, falta de creatividad, vulgaridad y estupidización de las masas. ¡Pàcatelas!, le di al clavo.

Al mirar con detalle, casi cualquier instrumento, uno descubre el ingenio requerido para diseñar cada parte para formar un todo operante. Pero en nuestra era, en donde *la capacidad de asombro* se extinguió hace décadas, esas *simplezas* no ameritan mayor comentario. Además, un instrumento es un tirano implacable, el cual hay que practicarlo varias horas, todos los días. ¡Qué aburrido y cansado!, mejor ver la tele. Ahí enseñan cosas de una simplicidad, monotonía vulgaridad e idiotez total y solo tendré que hacer el esfuerzo de parpadear, ¡qué diferencia! Mis pobrecitas neuronas, que no se ejerciten, en lo más mínimo.

Recientemente visité la tienda de instrumentos más grande de un centro comercial, en donde constaté, que tenían *una trompeta, un trombón y dos saxofones*, pero aparecían decenas de guitarras eléctricas esparcidas por toda la tienda. Es decir; *el instrumento mundial*, listo para que todo adolescente deseoso, entre al *pool* global de millones de productores de ruidos altamente molestos.

Nuestra civilización castiga con el desprecio a los medios más aptos, bellos y sensibles; los instrumentos musicales, que son capaces de producirnos el mayor placer auditivo posible y los relega al sótano más profundo del exilio. ¡Que no se atrevan, ni remotamente, a intentar competir con la reina moderna planetaria del absurdo y del estruendo grotesco, apadrinada por Satanás (si es que existe)!

¿Se puede aprender a escuchar buena música?

DADO QUE ESTO no va fundamentalmente en contra de alguna ley física especifica conocida, en principio debe poderse. Ahora bien, mi experiencia personal indica todo lo contrario. Empiezo por mi hogar; mi esposa, después de años de escuchar música clásica, especialmente a la maravilla de *Sergei Rachmaninoff*, finalmente le gusto y ahora junto con *Beethoven* son sus artistas clásicos preferidos. Sin embargo, también lleva oyendo cuarenta y dos años a una de las más completas y mejores colecciones de Jazz, a todo nivel acústico posible y no ha logrado aprender ni una micra. Respecto a mis hijos, solo uno de ellos me dice que le gusta y eventualmente oye algo de lo que yo le he regalado, pero lo que yo me doy cuenta que oye, con su esposa e hijos es, casi en su totalidad, esa cosa moderna (no le puedo llamar música, a algo que no lo es), patas para arriba, literalmente, sin ton ni son. Los otros dos, ni por equivocación, jamás me consta que hayan oído ni una sola nota de buen gusto. Lo cual tomo como un buen indicativo de la dificultad involucrada en tal hazaña.

Cuando después de intentar impartir seminarios de Jazz en la *Librería Gandhi*, la Universidad Ibero Americana, El Centro de Cultura de Coyoacán y otros, siempre tuvieron que cancelarse debido a falta de quórum. En un seminario privado que, por fin, pude impartir con una asistencia de cinco participantes, hubo una pregunta de uno de ellos, que se me hace digna de premio de una medalla de oro y fue la siguiente: ¿Qué no se podría hacer esta música más simple? O sea; ¿después de presentarle para que escuchara lo más grande y significativo que seguramente escuchara en su vida, me hace esa pregunta? Logré contener una carcajada sarcástica brutal que estuve a punto de soltar, me contuve y le conteste: ¡Pues si y no! Te explico enfáticamente: *si*, ¡más simple, infinitamente más, es la que oyes en todo momento, en todas las estaciones de radio y TV, en todos los centros comerciales, en todos los restaurantes, etc., todos los días, en todo el mundo! *No*, porque es música de arte, en donde su complejidad es una de las causas de su genialidad, pero eso precisamente es la causa que casi no se escuche. No es la que vende más, sino la que vende muy poco, pero de enorme calidad.

Abuelo: ¿Por qué oyes esa música tan rara?

L A PREGUNTA DE los nietos Regina y Diego, no me sorprendió, en absoluto. En primer lugar los niños siempre están haciendo preguntas. En segundo lugar, es muy raro encontrar a alguien que conozca y sobre todo entienda y realmente disfrute "ésa música tan rara". La verdad; lo único tan raro, es que dicha música no tenga amplia difusión. Pero en nuestra "civilización" actual, tan falta de verdadera cultura, en dónde; "lo que acaba de salir" y aun peor, lo que "jala más público", es lo único que logra difusión. Pésimas reglas para medir la calidad musical; los gustos de "la multitud" no son "cerebrales", son más bien fuente de escasos o nulos aspectos estéticos y carecen de bases para juzgar la calidad de cualquier producto.

"Esa música, tan rara", y me estoy refiriendo a la mejor parte de ésta, pues como todo en esta vida; la calidad la hay: malísima, mala, regular, buena, muy buena y excelente, tiene las siguientes características; ni más ni menos, sus pilares son idénticos a los de la música clásica, a saber: armonía europea y contrapunto (ya les iré dando posteriormente ejemplos al respecto). Pero tiene varios ingredientes adicionales que la elevan a lo sublime. A saber; la variedad de sus ritmos sincopados, la diversidad de los instrumentos utilizados, los cuales son tocados por los mejores virtuosos del mundo. Además, su principal diferencia con toda la "música no rara", es que es, en su mayor parte, improvisada. Esto es precisamente, creo yo, lo que la coloca en un nivel superior a la música clásica. Pero la improvisación ya había sido inventada por Mozart y aun Bach resultaba ser su mejor practicante. La improvisación es tan importante, porque convierte a un "interprete"; un músico clásico, en un "creador"; un jazzista.

La variedad intrínseca de todo tipo en el "buen" jazz es tan extensa, que una de mis propias definiciones de este grandioso género musical es; "el jazz es la anti monotonía por excelencia", otra es; "el jazz es la alegría sublime", por lo menos, para mí. Y les voy a dar un ejemplo: siendo yo ya "grande" como en mis tiempos jóvenes se les decía, con todo respeto a los viejos, teniendo yo varios achaques y dolencias y sintiéndome con ganas de "no hacer nada", con lentitud me dirijo a mi aparato de alta fidelidad y lo enciendo. "Como por arte de magia", una profunda alegría empieza a invadir mi mente y gran parte de lo descrito en este párrafo, ya pierde importancia. Lo que me importa en esos momentos, es gozar, al máximo, de estos virtuosos que pueden crear música, sin errores, al instante, basados en unas pocas reglas "sencillas", la cual hay que escuchar con la mayor atención posible; de ser así, se le podrán encontrar: "detalles, detallòtes y detallitos" ... "a pasto".

D. J.

DURANTE MÁS DE veinte años existió una estación; *Jazz F.M.* En dicha radiodifusora, se presentaban los mejores artistas virtuosos consumados y los nuevos valores, que hubieran quedados desconocidos para la mayor parte de los amantes de la buena música, incluyéndome seguramente a mí. No solo eso, ahí se preparaban, programaban y llevaban a cabo la contratación para que se presentaran en México las grandes figuras Norteamericanas. Se realizaron una gran cantidad de conciertos con figuras de la estatura de; Dizzy Gillespie, Dave Brubeck, Shorty Rogers, Stan Kenton, Clare Fischer, Manuel Rocheman, Alan Broadbent, etc., etc., etc. En pocas palabras, Roberto Morales fue, sin duda, el mejor D.J. (Disk Jockey) mexicano. Fue mi amigo y yo fui su cliente durante toda su vida.

Con gran fortuna, dentro de todo, los "primitivos musicales", como con toda propiedad, el gran pianista de Jazz y música clásica, compositor y director de orquesta clásico, André Previn llama a todos estos ignorantes y palurdos que destruyeron el arte musical, tomaron únicamente la batería como su instrumento base, junto con su demoníaca guitarra eléctrica y por supuesto "voces". Afortunadamente casi la totalidad de los verdaderos instrumentos musicales no los emplean. Pues claro, estos requieren estudio y práctica, lo cual es evitado por estos. Pero el nombre D.J. si se lo apropiaron, yo creo que está bien que lo usen, siempre y cuando, aclarando que para este género, su significado es: "Damn Junker".

XELA

L A ESTACIÓN DE radio XELA, cuyo lema era: "Buena música desde la Ciudad de México", transmitió desde el 5 de Julio de 1940 hasta el 2 de Enero de 2002. Cuando me entere de que había desaparecido, para convertirla en una estación para hablar de deportes. ¿Otra?, si otra. ¿Cómo es posible que casi la única estación y sin duda la mejor que transmitía música clásica desparezca del cuadrante?

¿Qué país es este, en este mundo cada vez más incivilizado? ¿De los cientos de estaciones que transmiten basura, no se podía salvar a una, a la más importante de México? A mí en lo particular me molesto y enojó muchísimo, debido a que me traía gratos recuerdos, pues la escuchábamos todos los días, en particular durante las comidas. Ahí nació en mí el gusto por la buena música. Jamás mi madre oyó música popular de ningún tipo, yo soy igual, pero yo adopte además al Jazz porque estaba preparado para poder escuchar, evaluar, y gozar la música que vale la pena, la cual es sumamente reducida. Si los niños y jóvenes no escuchan Música Clásica y Jazz desde bebes, difícilmente les gustará cuando crezcan, y solo oirán la alharaca moderna, sin calidad musical alguna.

Los ciegos y los sordos

EL OJO. ¡QUÉ maravilla! Qué pena da quien no tiene vista. Para algunos con ese sentido en función, nos podría parecer que el no poder disfrutar de él, aún haría que la vida resultara no digna de ser vivida. En realidad, vemos innumerables ciegos que viven vidas productivas en aparente serenidad.

En efecto, maravilloso, pero defectuoso e incompleto, por varios motivos. Uno de ellos, es el que los biólogos y evolucionistas nos indican. Este corto relato no contiene espacio para detallarlo, pero en resumen, está "diseñado" con lo que debería estar en el exterior en el interior y está de cabeza. La evolución no tiene ingeniero(s) a cargo de diseños óptimos (ni siquiera mediocres). El punto que quiero enfatizar es que está sumamente restringido. La luz consta de varias frecuencias (conocidas), a saber: rayos gamma, rayos X, luz ultravioleta, luz visible, luz infrarroja, microondas, radar, FM, TV, AM y radiofrecuencias. De esto resulta evidente que el maravilloso ojo está seriamente limitado. Somos involuntariamente ciegos a todas dichas frecuencias (menos una) y no podemos hacer nada al respecto, excepto, diseñar y construir aparatos que alivien dicha deficiencia.

Existen sordos, quienes pueden oír perfectamente. Pero en este caso, la limitante no está en el aparato auditivo en sí. Reside en su actitud. Me explico: oyen cierto tipo de música y ahí, por desconocimiento, o por decisión propia se auto restringen y no amplían su *frecuencia* auditiva. Respecto a los que oyen (únicamente) música popular, es casi imposible mejorar su gusto. Respecto a los que (únicamente) escuchan música clásica, hay alguna posibilidad, restringida, pero creo que la hay.

Conozco personas que sólo oyen opera, sin darse cuenta de lo auto limitados que se colocan. Si *escucharan*, deberían darse cuenta de todos los *timbres* y *frecuencias* que se pierden. Están interesadas exclusivamente en el timbre de la voz humana. Es decir, ¿el resto de los instrumentos musicales no tienen la menor importancia?

Timbres en extremo bellos; como son: las trompetas, los saxofones (cuatro tipos), los trombones, los cornos, las flautas, clarinetes, oboes, fagots, vibráfonos, etc., en largos solos improvisados con excelsa creatividad e imaginación por los virtuosos más prominentes del mundo, gozados por muy pocos quienes realmente escuchan y encuentran maravillas. Ser ciegos a la mayoría de las frecuencias de la luz, así resulto el "diseño" de la evolución, sordos por ignorancia o por selección propia, solo resulta en una lástima al dejar de utilizar ampliamente nuestros oídos.

Carl Saunders

AUN CUANDO LA cantidad de músicos de Jazz casi se extinguió con la aparición de los advenedizos "primitivos musicales" de los años sesenta, afortunadamente, artistas interesados y con la capacidad virtuosa en la música de arte —Jazz—, aún existen en estos días.

Escoger al "mejor" músico en algún instrumento, resulta tan difícil como escoger al mejor piloto de *Fórmula Uno*. Indiscutiblemente, hay campeones pero el margen es generalmente tan escaso —décimas de segundo—, que tratándose de eventos medibles, resulta claro, aunque minúscula la diferencia de talento.

Tratándose de trompetistas, por ejemplo, existen maravillas tales como: Clifford Brown, Arturo Sandoval, Freddy Hubbard, Maynard Ferguson, entre otros. Pero si yo *tuviera* que escoger, me inclinaría por las —décimas de virtuosidad— (si es que esa unidad de medición existe), de Carl Saunders.

Tuve la suerte de escucharlo en persona, y de contar con gran parte de sus grabaciones, incluyendo un CD autografiado. En particular, sus solos son creaciones de una perfección, imaginación, complejidad, potencia, sus notas agudas, la extensión de sus frases, el control de aire que condujeron a Bob Florence, para quien Carl fue su primer trompeta en sus últimos CD's a decir: "cuando Carl Saunders toca, se me cae la mandíbula (baba)".

La mayoría de las personas, dada la escasa difusión y conocimiento del Jazz y de la ignorancia respecto a la dificultad enorme de tocar una trompeta, no tiene la menor idea de lo que esto representa. Por tanto resulta incapaz de evaluar lo que involucra tocar de esa forma, ni se diga de escuchar, entender y tener un gusto por tal disciplina.

Marian Petrescu

DEBE HABER SIDO muy emocionante haber vivido en la época de Bach, Mozart, Paganini, etc. A mí me tocó vivir durante los últimos años de la vida de Sergei Rachmaninoff, mi compositor clásico favorito. Quien ha tenido la suerte de escuchar y/o presenciar una ejecución del pianista Marian Petrescu, y como complemento leer las críticas de los conocedores, se puede comprobar con facilidad de que se trata, del pianista virtuoso más increíble que jamás haya existido. Su inmaculada perfección, su impactante velocidad, su mano izquierda que le permite tocar largos y complejos pasajes al unísono, (como si contara con dos manos derechas). Es capaz de ejecutar música clásica (de memoria) interpretada con una belleza que llama al espíritu a disfrutar tal fenómeno acústico.

En realidad, Marian es un Jazzista. De tal forma que no es únicamente un intérprete, es además un creador. Como podía esperarse por lo arriba comentado, ver y escuchar como su mente crea sus improvisaciones es apabullante. Su cerebro imaginando, "armando" a toda velocidad, sin la más mínima falla o duda, sus dedos "volando" inequívocamente para deleitar al interesado en escuchar virtuosos del más alto calibre. Su lirismo es abrumador.

Soy afortunado en poseer varios de sus CD's y de haberlo escuchado, en persona, y conocido, durante los dos conciertos que presentó en *El Palacio de las Bellas Artes* hace algunos años. Tengo en mi poder, un video que fue grabado durante los dos días previos a uno de los conciertos, para que los músicos mexicanos que lo acompañarían se conocieran, y practicaran durante unas cuantas horas (en algunas ocasiones, los Jazzistas tocan maravillas, sin ensayo previo alguno, o sin siquiera conocerse). Marian no sabía tocar la canción *Cielito Lindo*, así que pidió que se la mostraran en el piano. Él la practicó unas cuantas veces, incorporándole algunas variaciones interesantes. Al día siguiente, durante el concierto realizó una ejecución de una belleza, complejidad, y buen gusto que nos cautivó a todos los presentes. De no conocer una melodía un día, a presentar una creación compleja y hermosa al día siguiente en un concierto, eso es parte de lo hermoso que representa el arte musical del Jazz.

Los músicos judíos de los años mil novecientos veinte a los sesenta

E N UNA DE las comidas familiares que afortunadamente tenemos entre los hermanos, hermanas y algunos primos aproximadamente cada dos meses, uno de mis hermanos comento: "En un video que acabo de ver; es asombroso conocer como casi el cien por ciento de todos los compositores de canciones, en los Estados Unidos, resultaron ser emigrantes judíos durante los años veinte y hasta los sesenta". Aseveración verdadera, pues la lista de compositores y letristas así lo demuestra.

Pero de no haber sucedido así, con gran probabilidad no existiría la música romántica norteamericana. Desde luego que existen bastantes "gringadas", pero asimismo, música romántica de gran calidad, dada específicamente en dicho período. Compositores tales como; Cole Porter, Richard Rogers and Oscar Hammerstein, Burke and Van Heusen, Harry Warren, Jerome Kern, Irving Berlin, George Gershwin, etc. Existió una gran combinación de compositores y letristas, por lo que resulto una combinación bastante satisfactoria, y con gran probabilidad única.

Gran parte de la música de los mencionados compositores se denominan: "estándares" y constituyen gran parte de la base musical del Jazz. La otra gran parte ha sido compuesta directamente por Jazzistas denominada; "Originales", en donde también han existido una gran cantidad de compositores e intérpretes judíos, tales como; Shorty Rogers, Don Sebesky, Herb Geller, etc.

Posteriormente surgieron varios compositores valiosos en la época de la Bossa Nova como: Antonio Carlos Jobim, Joao Gilberto, Vinicio de Moraes, etc.

Fuera de esto, casi a partir de los sesenta, la "música romántica" apesta. Y la razón principal es que es la fabricación de los hippies que son apestosos en su cuerpo y en su mente. También resultaron de gran demanda los famosos canta-autores, los juglares del siglo XX y XXI, con poquísimo talento musical y/o poético. Yo jamás llevé "gallo" alguno, a novia alguna, por la sencilla razón de que dicha música "romántica", si alguna emoción me provoca, es la náusea.

Indeleble vs. borrable, esa es la cuestión

EN EL CURSO de redacción en el que acabo de participar aprendí mucho, ni mencionar, todo lo que me falta. Me fue muy notorio la falta de conocimiento que tenemos respecto de nuestro propio lenguaje. Acentos ausentes, redacción incorrecta, cacofonías, en fin, todo tipo de defectos, excesos y carencias. Bien expreso la maestra; "la goma se debe utilizar más que el lápiz, y esto aplica aún para todos los grandes escritores".

Por lo tanto, en dicho aspecto, me parece que escribir un libro y escribir una partitura se parecen bastante. Sobre todo si la partitura está destinada para ser interpretada por una gran banda (orquesta), en donde su "redacción" se complica al asignar cómo van a intervenir los diferentes instrumentos (timbres), y dentro de cada uno de estos tipos, por la diferentes notas asignadas individualmente para que formen un conjunto armónico, las diferentes secciones integrantes (saxofones, trombones, trompetas, etc.). Tarea de gran complejidad e imaginación muy superior a la escritura de un libro, pienso yo. Me imagino que la goma es imprescindible.

Una de las grandes artes que no admiten "borrar", es la escultura. Una equivocación en la utilización del cincel, en lugar o tamaño, generalmente arruinan la obra.

Pero, sin lugar a dudas, el arte más demandante es la música, por la sencilla razón de que es casi el único arte ejecutado "en vivo" (no me refiero aquí a grabaciones en estudios). Ahí, ya no se diga un borrón, pues éste no existe. Ni siquiera la más leve duda es permitida, ya que queda fuera de lugar. El verdadero virtuoso, se presume y casi invariablemente lo es, un ejecutante perfecto, Si a todo esto, le añadimos la improvisación del (los) ejecutante(s), la dimensión que resulta es impresionante. Es una verdadera pena, que esta excepcional y muy compleja habilidad no sea evaluada, admirada, remunerada y gozada, ni siquiera por alguna porción mínima de la sociedad. El Jazz, es cada vez más, una rara especie en extinción. No se nos debe olvidar que el escritor, pintor, escultor o músico, no está en el lápiz, pincel, cincel, o trompeta, está en la mente. Plasmar el arte, no radica en el instrumento utilizado, está en la mente. Para el Jazz es tan importante el plasmarlo, como el concebirlo.

Lo que desaparecerá

"**L**AS NUEVE COSAS** que desaparecerán durante el curso de nuestra vida. Estos cambios serán buenos o malos... dependiendo en parte de cómo nos adaptaremos a ellos. Pero, ¡independientemente de que estemos o no listos para asumirlos, esta es una realidad innegable!

1. La Oficina de Correos.

2. El Cheque.

3. Los Diarios.

4. Los Libros.

5. El Teléfono Convencional.

6. La Televisión.

7. Las "Cosas" que ustedes poseen. La mayoría de las cosas que poseemos o solíamos poseer son todavía parte de nuestras vidas, pero en realidad podríamos no poseerlas en el futuro. Por ahora, estas cosas podrían estar simplemente "residiendo en la nube". En la actualidad, sus computadoras tienen un disco duro y ustedes pueden guardar ahí fotos, música, películas y documentos. Su software está en un CD o en un DVD, y ustedes siempre podrán volver a instalarlo si eso es necesario. Pero todo eso está cambiando. Apple, Microsoft y Google están en el proceso de completar sus últimos "servicios en la nube." Esto significa que cuando se encienda una computadora, la Internet se integrará al sistema operativo. De tal manera que Windows, Google y el sistema operativo MAC estarán ligados directamente a la Internet. Cuando ustedes hagan clic en un

icono, se abrirá algo en la nube de la Internet. Cuando ustedes guarden algo, ese algo se guardará en la nube. Y ustedes probablemente tendrán que pagar mensualmente una cuota de suscripción al proveedor de la "nube". En ese mundo virtual, ustedes podrán acceder a su música, sus libros, o sus cosas favoritas ya sea desde su computadora portátil (*laptop*) o desde cualquier otro dispositivo portátil. Esa es la buena noticia. Pero, ¿serán ustedes los dueños reales de cualquiera de estas "cosas", o todas estas cosas podrán desaparecer en cualquier momento con un gran "PUUF?" ¿Serán casi todas las cosas en nuestras vidas desechables y arbitrarias? ¿No te dan ganas de correr al armario y sacar ese álbum de fotos, o tomar un libro de la estantería, o abrir una caja de CD's y sacar el disco que te gusta?

8. La Privacidad. Si alguna vez existió un concepto que podemos mirar retroactivamente con nostalgia, ese concepto sería la privacidad. Un concepto que ha desaparecido. Un concepto que de todas maneras desapareció hace mucho tiempo. Hay cámaras en la calle, en la mayoría de los edificios, e incluso incorporadas en sus computadoras y en su teléfonos celulares. Por consiguiente, pueden estar seguros que "ellos" saben quiénes son ustedes y en dónde se encuentran, saben hasta las coordenadas GPS, y pueden ver totalmente la calle en la viven a través de Google. Si ustedes compran algo, sus gustos son colocados en un trillón de perfiles, y los anuncios de "ellos" cambian para reflejar esos gustos. Además "ellos" tratarán de convencerles, una y otra vez, para que compren alguna otra cosa. Lo único que nos quedará sin que "ellos" hagan ningún cambio será nuestros "Recuerdos"... ¡pero ojalá que el Alzheimer no nos despoje también de ellos!

9. La Música. ¡Esta es la parte más triste de esta historia de cambios! La industria de la música está sufriendo una muerte lenta. No sólo debido a las descargas ilegales desde la computadora, sino también a la falta de música nueva e innovadora que pueda llegar a la gente que quiera escucharla. *La "música" de hoy no tiene la armonía, la melodía, la orquestación, la letra, el romanticismo de la música de*

antes. Uno de los problemas para esto ha sido la codicia y la corrupción. Los sellos discográficos y los conglomerados de radio están simplemente auto-destruyéndose. Esto también es válido en el circuito de conciertos en vivo. Para explorar este tema fascinante e inquietante, consulten el libro; *Apetito por la Auto-Destrucción* ("*Appetite for Self-Destruction*"), escrito por Steve Knopper, y el video documental titulado: *Antes de que la Música Muera* ("*Before the Music Dies*")]. (Texto recibido mediante un email, por lo que desconozco su autor)."

¿Gran sorpresa? Pues no para mí, yo lo sé, lo viví, lo sigo viviendo y lo vengo diciendo desde hace sesenta años. Lo que parecía un chiste de pésimo gusto, cada día conseguía más adeptos al adefesio acústico, y asimismo cada día increíblemente surgían cosas aún peores, con una fealdad sin límite.

Pero no solo había que promover lo pésimo, había que destruir lo poco que aún tenía valor. No debería existir ninguna emisora radiofónica que intentara promover cultura musical Una estación ejemplar de música clásica, la XELA no resultaba rentable. La campaña masiva de desculturización de la población y especialmente de los jóvenes resultaba todo un éxito. Fox, Creel y otros políticos ineptos e incultos hubieran podido rescatar a la mencionada empresa, pero evidentemente sus intereses estaban totalmente divorciados de la educación y la cultura, esa actividad no deja dinero.

Otra estación no musical afectada (desaparecida) fue *la estación comprometida con la verdad* del periodista José Gutiérrez Vivó. En esta instancia, el análisis crítico de periodistas resulta también un estorbo para políticos ineptos, corruptos y estúpidos, por lo cual la obliteración de dicho estorbo fue un *most*.

Por último la estación; *Jazz FM*, también era la única y última estación promotora de *algo totalmente diferente* y definitivamente creativo, como es el Jazz, radicalmente opuesta al fanatismo de las multitudes incultas y vulgares, que había que hacerla inaudible al eliminarla del cuadrante.

Tristísimo escenario, para los amantes de la verdadera música, los cuales únicamente en la privacidad de nuestro hogar podemos escuchar la música creada y tocada por virtuosos para seres pensantes y educados, los cuales todavía existimos, a pesar de los abruptos intentos por eliminar nuestros finos gustos.

La familia en rigor mortis

DURANTE MI NIÑEZ, casi toda reunión se llevaba a cabo; o en la casa de mis abuelos, o en la de mis padres. Era el lugar idóneo para tal tipo de eventos. En lo posible, la totalidad de abuelos, tíos, primos, hermanos y nietos compartían buenas rebanadas de tiempo, se conocían lo mínimo suficiente, se podían convertir en amigos y existía la posibilidad de que se buscaran y reunieran más adelante en sus vidas. Al no existir la caja idiota, ni los juegos electrónicos, los niños y adultos escuchaban a los mayores relatar historias y cuentos y pasar el conocimiento familiar, así como tradiciones, que ya se han perdido. Asimismo, en muchas familias algunos, y en otros casos, todos los jóvenes aprendían música e interpretaban algún(os) instrumento(s), lo que permitía veladas musicales recurrentes. Nuestros vecinos, de todas las edades, eran nuestros amigos y los niños salían a jugar a la calle con casi absoluta seguridad y tranquilidad. De requerirse, niños mayores podían ir a las tiendas especializadas cercanas o bien a la miscelánea (pequeño embrión del supermercado).

Ahora, en mi tercera edad, el cambio ha sido espeluznante. Los centros comerciales, los espectáculos y eventos deportivos de todo tipo han remplazado a la familia. Los tíos y primos a veces no se llegan a ver ni una sola vez, aun viviendo en la misma ciudad. Las reuniones familiares se llevan a cabo en restaurantes y centros comerciales atestados, ruidosos con *música* moderna y sin faltar las cajas idiotas para transmitir eventos deportivos, día y noche. La idea, perfectamente bien lograda, es que la familia (muy cercana) este agrupada físicamente, pero incomunicada. El ruido, me imagino cercano a los 90 decibeles, desincentiva la plática, que de cualquier forma debe estar centrada en el espectáculo siendo transmitido.

¡Gran suerte la mía! Haber vivido durante los siglos XX y XXI, en donde se inventó la computadora, se iniciaron los viajes espaciales, se confirmó la inmensidad y expansión del universo, se descifró el genoma humano y se realizaron infinidad de descubrimientos en todas las áreas de conocimiento. Esto, respecto a la parte positiva. El lado negativo, entre otros, es la extinción de la vida familiar, en su aspecto amplio.

E N EL LIBRO; *Curso de redacción para escritores y periodistas,* escrito por Beatriz Escalante, en uno de sus capítulos se refiere a la pobreza del lenguaje, en donde indica con claridad que la palabra "cosa", no es recomendable utilizarla, ya que revela una falta de imaginación del escritor que deja una completa indefinición en la redacción de su idea. Se me antoja que algo parecido pasa con las palabras "nada" y "algo". Me explico, lo más cercano a la nada, es el vacío del espacio sideral, pero según la teoría del Quantum, en dicho espacio parece ser que se crea, por lo menos de forma momentánea, energía o materia, por la sencilla razón de que la nada es una cualidad o característica inestable. Lo que equivaldría a suponer que la nada, en realidad no existe. Respecto a "algo", también resulta muy indefinido, pero podríamos suponer que se trata de algún objeto, en forma singular. De esta presentación, podríamos argumentar que "nada" correspondería a cero y "algo", a la unidad.

Ahora, mi contención es; ¿No le parece muy extraño y asimismo de enorme suerte que "nada" y "algo", o mejor dicho, su correspondencia matemática sea capaz, en sí misma, de lograr la exactitud personificada? Porque casi no existe algún dispositivo moderno cuya fabricación, transporte o uso, no dependa de un procesador, es decir, básicamente de una computadora, la cual utiliza el código binario (cero y uno) para, con toda precisión, realizar toda operación requerida.

¿Cómo es posible que toda complejísima operación computacional dependa y resulte exitosa de la más simple de las características de esta vida: "nada" o "algo"? Bien decía Shakespeare: "ser o no ser, esa es la pregunta".

Sale de mi comprensión, cómo una combinación de "nadas" y "algos" nos permite escuchar (o ver), con una definición impresionante, melodías tocadas y grabadas en un lugar y tiempo remoto.

Mi conclusión es; que las "nadas" y "algos", resultaron de una importancia sin precedente a nuestra civilización.

L O QUE YA desapareció fue la comunicación telefónica. ¿Si es usted de cierta edad, recuerda a la multitud de operadoras que existían en las empresas telefónicas originales: Ericsson y Mexicana? ¿Recuerda cómo aparecían hileras enormes de mujeres (por supuesto) conectando y desconectando cables para lograr las conexiones requeridas? ¿Recuerda que con cinco dígitos era suficiente para comunicarse durante décadas? ¿Recuerda los (únicamente negros, por supuesto) pesados y voluminosos auriculares? ¿Recuerda cómo tenía necesariamente que llamar a una operadora para llamadas de larga distancia?

Siendo yo ferviente adepto estudioso de la ciencia, y por lo tanto de la tecnología, aprecio, admiro, y normalmente concuerdo con sus avances, excepto cuando estos son en forma evidente nocivos, destructivos o sin sentido. La comunicación telefónica moderna, es, para mí, totalmente sin sentido, grotesca, aburrida y consumidora estúpida de tiempo, ya ni que decir, de la destrucción de empleos que ha causado. "Menús" que cambian continuamente, la opción deseada aparece como la última, o no aparece, "música" repetitiva que hay que tolerar, siempre hay que esperar muchos minutos, pues el "ejecutivo" está atendiendo a muchos "alguien más". Con suerte y mucho tiempo de espera, alguna persona contesta. Hay que explicarle que es lo que uno quiere. Muy frecuentemente, esta no es el área indicada para tal propósito, requiriendo esta llamada ser transferida a otro "ejecutivo", a quien hay que explicar todo nuevamente y así sucesivamente. Por supuesto que algunos asuntos no requieren tantos pasos, pero mi experiencia es la que aquí narro.

De hecho, la "comunicación" personal ya es casi obsoleta, por ejemplo; cancelar o modificar un servicio no es posible en la oficina en donde es la sede y tiene mucho personal que debería de atender a sus clientes. ¡Imposible, hay que hablar por teléfono y sufrir todo lo arriba comentado! Hablar con un supervisor para presentar alguna queja. ¡Olvídelo, eso ya no existe! A los *CEO*'s (*Chief Executive Officer*, nombre rimbombante de los actúales Directores Generales de empresas importantes, jamás se les ocurre llamar ellos mismos para verificar que tipo de servicio está brindando su empresa o simplemente no les importa un comino.

Reductio ad absurdum

*R*EDUCTIO *AD ABSURDUM* es una expresión latina que significa reducción al absurdo, siendo utilizada para demostrar la validez de proposiciones lógicas. En este caso yo la utilizo para indicar como se ha reducido al absurdo la vida dizque civilizada del Homo Sapiens. Como bien dice Eduardo Galeano en; *La escuela del mundo al revés*, trabaja a la perfección en nuestro mundo actual. *Homo* continuamos siéndolo todavía, mientras nos acabamos la tierra, el aire y los mares. Respecto a Sapiens, excepto por unos cuantos, ya hace mucho tiempo que dicho calificativo expiro. Considero que la nueva especie *Homo brutus* es mucho más cercana a su presente realidad. Desde hace más de medio siglo, la tendencia a ir acabando, mucho a mucho, con las normas éticas y estéticas básicas: la verdad, la belleza, la honradez, el respeto a uno mismo, etc., repentinamente ya no tienen valor, ahora lo tiene el extremo opuesto. La vulgaridad extrema vs. la educación. La falta de educación vs. el refinamiento. La ignorancia vs. la cultura. El *rock* y similares vs. la buena música. Los deportes brutales y monótonos vs. deportes elegantes. La superstición y los ritos satánicos vs. la ciencia. La avaricia ilimitada vs. la mesura. Las religiones interminables vs. la ciencia. El saqueo ilimitado de políticos, industriales, laboratorios médicos y líderes sindicales, etc. vs. la honradez. El casi total desprecio por nuestro planeta y la vida animal vs. la avaricia. El negocio infame de las drogas vs. el respeto de los seres humanos. El negocio criminal de la fabricación y venta de armas vs. el respeto de los seres humanos. Los actos criminales y traidores como el 9/11 vs. patriotismo. El crecimiento ilimitado de la población humana vs. población adecuada para nuestro planeta, todos llevando una vida digna. La destrucción y/o agotamiento de todos los bienes no renovables vs. usar y reusar cuidando al máximo cada producto. La fabricación de productos rápidamente desechables vs. artículos fabricados para durar y que puedan repararse, etc., etc., etc. ¡Nuestros hijos y nietos no nos lo perdonaran!

El centro comercial

PODRÍA DECIRSE QUE el Centro Comercial es uno de los establecimientos más importantes de la civilización iniciados en el siglo XX. En estos se encuentra la mayoría de los productos que consume la población mundial. Cada vez son más, más grandes y se ubican en prácticamente todo el mundo. La gente los abarrota, ya que constituye una de las principales diversiones de nuestra época. Al contar con cines y área de comida chatarra, los concurrentes pasan horas gastando dinero, desperdiciando tiempo y convirtiendo a las cadenas de tiendas en ricos cada vez más millonarios. El nivel de ruido en dichos lugares en muy alto debido al rumor de las conversaciones del populacho y sobre todo a que ya no es concebible para un comerciante el no tener varias decenas de decibeles saliendo de su local ya que, sin saber matemáticas, ni física, sabe que la clientela llegara en razón directa a dicho aturdimiento altamente *decibeliano*.

Lo nuevo es incluir área de juego para los niños. ¡Qué grandiosa idea! Ahora los niños son el imán para vender mucho más de todo. Gaste lo que tiene y lo que no. Efectivo o plástico, qué más da. El chiste es gastar. Fabrique más millonarios o por lo menos los mismos, pero mucho más ricos. Aproveche para comer chatarra ahí mismo. Ahí encontrara todo lo que necesite, siempre y cuando no sea algo indispensable e insustituible, y de bajo costo, como por ejemplo un tornillo, un sapo o una segueta.

Asimismo, tome acción ahora, pues en pocas décadas éstos conglomerados irán desapareciendo paulatinamente pues las principales causas serán la escases de productos y la imposibilidad del uso irracional del automóvil, pues la escases y eventual agotamiento de gasolina, convertirá a dicho centros inmensos en lugares vacíos abandonados, o más probablemente en el hogar de millones de gente sin casas habitación. Todos los negocios especializados, de todo tipo, absorbidos y por tanto desaparecidos volverán a reaparecer en forma independiente. Este fenómeno también se dará en la eventual desaparición de los supermercados masivos. ¿Creían que los recursos naturales y sobre todo que la gasolina era eterna? Pero sobre todo, ¿que Malthus y el libro "Limits to Growth" estaban equivocados para siempre?

Deportes a Dios dar

DADO QUE NUESTRO planeta goza de aparente estabilidad financiera, social, climática, educativa, así como en otros aspectos problemáticos, nuestra civilización puede darse el lujo de dedicarse, en todo su tiempo libre, a los interminables deportes de todo tipo y calibre. O por lo menos, eso es lo que parece.

Gran parte de la población está muy atenta a eventos tales como; gano el Barcelona o el Real Madrid, ganaron los Vaqueros o los Delfines, ganaron lo Yankees, o los Medias Blancas, etc. etc. etc. Esto ocurre no solo en los domicilios particulares, asimismo puede observarse en los innumerables televisores, en todo restaurante, y centro comercial. Es casi imposible, que aún el no interesado en los mismos, no se entere, y esté obligado a ver tales competencias.

Aparte de los deportes, más o menos interesantes e intelectualmente atractivos; existen deportes extremos (de gran interés por el solo hecho de atentar contra la vida), los deportes inhumanos y vulgares como el box, luchas y toros, así como multitud de otros que surgen con frecuencia. Sin embargo, uno ellos, el que considero más varonil, difícil de aprender y dominar, ni se diga espectacular, está a punto de desaparecer. Me entero que cada día existen menos canchas en operación, de las pocas que todavía quedan en pie. Parecería que ésta es otra de las actividades bellas que hay que desaparecer de nuestro mundo. Ya quedamos pocos de los que lo disfrutamos jugarlo (o por lo menos verlo) con intensa pasión al Jai Alai o Cesta Punta. ¡Qué deporte! A los espectadores de todas las otras disciplinas parece no interesarles, con todo lo alterno que hay les basta.

En cuanto a todos los gobiernos, están de plácemes, que toda la población se encuentre distraída todo el tiempo, que no piense, ni exija derechos ni soluciones. Que con sus anteojos deportivos oculten, no solo el sol, sino además la multitud de graves problemas, cuya

solución postergamos para que los resuelvan, si es que pueden, nuestro
hijos y nietos.

Por lo pronto, hay que volver al televisor, pues está a punto de
empezar otro juego, el que sea, de lo que sea. Ya habrá tiempo después
para preocuparse.

Cómprame un Ferrari

A CABO DE ESCUCHAR uno de los mejores cuentos de mi vida. En el programa conducido por la inteligente, incisiva y valiente periodista Carmen Aristegui (no recuerdo los nombres reales). Francamente, me hizo repensar lo inverosímil. Una farsa más allá de toda lógica creíble. Isaac Asimov, no se hubiera atrevido a publicar tal "bullshit".

El señor Fulanito comisiona a su gran amigo Zutanito; dado que él está muy ocupado (¿?), a que le compre un Ferrari. *¡Si, nada menos que un Ferrari!* Como si comprar esta maravilla de automóvil fuera algo cotidiano, equivalente a: cómprame una caja de Corn Flakes en la Comer. Y si se te antojan, ábrela y comete lo que quieras.

¿Qué, quien va a comprar un Ferrari, no lo escoge, con el más minucioso detalle, y lo recoge personalmente de la agencia, con todo el tiempo y emoción necesario, casi parecido al nacimiento de uno de sus bebes? Inclusive, si ya tiene varios autos deportivos en su poder, *se trata de un Ferrari*. Es una experiencia única, intransferible. Punto.

Así que Zutanito es quien estrena los *varios lingotes de oro con ruedas*. Como no. Esta es otra de las patrañas, que ya sea; los medios, los políticos, los industriales, o los licenciados defensores, pretenden que los pensantes creamos. Me siento ofendido. El insulto a nuestra inteligencia, verdaderamente no tiene límites. Nos consideran con la inteligencia de Shirley Temple (de niña).

Adicionalmente; Fulanito, *también muy ocupado en otra ocasión*, no puede irse de vacaciones en su yate con Zutanito, así que se lo presta, con todos los gastos pagados para que se divierta a costa suya.

Más aun; Fulanito, como es tan generoso y buen amigo de Zutanito, paga la colegiatura (¿eso es todo?) a uno de sus hijos en un colegio en E. U. ¡Gran filántropo este tipo! Se está pareciendo bastante a Bill Gates.

Zutanito es acusado de "enriquecimiento ilegítimo", pero su famoso abogado argumenta: si; todo parece muy raro, pero tenemos pruebas de que él es inocente. Que gusto me da vivir en nuestro México lindo y querido, es prácticamente el equivalente al cielo, aquí todo mundo es un santo. Nadie (excepto los pobres) es culpable de nada, es el paraíso de los hampones.

Estacionamientos de ensueño

EL PARQUE MUNDIAL de vehículos en 2010 se estimó en mil millones. Dado que en India, China y otros países en desarrollo están comprando automóviles al por mayor, dicha cantidad inmensa de autos tendería a duplicarse en pocos años de no ser por dos impedimentos que ya se presentaron y los cuales se agravaran en pocos años, desafortunadamente ni siquiera décadas, solo años. Es decir, probablemente durante nuestras vidas y, sin duda, durante la vida de nuestros hijos y nietos. Estas limitantes son: el calentamiento global y el agotamiento del petróleo, como los más importantes, ya que existen también otras causantes de gran preocupación.

En la actualidad, en forma cotidiana, nos quejamos amargamente con respecto a las calles, avenidas y aun de los periféricos, viaductos y carreteras atestadas de vehículos casi a todas horas, días de trabajo y festivos. Y curiosamente, es casi imposible encontrar en donde estacionar el auto una vez que logramos llegar a nuestro destino. De esta forma, los lugares de estacionamiento llenos y los periféricos también como enormes estacionamientos. Esta última reflexión me llevó a otra que será la consecuencia de los impedimentos arriba mencionados, a saber; con gran probabilidad, nuestros hijos algún día lleguen a comentar entre ellos y con sus contemporáneos; "¿Te acuerdas que padres eran los periféricos —"estacionamientos de ensueño"—, no los prefieres mil veces a pedalear esta bici? ¡Ya no se acordaran como sus padres maldecían al tránsito insufrible!

Edad crucial crítica

HÁBILES SICÓLOGOS LOS jesuitas, no cabe la menor duda. Una criatura, especialmente hasta los siete años absorbe todo tipo de conocimiento, cierto o falso, con una avidez y una certeza de su veracidad que se queda impregnada y penetrada en forma indeleble en sus tiernas neuronas, las cuales son incapaces de discernir la verdad de la mentira.

Mis hijos constituyen mi mayor satisfacción .... No los cambiaría por cualquier otra persona. Yo quiero exactamente a estos hijos. Son estupendos seres humanos en todos aspectos. Eso, especialmente en nuestro tiempo, requirió una suerte tremenda y creo que el buen ejemplo de sus padres surtió efecto positivo.

Sin embargo, curiosamente, nuestra comunicación es terriblemente limitada. Yo lo vi venir desde que eran niños de alrededor de siete años de edad. Entiendo perfecto que un adulto debe de *bajarse* a la edad de un niño para que se pueda dar una convivencia adecuada. Esto lo considero correcto en *casi* todas las situaciones cotidianas. Pero cuando alguna(s) situación(es) son evidente y rotundamente negativas, yo no creo prudente el dar el más mínimo consentimiento a tal necedad *artística/comercial* de todos los medios masivos. Y lo vi venir, porque así como cuando a un vendedor ambulante se le permite operar una sola vez, esto lo tomará como un permiso indefinido, y esto asimismo invitara a todo un batallón interminable de similares, lo cual convertirá al pobre lugar en un basurero pestilente. Los medios masivos triunfaron rotundamente. Imposible intentar un contragolpe intelectual y de buen gusto. Lograron permear en ellos el gusto por la ilimitada idiotez acústica. No tan solo tal decadente aberrante globalizada necedad, Hollywood también se llevó todas las preseas, completando el círculo de que no oír, ver y hacer. Y como si esto fuera poco, varios canales que trasmiten toda clase de deportes, todo el día, todos los días del año. Así, pues ¿qué tiempo queda para pensar, para escuchar música verdadera, escuchar el silencio, para platicar con nuestros hijos (y resto de nuestra familia), para evaluar y tomar acción respecto a los gravísimos problemas del inicio del siglo XXI?

¡Cero segundos es el tiempo asignado a dichos asuntos vitales!

Cuarta edad

EN FORMA HABITUAL, nos referimos a únicamente tres edades del ser humano. A mí me gustaría, y lo voy a hacer aquí, definir otra edad adicional muy importante, a la cual llamo la cuarta edad. Para quien la vive, sobre todo en la etapa más avanzada, es tan distintiva como la edad de un bebe. Inclusive, tiene bastante parecido; incontinencia, falta de memoria, falta de movilidad, etc. Yo, con mis setenta y siete años, veo a viejitos (aún más que yo), dando decenas de rápidos pasos micrométricos evocando una fragilidad y una falta de equilibrio pavorosa, que me provocan una lástima y tristeza indescriptible. Yo no quisiera llegar a esa lastimosa etapa.

En mi libro: *¿Qué yo no puedo? ¿De parte de quién?* comento que dado que mi padre murió alrededor de los cincuenta y cinco años y mis madre casi a los ciento tres, yo me asigno un promedio, sin base adicional matemática alguna, para vivir setenta y cinco años. Por lo que mi fin estaría ya próximo, si ese fuera el caso. Aun habiendo sufrido dos infartos cardíacos hace casi trece años, se puede afirmar que (aparentemente) mi salud es bastante buena. Mis molestias más notables son: dolor de lumbares y cansancio (mis caminatas poco largas son cada día más agotadoras), pero fuera de eso, no me puedo quejar, en absoluto. Sin embargo, si me gustaría vivir un poco más, pero no más de X (¿cómo saberlo?), contando con mi querida familia y con nietos nuevos arribando. Cuando ya dicha situación se convierta en una verdadera molestia drástica para el anciano y para sus demás familiares, pienso que debería existir, como en todo buen diseño, un "apagador de emergencia".

Uso maligno a todo invento

LA TERCERA LEY de Newton dice que *cuando una fuerza actúa sobre un cuerpo, éste realiza una fuerza igual pero de sentido contrario.* A este principio le encuentro cierta similitud con este otro, el cual acuño en este momento, como *la primera ley de invenciones humanas*, como sigue: *a todo invento novedoso/útil, algún tipejo encontrará la forma de darle un mal uso, destinado específicamente a dañar y/o vulgarizar tal avance imaginativo.* En este caso, desafortunadamente la fuerza dañina no es igual a la creativa, es desproporcionadamente mayor, como se puede ver con claridad en las siguientes muestras:

La internet, este gran invento que potencialmente puede educar a niveles imposibles e inimaginables hasta recientemente, se encuentra repleto de pésimos ejemplos que dañaran a multitudes enormes de niños, jóvenes y adultos incapaces de discernir lo que es correcto y lo que no lo es. Mentes creativas que pudiesen imaginar importantes innovaciones, son utilizadas para dañar a millones de desconocidos, es decir, dañar por dañar, así como cazar por cazar. ¿Por deporte? ¿Homo *sapiens*?

La mercadotecnia, inventada para promover ventas de productos, en principio, se antojaría como algo útil al comercio. Llevado al extremo actual causa, por lo menos a mí, enormes molestias auditivas e intelectuales. La absoluta falta de imaginación, enfermarte monotonía, repetición y vulgaridad de la enorme mayoría de las *pausas*, me provoca nauseas.

El televisor, ni se diga, otra maravilla para la educación, tan indispensable en nuestro mundo, es miserablemente desperdiciado. Y ojala solo fuera eso, es utilizada para mal educar, mal informar y para promover la venta irracional de todo producto, esto es, hasta que *el destino nos alcance*, lo cual ya no está muy lejano. ¡Hay hijos y nietos, no se le olvide!

La música es uno de los peores perdedores, ya que de haber logrado llegar a niveles de grandeza armónica, melódica, contrapuntual y rítmica en donde únicamente virtuosos podían ser capaces de su ejecución, ahora, a cualquier patán mugroso, contando únicamente con una guitarra eléctrica, escasa o nula educación musical y cualquier tipo de voz lo convierten, al vapor, en estrella que llena estadios y vende millones de CD's. ¡Qué tristeza!

Limpieza corporal

DADO QUE EL humano es uno de los seres más sucios que existen. No me refiero al lugar en donde vive o a cómo está dejando al planeta tierra de contaminado. Me refiero al cuerpo humano en sí. Aparte del indispensable baño diario, aquí me atrevo a sugerir dos cuidados especiales.

Empecemos por la boca. Sabemos que la boca contiene millones de bacterias, las cuales se multiplican especialmente por la noche. La recomendación de los dentistas es la de cepillarse la boca al levantarse, incluyendo la lengua y los cachetes. Creo que es una excelente idea. Yo agregaría que es indispensable utilizar un lavado mediante un *Waterpick* después de cada comida. La cantidad de residuos que remueve es impactante, el cepillo por sí solo no es suficiente.

Ahora pasemos al otro extremo de la boca. El llamado papel higiénico, es todo menos higiénico. Claro que es mejor que cualquier otro tipo de papel, pero higiénico definitivamente no lo es. Sin duda limpia, pero muy deficientemente. Yo sugiero, a la persona que quiere la mejor limpieza posible, *"que vaya al baño"*, inmediatamente antes de bañarse. De tal forma, *sin utilizar papel alguno*, el agua y jabón limpiaran la parte sucia, de la mejor forma posible. De seguir tal sugerencia, dicho papel únicamente lo utilizarían las visitas (que no leyeron o no se interesaron por esta recomendación o bien para *emergencias*, lejos de su baño particular.

El ser más desagradecido por excelencia

CONSIDEREMOS TODO TIPO de inteligencia, desde un virus hasta el Homo sapiens. Si, ya sé que un virus tendría una inteligencia sumamente escasa, cuando mucho. Sin embargo es un ser (casi) *viviente* y por tanto lo considero para este análisis. De los millones de especies de animales que existen más los billones que han existido en el pasado, la única evidencia de inteligencia con la que contamos es la de nuestra civilización actual a partir de ancestros salidos de África y progresivamente avanzando en conocimientos, ciencia y tecnología. Pero dicho avance, que podría y debería reflejarse en un *mundo feliz* (pero sin el soma incorporado en la novela de Aldous Huxley del mismo nombre). Pudiera ser (habría que intentarlo) que dicha civilización se acercara a una utopía la cual no debería eliminar ni descuidar a la familia, la ciencia, etc., pero sí que se centrarse en eliminar las guerras y la pobreza.

La ingeniería genética ha logrado mejorar muchas razas de animales y plantas. El ser humano, maravilla de la evolución, pero sin embargo, física e intelectualmente sumamente imperfecto, debido a cuestionamientos éticos no ha sido posible, ni deseable, la eugenesia; como todo acto humano, sería absolutamente parcial, injusto y malévolo. La realidad es que el homo sapiens está en curso de colisión con posibilidades serias de su autodestrucción. Ha demostrado, una y otra vez, que es incapaz de formar y mantener un mundo justo y sustentable. Resulta un fracaso incluso para su propia especie. Dado este hecho, es lamentable que la única posible opción, la mencionada eugenesia, no pueda ser una opción real. De alguna forma habría que mejorar a este destructor/predador por puro gusto.

Que el único ser conocido en el cosmos, con capacidad de descubrir los secretos del universo, voluntariamente prefiera desperdiciar su tiempo viendo, oyendo y haciendo todo tipo de necedades, es verdaderamente una actitud desagradecida por excelencia.

Business as usual

"**B**USINESS AS USUAL", es un término que quiere decir: "negocios día con día (sin cambios bruscos en su forma de operar)". Para el mundo en su totalidad, a pesar de la multitud de cambios abruptos que el planeta está ya experimentando, algunos países como China e India ahora quieren vivir al estilo del "sueño americano"; aparentemente nada malo en eso, excepto que ya están muy fuera de tiempo. Lo único que van a lograr, es que "el futuro nos alcance", a todos los habitantes del planeta, mucho más rápido. Es decir, el mayor *predicamento* que nuestra especie va a experimentar, lo vamos a recibir *en segunda velocidad*, (en los autos, es la velocidad de mayor potencia). No se podía esperar gran cosa de los países más poblados de la tierra, desbocados en su inmensa población y su crecimiento, ahora, se les ocurre también intentar vivir, para servir a las grandes empresas multinacionales, en manos de pocas familias de avaros maníacos insaciables, guiadas por empresarios inconscientes. Nos encontramos en un planeta *manejado* por; (políticos, empresarios, gobiernos, iglesias, etc.), con capacidades —*I.Q.*— de "mentes adolescentes" (a lo mucho), que como mostraban algunas películas antiguas, cuyos intérpretes principales eran; "rebeldes sin causa", dos autos se lanzaban a máxima velocidad hacia un precipicio y el último que saltaba no era "chicken" (cobarde). El equivalente moderno de esos patanes, a nivel global, son dichos países, los cuales aparentemente empataran ("¡valientes!"), ambos se irán directo al precipicio, junto con el resto de la humanidad.

Agotamiento del petróleo (Peak oil)

HEMOS LLEGADO A la producción mundial máxima del petróleo (tradicional). De ahora en adelante, la escases se agravará día con día hasta que se extraiga la última gota posible. En todos los yacimientos quedará muchísimo petróleo, pero su recuperación será incosteable.

Resulta increíble que a mí y a nuestros contemporáneos nos haya tocado vivir en la época en que dicho evento, único en la historia de la humanidad se convierte en una realidad. Dicho regalo de la naturaleza, de única vez, permitió un avance, asimismo único de la ciencia. Sin un combustible con las características del petróleo, el progreso futuro, con toda probabilidad, no será comparable al hasta ahora logrado. La manufactura de todo lo posible y necesario, será local y la mayoría hecho a mano. Hay que ir olvidándose de todo tipo de máquinas y equipos de fabricación robotizada, en el futuro cercano. Fuimos testigos de su maravillosa tecnología y desempeño original, pero versiones aún mejores ya no serán posibles. La interesantísima aventura espacial, hay que despedirla con algunas lágrimas.

Los gobiernos están, por supuesto, al tanto de este predicamento, pero son incapaces de actuar. Cuando nos explote el problema en la cara, a los políticos que les toque, que enfrenten el problema como puedan. Los economistas, industriales, banqueros y medios masivos, comandados por intereses multinacionales oscuros, absurdamente confiando en que el crecimiento puede continuar indefinidamente, aún sin petróleo, quieren de igual manera continuar explotando todo lo explotable, hasta que el conjunto de hechos críticos ya no se puedan seguir escondiendo.

Yo, ya voy de salida. He optado por adentrarme en el conocimiento del predicamento más grave que la humanidad habrá de enfrentar, en vez de ignorar, como casi todo el mundo lo hace, esperando que desaparezca, por arte de magia. Este conocimiento, me ha causado muchas noches de insomnio y peor aún, gran tristeza. Dado que no nos hemos preparado en lo más mínimo para la transición; lo más probable, es que será caótica, desordenada y violenta. ¿Qué será de mis hijos y nietos?

El predicamento

LA PALABRA *PREDICAMENTO,* no es una palabra muy utilizada, y no es equivalente, de manera alguna, a la palabra *problema,* por lo que creo que sería conveniente definirlas. Un problema, es alguna situación anómala que tiene solución. Un predicamento no tiene solución, solo tiene consecuencias que aparecerán, sin que puedan "solucionarse", ni evitarse. Cuando los temas relacionados son de la magnitud de: la sobrepoblación mundial, el calentamiento global, el deshielo de las masas de polares, el cual causara inundaciones en numerosos países, el agotamiento de las especies marinas (así como las terrestres), y ahora con la inminente escases del petróleo, cada uno de estas situaciones en sí, tremendamente difíciles de "resolver", todas juntas constituyen EL PREDICAMENTO que tendrá que afrontar el Homo sapiens, en un futuro cercano, en toda su magnitud.

Todos somos culpables, pero en diferentes grados. Nadie sabe cómo o cuándo se disparará explosivamente. Pero no hay duda de tendrá consecuencias globales, que no será muy lejano, y que los viejos tiempos ya no volverán jamás. Entre otras causas, porque ya nunca más habrá petróleo. La agricultura —aparentemente una bendición—, fue en extremo mal utilizada, en aproximadamente diez mil años, ha puesto en grave peligro de extinción a la raza humana. Por supuesto que esta fue solo el inicio del desastre. Los ingredientes adicionales claves resultaron ser: la falta de inteligencia, el egoísmo y avaricia del Homo sapiens (¿?), en particular de los empresarios, políticos, gobiernos e iglesias que se unieron para promover un crecimiento sin límite, hasta lograr agotar los recursos del limitado planeta. Asimismo, la inmensa parte de las sociedades, colaborando y enriqueciendo a dichas mafias, entramos con gran alegría, al consumismo irracional, con el impulso imparable de los "comerciales" y las *pausas,* que enloquecen a la gente para que gaste, lo que tiene y lo que no.

Cartas enviadas a posibles contactos relacionadas con mi libro: Deluxe Chimp

V AYA DECEPCIÓN QUE me causaron mis presuntos contactos para que me proporcionaran su opinión sobre mi libro: *Deluxe Chimp*. Desde luego, puede haber sucedido que no lo hayan recibido, aunque el correo de E.U., es bastante confiable. Cada libro iba acompañado de una carta personalizada. ¡Estoy hablando de veinticinco cartas! De estas hubo una cuya dirección estaba equivocada (la tome de la Internet). Ha habido tres personas —Dennis Meadows—, quien si mostró una educación fundamental, y a quien le agradecí y agradezco su fino gesto, Flip Manne y Ann Druyan que si me contestaron.

Las razones para que me hubieran ignorado son múltiples, ya descontando la falta elemental de cortesía, como pudieron ser;

El exagerado concepto de rompimiento de su privacidad. Estoy totalmente de acuerdo de cómo nos inundan con anuncios, folletos y propaganda de todo tipo, muchas veces al día. Pero si en esta ocasión recibieron un libro editado correctamente y con diversas ideas interesantes (para mí, por lo menos), ¿cuál era el problema en mostrar su aceptación o su refutación al (los) argumento(s) de probable discordancia, mediante la contestación a una amable carta incluida? Vaya, sin ir tan lejos, un simple email diciendo "Thanks", punto.

¿Pudiese ser que soy un escritor totalmente desconocido?

¿Ser Mexicano?

¿Qué no tengo algún PhD? Indudablemente que un PhD, demuestra ampliamente una amplia capacidad intelectual, sin embargo; existimos millones de escritores que no hemos intentado o logrado tal merito, y no por eso, nuestras ideas y conceptos carecen de valor. ¡Por supuesto que no!

¿Tal vez, es que presento una hipótesis descabellada? Pues bien, entre otras cosas, ¡para eso es la ciencia! Háganme notar porque no es digna de una prueba amplia y suficiente, como cualquier hipótesis.

¿A algunos recipientes les habrá molestado la postura de nuestra ancestral hermandad con los simios, desde la misma portada del libro?

¿A algunos recipientes les habrá molestado mi insistencia en que 9/11, es evidentemente y demostrablemente un trabajo interno, y se niegan a aceptarlo?

¿Dados los muy diversos temas que presenta mi libro; Jazz, inteligencia, 9/11, ateísmo, anti-semitismo (¿solo por mencionar: "Los Protocolos de los Sabios de Sion"?), y ataque frontal a la "música" moderna, si alguno(s) de ellos no son de su mismo criterio, es motivo para no contestar una carta?

Las veinticinco cartas fueron enviadas a las siguientes instituciones o personas: American Atheist Center, Atheist Alliance International, Jane Goodall, California Institute for the Preservation of Jazz, Luis Alberto Machado, National Association of Science Writers, The Richard Dawkins Foundation, Post-Carbon Institute, Architects and Engineers for 9/11 Truth, James Howard Kunsler, Niels H. Harrit, Graeme McQueen, Berklee College of Music, Origins Project, Professor James Linahon, Division of Jazz Studies, Steve Weist, International Trumpet Guild, Donella Meadows Institute, David Chandler, James H. Fetzer, Daniel Dennet, y Sam Harris.

La intención de la carta era la de que me ayudaran a promover mi honda preocupación por la herencia que les estamos dejando a nuestros hijos y nietos, un predicamento, sin igual en la historia de la humanidad, debemos todos unidos, como planeta, por lo menos, intentar reducir las tremendas catástrofes para nuestros descendientes —no estamos hablando de futuros desconocidos—. Pero desgraciadamente, no hubo la respuesta esperada, no existe entre estos recipientes (así, como con la mayoría del resto de la población mundial), la menor preocupación, ¡que alguien más se preocupe y lo sufra!

"Eppur si muove (Y sin embargo, se mueve)"

ESTA GRANDIOSA FRASE pronunciada por *Galileo* cuando la *"Santa" Inquisición*, lo obligo a retractarse de su visión heliocéntrica, me vino a la memoria, con una claridad asombrosa durante mi reciente viaje a Santiago en Chile.

Estando yo recostado en un confortable sillón, escuchando música, en el departamento de mi hijo Rodrigo, me percate con gran satisfacción de compartir el hallazgo de *Galileo*, al poder constatar que teniendo cuando menos tres características: paciencia, una referencia fija y deseo de investigar, se podía y se puede concluir; (*y sin embargo), se mueve* —algo— ya sea la tierra, o la "esfera celeste". El determinar cuál de los dos, eso es otro asunto, digno de una estatura como la de *Galileo*.

Noté que una estrella, al cabo de aproximadamente hora y media, desaparecía detrás de un edificio alto. Asumiendo que yo no conociera los movimientos de rotación y de translación de la tierra (como en los tiempos de *Galileo*), mi primera deducción hubiera sido: algo se mueve en sentido hacia el Este. Al efectuar la misma observación la noche siguiente, note algo adicional. Al ir desapareciendo la estrella oculta por el edificio alto, no ocurría en el mismo lugar, —existía un desplazamiento hacia la izquierda (el Sur) —. Durante las dos semanas que permanecí en Chile, goce dicho espectáculo y comprobé, por mí mismo, la forma en que este hecho debe haber sido descubierto por los antiguos humanos que hubiesen tenido los tres atributos arriba mencionados.

Universo de polvo

E L POLVO ES una de las sustancias más molestas, incómodas, sucias y omnipresentes en toda mesa, recamara, casa, etc., excepto en toda nube de polvo en donde nacen las estrellas. De las múltiples preguntas que me hago respecto a Dios, una de las más preocupantes e insistentes se refiere a: ¿por qué creo al universo y al ser humano mismo (a su imagen y semejanza) de polvo? Hay que recordar que en inglés, polvo (tierra) se traduce como *dirt*, es decir, sucio, el cual, sin duda, lo es.

¿Qué la tabla periódica de Mendeleiev es la única tabla posible en éste y en otros universos? Si, ya sé que el polvo, no es un elemento químico, como tal, pero me imagino que Dios (si es que existe) podría crear un tipo de polvo con otras características que lo hicieran limpio, o bien otro material de "buena calidad".

Tiro al blanco

INFINIDAD DE VECES, me he preguntado; ¿Qué es lo que parece ser que le agrade más a Dios?, ¿si es que existe? Creo que me acaba de llegar un "flashazo" de lo que pudiese ser. Dado que es evidente, que el Homo sapiens, no es lo mejor de la creación, el ser humano no parece estar en su lista de preferencias. Existen más de doscientas mil especies de escarabajos, ¿podría entonces pensarse en un ser "coleopterista"? La variedad de bacterias y viruses es descomunal, ¿sería pues un ser interesado en los animales microscópicos?

¿Podrían ser las galaxias, nebulosas, agujeros negros, cometas, planetas y asteroides? Porque el número tendiente al infinito de éstos podría ser un indicio de su mayor preferencia.

Creo que encontré eventos que parecerían los más gustados por un ser supremo, dada su frecuencia y espectacularidad en el cosmos. En estos días pasados, un meteorito, o más bien sus restos chocaron contra la tierra. Se tiene registro de otros muchos otros, incluyendo el que dio término a los dinosaurios (sesenta y cinco millones de años atrás) en Yucatán y otros varios. El cráter en Arizona es otra gran muestra de los efectos que causan. Mercurio, la Luna y otros satélites son clara evidencia de la cantidad de colisiones que han ocurrido en el pasado.

No se puede predecir cuándo sucederán más colisiones, pero si se puede definir con certeza que ocurrirán incalculables más choques en el futuro. Hace pocos años varios fragmentos de un cometa chocaron contra Júpiter (¡Qué suerte para la tierra!). El cinturón de asteroides entre las órbitas de Marte y Júpiter contiene millones (¿billones?) de proyectiles viajando a tremenda velocidad. Podemos constatar que las galaxias chocan y se distorsionan. Cada agujero negro en cada galaxia, atrae hacia su centro toda la materia que entra en su campo gravitatorio. Me atrevo a definir al cosmos como a; una galería de tiro, de dimensiones infinitas (o por lo menos ilimitadas) que contiene una inmensidad de proyectiles de todos tamaños girando y viajando a enormes velocidades; elementos muy adecuados para producir incontables colisiones espectaculares. Los agujeros negros y las supernovas, son ya de varios niveles de magnitud de destrucción, aun mayor que los arriba mencionados.

Esto me lleva a pensar: ¿de existir Dios, sería un Ser creador o más bien destructor?

Los infinitos

TURNO DE PENSAR en Cantor y *sus* infinitos: siendo yo un matemático graduado, tome "infinidad" de cursos con respecto a diversas áreas del amplísimo ámbito mencionado, pero nunca, se me habló en curso alguno, respecto al *infinito* (∞), es decir, en su esencia. Referirse a este término enigmático resultaba pérdida de tiempo, pues aparentemente no había mucha utilidad en su conocimiento. Pero en las ciencias, temas que en el presente no se les ve uso alguno, en el futuro se les descubre una utilidad inesperada (por ejemplo, la geometría, no Euclidiana de Riemann utilizada por Einstein), o bien sencillamente, por su estudio mismo (matemáticas puras).

Pero entrando en dicho tema, nos enteramos de asombrosas, inesperadas, y algunas veces conclusiones francamente paradójicas. Pudiesen existir varios infinitos como, por ejemplo; el tiempo, el espacio y el cosmos, pero en matemáticas ya se han definido, hasta el momento tres infinitos, en cuanto a sus tamaños relativos. El gran matemático Georg Cantor descubrió que existen diferentes "tamaños" de infinitos; de menor a mayor: el número de todos los enteros y fracciones, el número total de puntos geométricos en una línea, cuadrado o cubo y el número de todas las curvas geométricas, a los cuales les asignó la letra hebrea $\aleph$ (aleph) con subíndices 0,1 y 2, respectivamente. Nadie ha encontrado un conjunto de elementos de mayor magnitud.

Como ejemplo de la rareza del concepto infinito, propongo esta pregunta: ¿Cuál es mayor; el conjunto infinito de números pares, o el conjunto infinito de todo los números enteros (pares e impares)? La respuesta evidente resulta: pues el conjunto de todos los pares más los impares. La única forma de medir estos conceptos es el comparar unos cuantos, para ver si existe una relación uno a uno, la cual pueda indicar que dicha relación puede extenderse hasta el infinito. De tal forma, comparemos la relación uno a uno de las entidades arriba mencionadas:

1	2	3	4	5	6	7	8	9	10	etc.
$\updownarrow$	$\updownarrow$	$\updownarrow$	$\updownarrow$	$\updownarrow$	$\updownarrow$	$\updownarrow$	$\updownarrow$	$\updownarrow$	$\updownarrow$	
2	4	6	8	10	12	14	16	18	20	etc.

Esta comparación nos lleva a la insospechada conclusión de que dichos conjuntos contienen exactamente la misma cantidad de elementos, lo cual resulta asombroso. ¡Así de desconcertante resulta el indagar respecto al infinito!

Forma incorrecta y forma correcta de formar pasión

G ENERALIZAR MUY FRECUENTEMENTE lleva a conclusiones equivocadas. El ejemplo en cuestión se refiere sencillamente a que yo me dije y pensé; "si yo pude apreciar la belleza de la buena música, mis hijos también lo podrán realizar", y ahí lo deje. Uno de los errores más graves de mi vida, dada la pasión que yo tengo por la buena música, fue el pensar que ellos, por si mismos, escuchando la música que yo escuchaba se iban a "enamorar de ella", como me sucedió a mí. Craso error, el solo hecho de que en su casa se escuchara "lo que vale la pena", evidentemente no fue suficiente, era necesario vencer la tremenda inercia de los medios masivos y el devastador ejemplo de los amigos, que en resumen fueron y son, lo que verdaderamente cuentan en los gustos de toda la población mundial. La guía para escoger que oír es dictada exclusivamente por: "lo que acaba de salir" y cual disco se vende más. Ese es exclusivamente el parámetro de selección. La calidad, no tiene la menor oportunidad de que sea seleccionada. Una situación que considero especialmente funesta y rematadora fue una tía llevándolos a la escuela, en donde los alentaba a que se aficionaran a dicha "cosa", lo cual logró con creces.

Diego, mi nieto, acaba de comentar: "que algún día él jugará en un gran estadio". Mi hijo Octavio me acaba de dar una elección elemental, obvia y básica, la cual yo no aplique y por lo cual sufrí y sufro las consecuencias. Hay que estar alentando al niño a lo que el papá quiere que le guste a su hijo, mientras más histriónico y apasionado, mejores resultados se alcanzarán.

Aunque realmente no tiene importancia, pues si uno ya no está vivo, lo que suceda es irrelevante, sin embargo me hubiera fascinado que "los tesoros" —oro molido—, que he coleccionado durante toda mi vida, no terminen en algún basurero, lo cual me temo que así será.

Hijos y nietos, presumiblemente serán absolutamente ajenos a la buena música, refiriéndome, por supuesto, a ambas, Música Clásica y al Jazz, siendo éstas una de las tantas áreas indispensables que una persona culta debe conocer, tenerles aprecio y gozar.

Mi intervención en 9/11

P OR NATURALEZA, ME gusta meterme lo más profundo que me es posible a lo que considero importante en esta vida. Así lo hice con: el Jai Alai, la Computación, la Lectura Científica, el Jazz, la Escritura de Relatos y Novelas, y después con el involucramiento importantísimo en el predicamento humano; (crecimiento poblacional, agotamiento del petróleo, calentamiento global, agotamiento del agua y de todos los recursos naturales, etc.). Otro hecho de vital importancia, que a muy pocas personas les interesa, es el crimen tremendo de septiembre 11 de 2001, que no solo afecto a E.U. sino a toda la humanidad, dadas sus graves implicaciones. Desde la primera vez que vi, en vivo, lo sucedido el 11 de septiembre de 2001, había infinidad de eventos absurdos, ... pero había que esperar que indicaban las investigaciones correspondientes, esto es, suponiendo que no estuvieran manipuladas.

Algunos de dichos hechos fueron: el segundo edificio afectado por el choque del aeroplano, se derrumba antes que el segundo, poco más de una hora después del impacto. El edifico es destruido convertido en polvo y claramente se ven objetos volando a gran velocidad y a gran distancia. No quedó una sola viga completa en pie, y se ven algunas pocas, casi a nivel de piso y con cortes perfectos a 45 grados de inclinación (¿también causado por fuego?).

Por lo tanto, se me ocurrió ofrecerme como traductor (sin cobrar, por supuesto). Me mandaron un artículo pequeño (30 líneas), para probarme, me supongo. Al día siguiente me mandaron dos artículos bastante más grandes, los cuales los traduje en dos días y los envié. Dado que yo me enteré de que para el doceavo aniversario del crimen (9/11/2013), en cincuenta ciudades en varios países del mundo se colocarían espectaculares para insistir en que cada vez hay mayor cantidad de personas que desean que la verdad se conozca. Así que yo pregunte que quien estaba en la coordinación en la Ciudad de

México, a lo que no me contestaron en ese correo. Sin embargo, en un correo posterior, me ofrecieron dicha coordinación (informalmente), comentándome que alguien se comunicaría conmigo para ofrecérmela oficialmente. Como pasaron varios días sin contacto alguno, yo escribí un email señalando que me parecía muy raro lo que parecía ser una descortesía y muy poco interés de su parte.

Recibí contestación pidiendo una disculpa, en donde se me comentaba que estaban rediseñando (reduciendo) sus planes, debido a falta de fondos. En conclusión: en vez de cincuenta ciudades, solo se llevarían a cabo en once y todas ellas en donde se habla inglés.

Interesado en ayudar de alguna manera e interesado en conocer si la prohibición de dicho tema también aplicaba a México, le mande a Carmen Aristegui y a Sergio Berlioz (ver abajo) una carta solicitándoles que lo comentaran en alguno de sus programas. Con respecto a Carmen Aristegui, es la segunda y última vez que le envió carta alguna, a las cuales no he recibido contestación alguna. Al Sr. Berlioz le escribí en alguna ocasión y si recibí contestación, pero no en esta ocasión.

Dado que no recibí contestación alguna de ninguno de los dos locutores, ni escuche en alguno de sus programas, ni en otros espacios, absolutamente ningún comentario respecto a 9/11, concluyo que si existe una prohibición aquí en México, para tratar tal crimen. Vaya fuerza de esa coalición de gobiernos, empresarios, medios de comunicación, bancos y similares.

RADIO RED
Programa: BIBLIOTECA PUBLICA
Att'n. Estimado maestro Sergio Berlioz:

Agosto 11, 2013

El 11 de septiembre de 2013, se cumplirán doce años del ataque terrorista (de ninguna forma árabe, pero si perpetrado por el gobierno de E.U.) a las torres gemelas y al edificio 7 (que muy poca gente sabe que también fue demolido la tarde de ese mismo día).

¿ Sabía que una 3ª torre cayó el 11 /09/2001 ?

ANTES

DESPUÉS

World Trade Center Building 7 (WTC7)

El Edificio 7, no fué golpeado por ningún avión y colapsó en caída libre al cabo de 7 horas, una vez derrumbadas las Torres Gemelas ▶

ReThink911.ORG
La evidencia podría sorprenderte

2000 expertos piden una investigación independiente en relación con la destrucción de las Torres y el Edificio 7.

ARCHITECTS & ENGINEERS for 9/11 TRUTH

A mí, la teoría de terroristas árabes, la forma de los derrumbes uniformes a tremenda velocidad (caída libre) de las torres gemelas, además de el edificio 7, mediante orden de demolerlo del tal Silverstein, cero interceptores en la escena por casi dos horas, e innumerables otras burdas explicaciones, desde el primer día me dejaron serias dudas. Pero me dije, que investiguen y a ver a que llegan. Todos los escombros metálicos cortados a una medida muy conveniente para transportarlos en camiones y posteriormente embarcarlos rumbo a China, fueron rápidamente retirados, precisamente para evitar una investigación seria. La cantidad de inconsistencias es literalmente interminable.

Hace tiempo que me he interesado en ayudar al movimiento fundado por el arquitecto Richard Gage (9/11 Truth). Finalmente encontré la forma como traductor de artículos científicos probatorios.

El plan reciente del arquitecto Gage era, como uno de las acciones principales, que en cincuenta ciudades en E.U., Canadá, Europa,

Australia, etc., el desplegar espectaculares (como el que muestro arriba). Durante todo septiembre espectacular(es) se exhibirá(n) en Times Square, N.Y.C. Yo les escribí, levantando la mano y me invitaron y propusieron para que yo coordinara dicho evento en la ciudad de México. Desgraciadamente, hubo cambio de plan, seguramente por falta de fondos, por lo que únicamente se llevara a cabo este evento en once ciudades (en donde se habla inglés), por lo que ya no será posible presentarlo a la vista en México.

Este desmedido crimen, si se deja sin castigo, como los *tres* asesinatos de los Kennedy, continuará dando impunidad al grupo de poder para atacar y robar los recursos naturales de *cualquier* país, nadie estará a salvo.

Sin embargo, yo me quedé pensando en lo que si se podía hacer aquí, y se me ocurrió acudir a algunos medios de comunicación, si es que no están maniatados como en E.U., es por eso que le escribo, para saber si le interesa ser el primero en dar a conocer esta noticia que pudiera abrir los ojos y mentes de los mexicanos. ¡Cómo me gustaría, y que provechoso seria, conocer lo que usted y sus acertados comentaristas realmente piensan al respecto!, ya que este tema tiene toda sospecha, o llamado por su nombre; certeza de estar vedado en E.U. y al parecer, asimismo en México.

Contar manzanas y naranjas

A CORTA EDAD, A los niños se les enseña que no se pueden sumar manzanas y naranjas, debido a que no son objetos similares, indicándoles que su apariencia, color, textura, semillas, sabor, etc. son muy diferentes, así enseñándolos asimismo a comparar. Una vez que un niño sabe cómo comparar, está listo para que, sin mayor ayuda, excepto que le muestren como (no) se *derrumbaría* un edificio por causa de fuego y como se destruyen los edificios mediante explosivos. Una vez vistos tales ejemplos, un niño normal pueda determinar, con toda certidumbre, mediante la comparación de las imágenes respectivas, que método fue utilizado para destruir los tres edificios el 9/11. ¡Así de simple y contundente! Y no me asombraría, que aun un chimpancé, pudiera aprender muy rápidamente tal sencilla comparación.

Dada la burda planeación criminal —literalmente en cada acción realizada—, se cuenta con una infinidad de pruebas contundentes irrefutables, las cuales únicamente las personas que voluntariamente se ciegan ante la verdad, se niegan a aceptar. El creer que su gobierno es incapaz de realizar dichos actos, resulta además que son poco conocedoras de la historia, y además muy ilusos, ya que actos terribles similares, (casi) todo gobierno del mundo los ha llevado a cabo, cuando así le ha convenido.

Por último, si el método científico demuestra inequívocamente los hechos, y la curiosidad de un niño concuerda en certificar que la destrucción idéntica de los tres edificios, fueron causadas por las explosiones controladas de explosivos, me da la esperanza de que, ya más tarde que temprano, pero durante mi vida, me toque ver que todos los criminales son juzgados y condenados. Cualquier condena, inclusive la pena de muerte, resultaría minúscula comparada con el terrible daño que realizaron. Ya es hora de que la historia cuente los eventos como sucedieron, no como mentiras, no creíbles ni para un niño de ocho años.

Epitafio

E SE DÍA EN particular, escuche un programa radiofónico (el
que mi esposa escucha los domingos), en donde se habló sobre
la muerte y algunos epitafios interesantes o graciosos, por lo que no
fue raro que yo pensara el epitafio que me gustaría, con el que yo fuera
recordado:

Con capacidad de asombro: exploró y gozó lo extraño, complicado,
bello, verdadero, científico, alegre, sublime y notablemente impopular.

La Tolerancia

EXACTAMENTE ARRIBA DE mi aparato de alta fidelidad inglés Leak (de bulbos, por supuesto), el cual me ha brindado más de cuarenta años de gozo musical intenso, está colocado un letrero que dice literalmente: "Exclusivamente, aquí tocan los virtuosos más grandes del mundo". A la computadora que está en el mismo cuarto, mi estudio, le llegan a mi esposa diariamente una cantidad de correos enorme, videos, prácticamente todos con música moderna, por supuesto. Al recordarle a mi esposa acerca de mi letrero, ella contesta: "no tienes tolerancia".

Pocas cosas pueden tener más verdad que el comentario a continuación; *en la mayoría de los casos, la tolerancia permite que un pequeño problema, se convierta en un problemón, el cual es extremadamente difícil de resolver.* Ya hace mucho tiempo, fue momento de parar esta absurda idea de tolerar, lo que resultaba intolerable. Hay que gritar, rebelarse, enojarse, en contra de este concepto totalmente equivocado.

Los siguientes ejemplos dan constancia de tal aseveración:

Toleremos asentamiento de un maestro en el zócalo e invadirán la totalidad del mismo, sus calles aledañas, el periférico, el aeropuerto y las principales avenidas.

Toleremos asentamiento de un vendedor ambulante en el zócalo, el metro o en cualquier calle o avenida e invadirán la totalidad del mismo.

Toleremos que alguna escuela no sea laica y ahí se enseñara creacionismo y "diseño inteligente" en vez de evolución. ¡Si esto continua, no tardarán en querer enseñar astrología al lado de astronomía! Asimismo, ahí se les enseñara a los niños a creer fabulas que no tienen evidencia alguna de ser verdaderas.

Toleremos a los partidos políticos, gobiernos ineptos y voraces y a su política que cada día se torna más dañina para los ciudadanos. Cada vez ricos mucho más ricos y muchos más pobres en hambruna y la clase media cada vez más reducida, es el resultado palpable.

Toleremos modas para que sus constantes cambios, a las prendas *de marca,* enriquezcan aún más a los empresarios, dueños de cadenas interminables, para que la gente que no piensa gaste lo que tiene y lo que no.

Toleremos el daño ambiental que está cambiando el clima terrestre, hasta que la naturaleza se torne indomable en extremo, hasta el punto de que las placas congeladas en la Antártida se derritan y causen inundaciones de varios metros de altura en varios países.

Toleremos el agotamiento del petróleo y todos nuestros recursos no renovables, para que nuestros hijos y nietos solo conozcan dichos productos en fotografías.

Toleremos la extinción de toda la fauna en tierra y mar, y flora para que las cadenas alimenticias se colapsen con resultados insospechados.

Toleremos el tratamiento cruel que se les da a los animales que nos sirven de alimento, al fin que *ellos, ni sufren, ni tienen derecho alguno.* Todos los derechos existentes pertenecen a *nosotros*, quienes somos muy diferentes a ellos. Dios mismo nos dio ese derecho. ¡Vaya falsedad!

Toleremos el crecimiento ilimitado de población hasta que se produzcan varias condiciones extremas que reduzcan la población a niveles sustentables. Dichas condiciones serán extremadamente dolorosas, crueles y masivas.

Toleremos el crecimiento de ciudades en donde residen veinte millones de individuos hasta que sus problemas —falta de agua y liberación de basura, entre otros—, las vuelvan invivibles.

Toleremos la inexistencia de la "Cero tolerancia" para que cada individuo mal educado, haga lo que le venga en gana, y destruya lo que le parezca, sabiendo que no tendrá ningún castigo.

Toleremos las drogas (no controladas) y el crimen organizado ya se esparció en gran parte del planeta.

Toleremos a los gobiernos que les permiten a los bancos extranjeros cobrar comisiones exorbitantes y lavado de dinero. Efecto: ¡robo en despoblado!

Toleremos la comida chatarra, sin control, y la población mundial cada vez tendrá más personas obesas.

Toleremos la destrucción ecológica y nos quedaremos con acero y concreto por todas partes, carreteras y calles asfaltadas abandonadas, suburbios incomunicados y centros comerciales supermercados gigantescos vacíos. Sin petróleo, ni algún suplente en mente —ni en calidad, ni en cantidad necesaria—, esto, tristemente, es el previsible futuro resultante de tal irresponsabilidad.

Toleremos el *crecimiento infinito*, que siempre se está buscando, en un planeta *finito* y como dijo Sir David Attenborrough: "el crecimiento infinito solo se le ocurre a un economista o a un loco".

Toleremos la anti-música y como sucedió desde los años sesenta, jovenzuelos mugrosos sin conocimientos musicales, ni estudio, llenan salas y espacios gigantescos debido a que ya se bombardeó, desde temprana edad a niños, quienes es lo único que han oído y por tanto ya se aficionaron a dicha basura.

Etc., etc., etc.

La tolerancia proporciona una especie de retro alimentación positiva, es decir se vuelve incontrolable en forma muy rápida. El Dr. Bartlett explica en un video "que el más grave problema que tiene el ser humano es su falta de comprensión del crecimiento exponencial". Yo me atrevería a sugerir que la tolerancia es el segundo problema más importante.

Instrumentos musicales, valen bolillo

¿CÓMO? ¿QUÉ NO forman parte del acervo intelectual, a partir de los grandes compositores polifónicos, quienes dejaron obras inigualables para la posteridad? Pues, no, ya no lo forman.

¿Qué no son una ayuda invaluable para el aprendizaje no solo musical, sino además para varias otras disciplinas, desde la niñez, según lo demuestran varios estudios en varios países del mundo?

¿Qué no proporcionan una fuente inmensa de placer auditiva para los ejecutantes, así como a todos los que los escuchan?

¿Qué no fueron inventados, como todas las otras herramientas para multiplicar y/o amplificar el potencial humano, y si es así, porque ya no son aprovechadas?

Desde la década de los sesentas, la voz, la guitarra eléctrica y la batería han dominado el ambiente acústico global. La difusión de la música clásica es mínima, los conciertos para violín y piano son los más presentados, pero desde luego que la voz de tenores y en la opera son mucho más acogidos, es decir, la voz sobre cualquier otro instrumento. Desde luego que el timbre de la voz tiene variaciones muy significativas, pero sigue teniendo el distintivo básico identificable humano. Por mucha diferencia que exista, el mismo timbre básico cansa, o debería cansar. Existe un género musical que utiliza prácticamente todo tipo de instrumento existente, de tal forma que la variedad de timbres completamente diferentes le proporciona al músico y al oyente (o mejor dicho, al escuchante), una diversidad musical única. Se requiere que sus brillantes ejecutantes sean virtuosos consagrados, multi-instrumentistas, improvisadores y con un sentido del ritmo colosal.

Respecto a la *música* popular, no vale la pena ni mencionarla, excepto que cada día rebasa toda la idiotez y vulgaridad del día anterior.

Así pues, los instrumentos musicales valen bolillo, únicamente para las personas incultas, con interés en la monotonía, el mal gusto y la vulgaridad. Para las muy pocas personas con buen oído y sensibilidad musical, deseosas de escuchar la perfección de que es posible de lograr por un músico, los instrumentos musicales están vivitos y coleando.

É RASE UNA VEZ que durante una invitación de un amigo a la laguna de Tequesquitengo, dentro de un grupo de jóvenes, un joven se encontró a una joven, quien lo deslumbro por su belleza y personalidad. Ese fue uno de los días más agradables que había tenido dicho joven.

De regreso en México, el joven consiguió mediante su amigo, el número de teléfono de dicha muchacha. Jamás logró que sus padres le permitieran hablar con ella. Así que con mucho pesar y coraje, se olvidó de ella. Sin embargo, perpetró una broma, para tener, por lo menos, un desquite jocoso.

El plan consistía en algo, potencialmente temerario: robarse una ofrenda floral redonda muy grande de la *Columna de la Independencia,* colocarle un letrero que decía más o menos: "Los héroes de la patria murieron por una causa justa, tu moriste por solo un capricho de tus padres". Así, a las dos de la madrugada, mi amigo y yo, nos dirigimos al Ángel, nos estacionamos lo más cerca posible, y cuando vimos que nadie pasaba (especialmente una patrulla), rápidamente cargamos la ofrenda y la colocamos en el techo de mi automóvil, y nos dirigimos a la casa de esta joven. Al llegar levantamos la ofrenda sobre la barda de su casa y la deslizamos lentamente y sin hacer ruido, de forma que el frente quedara visible al salir de la casa. Ya dentro del coche nuestras carcajadas duraron un buen rato.

Como nos hubiera gustado ver las caras de la familia al ver tal espectáculo.

Hola tío, voy a visitarte mañana

QUIERO PLATICAR UN evento que me acaba de acontecer y que, al sucederle a un individuo como yo, quien presumo de ser de lo más escéptico que se presenta entre los mamíferos pensantes —ingeniero, matemático y experto en computación (inicial, mas no actual), recibí un gran impacto en mi autovaloración y autoestima—. Las personas *correctas* tenemos un modo de pensar diametralmente opuesto a los crápulas hampones malvivientes que inundan nuestra sociedad. Hay que tener mucho cuidado, si llegamos a recibir alguna llamada telefónica, de extorción o simplemente dudosa en cuanto a su procedencia.

Desde luego que existe la posibilidad de que pueda ser un secuestro real, en cuyo caso, el extorsionado debe intentar verificar, de alguna forma, que la presunta víctima realmente se encuentra detenida. La forma más verificable podría ser escuchar, con mucha atención la voz del secuestrado. En una de los tantos intentos de extorsión que hemos sufrido, al oír la voz femenina que se suponía era la de mi hija llorando pidiendo ayuda en la madrugada, contesta mi esposa muy asustada y me contagia, sin duda nos asustamos muchísimo, pero al insistir yo en que si querían el dinero del rescate quería yo escuchar la voz de mi hija diciéndome que se encontraba bien, confirme que esa no era la voz de mi hija. Lo recomendable, si pudiese ser cierto, pienso yo, es hablar al celular de la persona en cuestión o de alguien quien pueda confirmar su paradero real. En otra ocasión se trataba del secuestro de uno de mis hijos —ambos viven fuera de México—, por lo que en ese caso fue muy simple de manejar.

Llama la atención, que yo mismo me haya prestado —esa es la expresión más correcta— a una nueva versión de extorsión, que es la que describo a continuación: al contestar a una llamada telefónica, una voz que me sonó conocida me llama tío y me empieza platicar y a invitarme a que utilice mi memoria auditiva y a que adivine quien me está llamando, enfatizando en cada oportunidad, la palabra *tío*. Finalmente creo saber de quién se trata y le digo: ya sé quién eres, eres Diego —ya caí en su trampa—. Claro tío, que buena memoria tienes. A continuación, sin más trámite me dice: mañana no tengo trabajo y ya lo aparté para ir a visitarte. Dado que es rarísimo, o mejor dicho casi irrealizable que tal evento suceda —que me hable un sobrino lejano, para dedicarme un día completo—, me da mucho gusto y acepto invitándolo a comer. Al día siguiente, a las once de la mañana recibo un telefonazo de *"Diego"*, quien me comenta que acaba de chocar en el periférico, él está bien pero, por contestar una llamada a su celular, se distrajo y se impactó contra el vehículo que iba adelante y una pequeña niña que iba en dicho vehículo se lesionó fuertemente su cabeza. Curiosamente su seguro acaba de expirar hace cuarenta días y por lo tanto ya no está vigente. Que con mucha pena, me pide que hable con el conductor del auto afectado, quien resulta ser el Ing. Cesar René García Contreras, quien me dice que para garantizar que se le pagaran los daños, pide $20,000, los cuales evidentemente no lleva Diego consigo, pero que ya vio el estado de cuenta de su banco en donde se muestra que si es solvente. Me solicita que de inmediato realice yo un depósito por esa cantidad en Banamex a la tarjeta 5544920382271295. Como arriba indique hay que verificar datos de ser posible. Lo clásico, sábado por la mañana, no localizo a ningún familiar. Finalmente, después de varias llamadas, por fin puedo comunicarme con la mama del verdadero Diego, quien me asegura que él está seguro.

Mientras estábamos en el proceso de localizar al presunto accidentado, llegamos a la conclusión de que esto era una extorción por lo siguiente: ¿el padre de la niña herida de gravedad va a esperar pacientemente en el periférico a que yo haga un depósito? ¿No ha arribado ambulancia, agente de seguros, ni policía? El verdadero Diego tiene muy buena posición económica y por lo tanto su seguro con toda seguridad está vigente. Otros indicios apuntaban también a la inverisimilitud de dicho accidente. Así cuando el tal Ing. García me envió mensaje a mi celular preguntando cuando recibiría el depósito, nuestra contestación fue: "nunca ca...".

La recomendación estándar es colgar inmediatamente. Esa es una buena opción, sin duda, pero yo sugiero otra más divertida. Ahora los supuestos extorsionados podríamos reírnos a costa de estas malditas basuras de la siguiente forma: supongamos el mismo suceso arriba se le presenta a alguno de los lectores. Si tenemos tiempo disponible y estamos de humor, hagámosles perder tiempo —para evitar extorsionar a alguien más—, y démosles falsas esperanzas de éxito, como por ejemplo: "oye Diego (o el nombre que hayan dado), que curioso, estaba yo pensando en que ingratos son mis sobrinos, por lo que he decidido que a los que se acuerden de mi quiero dejarles algunos regalos monetarios sorpresa, así que porque no me das tu número de tarjeta de crédito o débito para depositarte un regalo sorpresa, ¿Qué te parece?

Otra posibilidad es darle un(os) nombre(s) inexistente(s) en la familia, por ejemplo, *Mardonio*, a ver que contesta. Preguntarles cómo sigue *Camila*, etc. ja, ja, ja, puede resultar divertido.

Existe el teléfono para reportar extorsiones 5533-5533, en donde vale la pena reportarlo, con la mayor cantidad de datos recabados, si ya sé que la *autoridad* es sumamente negligente, pero que no quede por nosotros.

¡Ah, muy importante no dar *ningún* dato *verdadero* nuestro, pero si cualquier cantidad de datos falsos!

El arte perdido del aprendizaje

E STE ENSAYO ESTÁ basado en el artículo *The Lost Tools of Learning,* escrito por Dorothy Sayers, con quien concuerdo en su gran mayoría.

A mí también me parece un gran error, el cambio que ha sufrido la educación de los niños y jóvenes, en donde la memorización —básicamente para pasar un examen—, es el fundamento de la enseñanza actual. En general, a los estudiantes, se les enseña *que* pensar, no **como** pensar, lo cual, evidentemente es radicalmente erróneo. Aprenden muchas cosas, menos como aprender a aprender.

En esta etapa de nuestra civilización en donde la exageración, las medias verdades, el fraude intelectual y las rotundas mentiras en todo ambiente: mercadotecnia, político, empresarial y religioso, las personas deciden de acuerdo a sus *sentimientos* —juicios generalmente sin fundamento—, *no guiados por la lógica y el intelecto*, por lo que caen presas de los astutos engaños.

El estudio de la ciencia debe comenzar temprano en los niños y es muy recomendable continuar estudiándola durante todos su etapa escolar. Los niños y jóvenes deberían tener *juguetes* y actividades que les permitan experimentar, no solo aprender la parte teórica.

El aprendizaje del latín, como muy bien argumenta dicho artículo, debería ser obligatorio, o cuando menos, como a mí me tocó, estudiar raíces Griegas y Latinas, para conocer, —de perdida—, de donde viene nuestra lengua. Por ejemplo: si yo sé por qué se le llama rubí a un rubí; —del latín— ruber, rubra, rubrum: rojo (¡todavía me acuerdo!), es decir las palabras vienen de algún origen lógico, no fueron (la mayoría) —sacadas de la manga—.

Asimismo, a mí todavía me toco estudiar lógica, es impensable dejar de incluir dicha materia, ya que enseña la forma correcta de establecer los silogismos, ni que decir de los sofismas.

Dialéctica el arte o la ciencia del examen de opiniones o ideas mediante lógica para determinar su validez. Esta disciplina no me fue enseñada, después de todo, yo estudie en un colegio religioso, en donde este conocimiento es, *cuando menos un asunto peligroso.*

Retorica la ciencia o arte de utilizar palabras para proponer un argumento sólido e intentar convencer mediante un buen argumento. Esta disciplina tampoco me fue enseñada, después de todo yo estudie en un colegio religioso, en donde este conocimiento, por lo misma razón es, *cuando menos, un asunto peligroso, el* cual hay que evitar a toda costa.

La presentación y defensa de una tesis debería ser igualmente obligatoria, algo preparatorio equivalente a la tesis requerida para recibirse profesionalmente o aun en niveles de maestrías y doctorados. Un antecedente de gran utilidad como preparación para los mencionados eventos posteriores. Sería una experiencia que proporcionaría grandes frutos; defensa, en público, de una idea propia, tener confianza en uno mismo y preparase para controlar la actuación en público.

Hasta aquí existe concordancia plena con Dorothy Sayers, ahora propondré mis diferencias. La primera se refiere a que ella se olvidó (o todavía no se sabía) la importancia de tomar en cuenta la enseñanza de música como ayuda básica para el desarrollo de la inteligencia. En mi libro: Deluxe chimp (*El Chimpancé de lujo)*, propongo y expongo, en detalle, un método para tal propósito, el cual considero que, como mínimo, debería probarse y medirse con seriedad y suficiente tiempo para que sus resultados, los cuales, si concuerdan con mi hipótesis, deberían expandirse a nivel global, de no ser así, una vez probados, a consciencia, desecharse como una idea que no brindo los resultados pronosticados.

El otro punto muy importante de discrepancia, se refiere al tema de religión. Como argumento en otro de mis libros: Indelible

Mark *(La Marca Indeleble)*, el cual escribí, después de mucha recapacitación y lectura de varios libros relacionados, me convencí de que mi educación religiosa estaba equivocada y que por tanto había que intentar evitar que a los niños se les indoctrine con tan dañina información, la cual es sumamente difícil librarse de ella posteriormente. Estoy convencido, asimismo, que la moral es, o puede ser, totalmente independiente de la religión. Lo que es más, los peores crímenes de la historia han sido perpetuados por gente religiosa (Cruzadas, Gran Inquisición, 9/11 (ya sea que se crea el cuento de los fanáticos de Osama Bin Laden, o la verdad del fanático G.W.B.).

Mundo infeliz

Y O ME ENCONTRABA leyendo la novela; *Mundo Feliz* de Aldoux Huxley, y me detenía de cuando en cuando, para reflexionar acerca del soma y de los individuos beta y gamma, y me compadecía de ellos, comparándolos con sus contrapartes en mi ciudad natal. No es que se les llamara ahora, de forma alguna, con tales categorías, pero el resultado era el mismo. Las personas sin educación, como siempre lo ha sido, se veían obligadas a realizar los trabajos más sucios, mal pagados y denigrantes existentes y necesarios para que las personas educadas vivieran su *mundo feliz*. El *mundo feliz* de las personas ricas y poderosas era muy relativo. Se veían obligadas a vivir literalmente en enormes residencias, las cuales en realidad parecían cárceles. En su interior habitaba un batallón de guaruras, fuertemente armados y protegidos con lo último en tecnología, para este efecto. Sus paredes externas median varios metros de altura, estaban electrificadas, con alambre de púas y con cámaras por todos lados. En muy raras ocasiones se aventuraban a salir a la calle —a pie, ni de chiste—, tal vez en camionetas con blindaje máximo existente y nunca una sola, requerían una larga fila de camionetas similares atrás y delante de la comitiva, y en alguna de ellas aleatoriamente escogida, el aun poderoso personaje se atrevía a asomar su físico fuera de sus dominios. Por ningún motivo, se le vería en algún lugar público, pues temía por su vida y con toda razón. Los más ricos, quienes podían comprar helicópteros, ya lo habían hecho. Era la forma más segura de viajar, aunque no totalmente, podría ser alcanzado por algún cohete lanzado mediante una bazuca. Dejé la novela a un lado y con tristeza, pero también con cierta tranquilidad, vi el arsenal que tenía al alcance de mi mano, —ya me había salvado la vida— y de ahora en adelante, mientras estuviera vivo, no me separaría de él, ni un segundo. Varios vecinos se habían agrupado para protegerse, habían cercado todas sus propiedades dentro de una sola y cada uno de ellos tenía asignado turnos de guardia, de día y de noche para que el resto pudiera descansar con relativa tranquilidad. Con frecuencia sonaba la alarma, indicando la cercanía de algún intruso, lo cual alertaba a todos los vecinos a reunirse y prepararse para repeler un posible ataque. Básicamente, casi el cien por ciento del espacio no ocupado por las casas, estaba destinado a la agricultura. Hacía ya muchos años que los enormes supermercados habían dejado de operar y ahora dichos enormes espacio se encontraban casi a punto de derrumbarse, se encontraban sucios, llenos de basura y eran ocupados por personas sin alguna propiedad propia o las cuales no tenían dinero para pagar una renta. Por lo tanto, todos los vecinos contribuían, de buena gana (era su supervivencia), a la siembra y cultivo de dichos predio, intentando, hacerlo lo más productivo posible, para mantenerse siendo lo más auto sustentable posible. Todo esto requería de mucha mano de obra, ayudada por bestias de carga, o más bien dicho, de arado.

La fabricación de herramientas, requería de mucho trabajo manual y de conocimientos ya olvidados de herrería. El combustible para fundir los metales requeridos utilizados podía ser madera o carbón, lo que se pudiera encontrar o comprar. La herramienta utilizada y fabricada consistía en; martillos, desarmadores, berbiquíes, pinzas y similares, ya que la poca electricidad existente costaba mucho y no siempre había suministro. Además, las herramientas eléctricas, fueron fabricadas para que tuvieran muy poca duración, ya se encontraban descompuestas en su mayoría y ya no se encontraban refacciones.

También ellos limitaban sus salidas lo más posible. Cuando salían también lo hacían en grupo y fuertemente armados.

Yo era pariente cercano de Donella Meadows, la destacada científica quien en 1970 escribió el libro; *Los Limites del Crecimiento* y posteriormente, Dennis Meadows la actualización: *Los Limites del Crecimiento - The 30-year Update*. En dicho libro inicial, mediante modelos matemáticos, se lograban ponderar los efectos de un crecimiento ilimitado, como en efecto estaba ya ocurriendo, en dicho año. En vez de recibir este libro, leerlo o mejor dicho estudiarlo con seriedad, dada la gravedad y la cantidad de problemas ahí presentados, y de sus graves consecuencias, de no actuar mediante prontas y severas medidas correctivas, a nivel mundial, la ocurrencia de un desastre global muy probablemente podría ocurrir. En realidad, la forma correcta de expresar dicha situación no es la de referirse a estos como problemas, sino más bien, mejor expresado como a un predicamento. De no tomarse las medidas adecuadas, con la urgencia que estas requieren, dejaran de ser problemas —los cuales pueden ser solucionados— y se convertirán en un predicamento, —el cual ya no tiene solución—, sino únicamente consecuencias. Por ejemplo: si al ir manejando demasiado rápido, usted pierde el control, tiene un problema, —tal vez puede retomar el control del vehículo—, si no logró controlarlo, y cae a un precipicio, ya está usted en un predicamento, —ya no puede hacer nada, excepto rezar (si es que usted es creyente). El punto alarmante, es que el libro resulto un "Best Seller", pero poco después fue desacreditado con rapidez por los economistas, quienes utilizaran a los dóciles medios masivos, para tal propósitos. A propósito, existe un dicho muy apropiado aquí de David Attenborough: "El crecimiento ilimitado en un mundo limitado, solo se le ocurre a un loco... o a un economista".

Por tanto, básicamente, solo los científicos lo estudiaron y corroboraron su validez.

En el segundo libro, se comprobaba lo que se había pronosticado en el primero, con una asombrosa precisión. Desgraciadamente, para entonces, Donella Meadows ya había muerto prematuramente, el mundo perdió no solo a un científico, además a una gran analista de sistemas, profesora y agricultora. El hecho de que dichos libros escritos por la pariente cercana no hubieran sido tomados en cuenta, a tiempo y con la seriedad requerida encendía una tremenda furia en mi quien maldecía a mis políticos y gobernantes y para ser justo, a los de todo el planeta. Y no solo a ellos, a todos los habitantes de la tierra quienes dejaron, o peor aún, contribuyeron a que las predicciones se cumplieran. Casi toda persona en la tierra resulto, una completa egoísta, incapaz del realizar el menor esfuerzo o hacer el menor sacrificio, a pesar de inevitablemente percibir la gravedad de la situación. Todos queriendo vivir; el *sueño americano*, cuando esa utopía ya se había terminado. Países enormes como China y la India, entre otros, queriendo consumir automóviles y muchos otros productos, sin darse cuenta de que los recursos, de todo tipo, ya se los habían acabado otros países. De no haber sido porque existió el petróleo, se descubrió dicho producto, se pudo extraer y refinar, así como su utilización como el combustible más completo que jamás existió, y que propició, por una sola ocasión, el desarrollo y crecimiento exponencial que surgió en los siglos; XIX, XX y XXI, jamás hubiera sido posible. El combustible perfecto, al cual le tomo millones de años el formarse, había que consumirlo, literalmente como locos, en poco más de doscientos años. Había que crecer la población con menos cerebro que una bacteria, e inundar todo sitio de automóviles. Había que construir carreteras, puentes y calles sin límite. Toda dicha infraestructura, resultaría absolutamente inútil, sin gasolina.

Como puede apreciarse, este escrito tenía la *intención* de terminar como una larga novela. Resulta sumamente difícil de imaginar cómo será este mundo —o lo que quede de el—, al terminar este siglo. Pero la situación más grave que me concierne, es lo que previsiblemente le suceda a mis hijos y nietos. Con toda mi fuerza deseo que: todas las agrupaciones científicas y ecológicas del mundo, así como todas las decenas de científicos y escritores conocedores de los diversos temas críticos, estén *totalmente equivocados,* y ni remotamente sus más probables predicciones se realicen. A nadie le gusta equivocarse, en este caso particular, me encantaría haber resultado alarmista, pesimista y equivocado casi como un loco.

¡Valdría la pena!

El Jazz en Hollywood

THE WILD ONE, The Man with the Golden Arm, The James Dean Story (el inicio de los rebeldes sin causa), un disco: *Jazz goes to Hollywood,* de Lalo Schifrin y otras de similar tenor. Dicho *tenor,* no se refiere al saxofón, se refiere a la malévola conexión, que se le infiere al Jazz; con la violencia, vagancia, y demás malos comportamientos de los *héroes* ahí mostrados y alabados. El problema que encuentro ahí, es que no se les ocurre realizar, por lo menos una película, en donde el personaje estelar lleva un comportamiento que merezca ser copiado, esto es, por una persona de buen vivir.

¿Por qué diablos, una género musical derivado, en gran medida de la música clásica, —el único existente, con tal distinción—, se le liga irremediablemente, con tales patanes?

Pero eso era hace varios años. En la actualidad, ya ni eso se le permite, ni en tales atroces escenarios su intervención es remotamente admitida.

Es totalmente cierto y común que los músicos de Jazz, —como en prácticamente todos los medias artísticos— el uso y abuso de drogas es una práctica infortunada, pero otra cosa es ligar tales prácticas con películas de héroes malvivientes. Esta liga tramposa es infundada, y ciertamente fuera de toda realidad.

Dios crea el universo

ME PUEDO IMAGINAR a Dios rodeado de la nada, pensando en que, dado que *la nada* es inestable, o se apresura a crear algo, o precisamente de esa nada, surgirá un universo, el cual ya no sería su creación. Reflexiona acerca de las características que le gustaría que rigieran en dicho universo y así las selecciona. Por consiguiente, dicho universo deberá ser perfecto. Pero no es así, Dios es lo único perfecto, que él decide, que puede existir. Determina que las matemáticas regirán toda su creación. Examina la conveniencia de la existencia de la vida y decide que la evolución es el mejor camino, y así la prepara, para no involucrase directamente. Ve que eventualmente cierto grado de inteligencia se hará presente. Un simio resultara el mejor dotado, pero únicamente será un chimpancé de lujo. Resultará *estúpidamente listo*. Cientos de religiones surgirán, para intentar determinar de dónde procede tal maravilla de creación. Todas falsas, por supuesto, invenciones de los sacerdotes o profetas ignorantes, y ni dudarlo de los creyentes de toda creencia, que se ha o pueda ocurrírseles a dichos listísimos vividores, sin importar cuan inverosímil y falsa, sea dicha nueva engatusadora invención.

En ese tren de pensamiento, se le ocurre crear una partícula infinitesimal, con una cantidad de masa y energía descomunal concentrada, y utilizando el consabido *T menos X*, empieza una pequeña cuenta regresiva. Al llegar este conteo a cero, ¡él detona al Big Bang! Así se forma el espectacular cosmos, expandiéndose a tremenda velocidad, debido a que él, produce *la inflación*. Él le asigna una duración aproximada de cien mil millones de años, ya que la entropía, también introducida previamente por él, finalmente promoverá el desorden total y el agotamiento de la energía en todo el universo. Y como comentaría la biblia, este gran evento hubiera ocurrido en el primer día de la creación, y Dios admiró el firmamento (se equivocó, debió haber utilizado la palabra universo (o Cosmos), "Y Dios vio que era bueno".

Yo aceptaría esta versión de creación del universo con varias salvedades, a saber; primero: que a Dios, no le interesaba crear un universo perfecto (¡lo cual contradice la definición de Dios!), segundo: una vez creado el universo, él desaparecía de la escena. ¿Por qué razón? ... ¡Sabrá Dios! Solo dijo: ¡ "Ahí se ven"!

Creación del Homo sapiens

CUANDO DIOS CREÓ todas las cosas, dijo: Hagamos al hombre a nuestra imagen y semejanza. Tomó un poco de barro e hizo una hermosa estatua. Pero era algo muerto, sin vida: tenía ojos pero no veía; oídos pero no oía; boca pero no hablaba; manos y pies pero no caminaba (Gen 1: 26-27; 2:7-23). Entonces el SEÑOR sopló el espíritu de vida en el rostro de esa estatua, es decir, creó el alma y la introdujo en ella la cual se convirtió en un hombre vivo. Es el primer hombre, a quien Dios le puso el nombre de Adán, que significa: "hecho de la tierra". El SEÑOR no quiso que viviera solo; decidió darle una compañera para que lo ayudara, que fuera semejante a él, y entonces le mandó a Adán un profundo sueño y, mientras él dormía, le sacó una costilla, y con ella hizo a la mujer. Adán le dio a la mujer el nombre de Eva que quiere decir "madre de todos los hombres". Esta fantasía, que ni a Walt Disney se le ocurrió, y que la creen, literalmente miles de millones de seres humanos, me obliga a pensar: "si esto es lo mejor que pudo crear, en especial, dado que supuestamente está hecho a *su imagen y semejanza*, a mí, me es imposible de creerlo. Y si lo creyera, mi deducción seria que dios es un muy inhábil ingeniero y de tal forma, el hombre tendría la excusa de su comportamiento malévolo, especialmente la criminal avaricia, espíritu de destrucción de la naturaleza y de su estupidez sexual, todo causado por un pésimo diseño, en estos aspectos.

Este iba a ser mi análisis acerca de la criatura predilecta, pero resultaría sumamente injusto. De tal forma, mi análisis resultara algo mucho menos severo, pues si la evolución es *la responsable* del diseño, entonces, las carencias y defectos arriba mencionados no son culpa de nadie. Es más, es realmente asombroso lo que la evolución fue capaz de formar. Es evidente que los controles que evitarían fuertes tendencias destructivas, sexuales y de avaricia no están incluidas dentro de *la planilla* de características genéticas que le tocaron al chimpancé de lujo, y por cierto, a ningún otro animal, ya que todos somos parientes De este análisis, ya mi enojo contra mi especie he logrado disminuirla ligeramente. Las maravillas que fue capaz de crear, las damos por contadas, pero en realidad son asombrosas. Algunas de ellas, maravillosamente destructivas. *No se le pueden pedir peras al olmo.*

Limite en la perdida de los sentidos

EN REALIDAD, LA suerte que yo he tenido en mi vida, ya la he comentado en forma amplia en varios libros y escritos. Siempre, y cada vez más, estoy altamente agradecido a la suerte. Ésta y únicamente ésta es la causante de toda mi esplendida vida. Asimismo, considero a mi tenacidad como a la fuerza consolidante de dichos hechos que me ocurrieron al azar.

Ahora me enfocare a la etapa de mi vida, en donde todos los sentidos se van deteriorando hasta que algunos llegan a perderse en su totalidad.

La afición a la escritura, la cual me llego —tarde—, alrededor de los sesenta años de edad, pero que me permitió escribir cuatro libros publicados y tal vez pueda escribir algún otro. El problema es que, a mis casi setenta y ocho años, el leer ya me causa bastantes molestias, especialmente ardor en los ojos, a los pocos minutos de empezar a leer. Dadas las pocas actividades que aun puedo realizar, el no poder leer (y por lo tanto, no poder escribir), es para mí muy desalentador y frustrante. Hay tantos libros interesantes por leer, —especialmente científicos—, que me apena de gran manera, esta limitación, cada vez más aguda.

Afortunadamente, mi oído, aunque evidentemente disminuido, todavía me permite escuchar música con bastante claridad, lo que me sigue permitiendo obtener un gozo, que ha perdurado por prácticamente toda mi vida. Sin embargo, de continuar deteriorándose mi vista y peor aún, mi oído, en lo que respecta a las actividades de mi vida, sin tomar en cuenta la inmensa alegría de contar con mi amada familia con nietos bebes, y el último que pudiese llegar, hablando exclusivamente de mis alegrías, respecto puramente a mis actividades personales con capacidad a realizar, mi vida con gran probabilidad carecerá de sentido.

Astronomía vs. Astrología

IMAGINEMOS A UN papá, muy conocedor de astronomía, a quien le gustaría sobremanera que a sus hijos este tema les interesara de verdad, y que desde muy temprana edad, fueran conociendo dicha ciencia. Sus hijos, desde bebes, han sido testigos de la pasión con la que su padre lleva dicha afición.

Estos niños, al ir creciendo, desgraciadamente se van distanciando de la pasión de su padre, y se empiezan a aficionar por la astrología. Menudo problema para el padre. Por una parte, se recomienda, y por buenas razones, "ponerse a su altura", y por tanto intentar interesarse en sus gustos. Por otra parte, el darle crédito y atención a cualquier tema falso, dañino o de pésima calidad, corresponde a aceptar, y darle un valor que dicho tema no alcanza, ni remotamente.

Existen varios otros temas que asimismo no pueden, ni deben, ser aceptados por las razones arriba mencionadas, por ejemplo: religión y ciencia, creacionismo y/o diseño inteligente y evolución, música y anti música.

Al tema que no tiene un valor intrínseco, hay que decirlo, en el momento, y en forma categórica, pienso yo. Era, y es mi punto de vista, desgraciadamente esta postura, la cual puede y, en efecto, causo distanciamiento, lo cual lamento profundamente, pero asimismo, me gustaría que con inteligencia, se juzgue mi forma de pensar. Supongamos ahora continuando con el planteamiento original, que yo les digo a mis hijos, vamos a ver que dice mi horóscopo de Piscis: y leo las absolutas generalidades, que aplican a casi cualquier individuo, y que pueden coincidir o no, con sus sucesos de ese día, evidente y comprobablemente por pura casualidad. Si yo leo, cualquier otro de las decenas de horóscopos publicados por otros periódicos, o programas radiofónicos, para ese mismo día, todos son diferentes. ¿No sería esto suficiente, para que una persona inteligente, el asegurar la falsedad de estas babosadas? Aun así, ¿voy a seguir alentando en mis hijos, que continúen dando credibilidad, y a que se aficionen, o peor aún, se vuelvan fanáticos dependientes de esta burrada? ¿Es esto educar a sus hijos, o todo lo contrario?

En forma muy similar, si unos mocosos, sin talento, y sin estudio formal musical alguno, son lanzados a la popularidad, por un hábil promotor, aprovechándose de la inocencia de niños y jóvenes, esto hay que decirlo e intentar revertirlo, lo cual en mi caso, y en el de millones de otros probables padres alarmados por tal barbaridad, la cual creímos —los de buen gusto—, que era únicamente una broma de mal gusto que desaparecería con rapidez. ¡Craso error! ¡Y cada día es más deleznable! Y todos (*incluyendo a los poquísimos de buen gusto*), *a chaleco,* la tenemos que oír, *en todo lugar y momento.*

Hay que enfriarse los ojos

ME ACUERDO, MOSTRANDO una gran sonrisa, de algunas de las recomendaciones absurdas, que me fueron casi impuestas durante mi niñez. Ya nunca las he vuelto a oír, así que el lector probablemente aún mucho menos. Ponga atención y evalúe las recomendaciones siguientes:

"Antes de salir del cine, *hay que enfriarse los* ojos", eso se nos decía y todos los niños y aun adultos seguíamos sin dudar tales falacias, con fe ciega. Por favor, ¿desde cuándo los ojos se calientan por ver una película, o ver cualquier cosa?

Y que tal, "No puedes bañarte y mucho menos nadar, porque *se corta la digestión"*, lo cual éramos obligados a respetar y obedecer, sin cuestionar.

Pasar por debajo de una escalera o caminar por donde un gato negro había cruzado nuestro camino... presagiaba mala suerte.

Así existen infinidad de tonterías que, en mi época joven, era la creencia popular. Ya muchos de estas supersticiones desaparecieron, pero continúan existiendo otras iguales o peores como la lectura de cartas o café, la astrología, las regresiones y similares barbaridades. La pregunta importante pudiera ser; ¿existirá, por fin, algún siglo en donde la superstición desaparezca? ¡Lo dudo mucho!

El juego por excelencia

NO, ESTA VEZ no hablare con respecto a ese juego que me apasionó toda mi vida, el Jai Alai. Sin embargo, escribiré sobre el otro juego que asimismo me continúa proporcionando innumerables momentos de gozo. En español, incorrectamente le llamamos: *tocar* un instrumento. Por supuesto que lo tocamos, lo palpamos, pero así palpamos cualquier otra cosa, mediante nuestro sentido del tacto. En ingles, en forma correcta, creo yo, un instrumento: *se juega* con el —*play* an instrument—. Esa descripción es básica; —no se *trabaja* un instrumento—, es como decía correctamente Maynard Ferguson, un juguete. Pero vaya juguete, para que se llegue a nivel de virtuosismo implica una aptitud nata, o su equivalente en estudio, dedicación, perseverancia y amor a hacia dicho tipo de juguete, único en los quehaceres del ser humano. Pero una implicación directa es que, como todo juguete o nos proporciona diversión, interés en aprenderlo y dominarlo, y aun un amigo casi inseparable, o es el juguete equivocado. Si el gusto por dicha actividad es profundo, sugeriría buscar algún otro juguete, que si cumpla con las anteriores características arriba descritas. Existen una gran cantidad de juguetes musicales —instrumentos—, de los cuales escoger, esto es, si estamos hablando de música clásica o mejor aún, de Jazz, en donde la variedad de instrumentos utilizada es amplísima. En dicho género, *casi* todo instrumento tiene un lugar y un momento.

Por cierto, además, que este juego es matemático, por excelencia. El diseño de los instrumentos está fundamentado en el largo (y grosor) de las cuerdas —descubierto por el gran matemático griego Pitágoras—, de las columnas de aire vibrando en todos los instrumentos de aliento, de las membranas de los instrumentos de percusión (así como de su tensión). El metrónomo, útil ayuda al principiante, *cuenta* los tiempos, asimismo se puede medir la *velocidad* a la que se ejecutara una pieza melódica. En el pentagrama, se indica el *número* de notas de valor uno (negras) que contendrá cada compás. El músico deberá ir *contando*, para saber en qué parte de la partitura se encuentra el desarrollo de la melodía.

La armonía es el resultado de la correcta *suma* de frecuencias acordes al tocar pasajes polifónicos. ¡Como hubiera (casi seguramente) Pitágoras disfrutado las grandes orquestaciones y arreglos que se dan dentro de la música clásica, y ni se diga, dentro del Jazz!

$\mathbf{T}$ AREA TERMINADA: ES estudiar un problema y presentar su solución, en forma tal, que solo se requiera la aprobación, o desaprobación del curso de acción sugerido.

Siga estos pasos:

* Identifique el problema, sus causas y las personas involucradas
* Resuelva completamente cada detalle
* Consulte a otras personas cuando sea necesario
* Estudie, escriba, reestudie, reescriba
* Identifique las posibles soluciones
* Identifique la mejor solución posible
* No le pregunte a su jefe que debe hacer
* Estructure su solución de tal forma que exista un curso único de acción con diferentes alternativas
* Identifique quien debe implementar la solución, con qué medios y como se pueden evaluar los resultados
* Presente la solución en forma clara, concisa y concreta

La clave es: Póngase en el lugar del jefe.

Si usted fuera él, ¿Se atrevería a poner en juego su prestigio profesional por la precisión del trabajo que usted ha realizado?

Si no, vuelva a él. La tarea no está terminada.

(Nota: este pensamiento no es mío, lo leí en alguna hoja, hace varios decenios)

Sugerencias para el concurso "Letras Nuevas"

ATENTAMENTE ME PERMITO enviarles tres sugerencias que, desde mi punto de vista, aplican para que sean consideradas para sus futuros eventos:

1. "Letras Nuevas" pueden tener dos acepciones (cuando menos); la primera: escritores inéditos, para el cual yo califico, o bien algo más profundo; ideas ecológicas, conceptos sustentables, conocimientos científicos, puntos de vista educativos, arte (buena música), creatividad, vivencias a emular, etc., es decir: bases constructivas, con lenguaje familiar apropiado y que induzcan la inteligencia e imaginación, que pueden incorporarse a una muy buena trama, que no son utilizadas o conocidas en un momento dado, a lo cual también yo califico. Con seguridad esta segunda utilización de "Letras Nuevas" es mucho más importante que la primera y su convocatoria no dice nada al respecto.

2. Me parece que el presentarles una obra para su concurso merece, cuando menos, las gracias por escrito a todos los participantes —educación elemental—, para ustedes, yo soy el número 67.

3. Su convocatoria menciona que: *la novela que contenga un mejor desarrollo de la trama resultara premiada, sin más trámite.* Una novela debe, sin duda, resultar interesante, pero ese punto, es solo el inicio. En nuestro tiempo y mundo globalizado, *la forma y el contenido* ya a casi nadie le interesa. Al ver que ninguna de mis dos novelas, siquiera calificaron dentro de las diez mejores (apuesto a que quedaron en los lugares 190 y 191), leí la parte que se puede leer del ganador del concurso de 2012. Al ver el nombre Krause, el "sospechosismo" me vino a la mente, pero me dije, lee y

después evalúas. Confirmé porque "Letras Nuevas", para ustedes, es más de lo mismo: lenguaje soez concentrado, abortos, drogadicción, traición, abandono, madrizas, pedos, etc. Resulta un *script,* ideal para la siguiente telenovela del canal del desagüe. En una ocasión le pregunte a un amigo, quien es uno de los directores de Televiza: ¿Por qué razón tienen tan pésima programación? Su contestación fue épica: ¡nuestra empresa no está para educar a la gente, sino para hacer negocio! ¡Pàcatelas! Evidentemente, el punto de vista de ustedes es idéntico.

Para este último concurso (2013): "Premio desierto" resulta también una muy mala broma. ¿Que ustedes no verifican que las novelas PRIMERO cumplan los requisitos y DESPUES las leen? Más "sospechosismo", sobre todo cuando en mis novelas critico la avaricia ilimitada. Un millón de pesos para el ganador, no es absolutamente nada, para el hombre más rico del universo, pero si se lo puede ahorrar, conociéndolo: ¡a la buchaca!

Así, en equivalencia a la "santa" Inquisición, hagan tiritas a mis dos libros.

Trágico porvenir para mis hijos y nietos (y todo el mundo), la contaminación mental, aparte de la climática determinará el futuro, nada halagador, de nuestro planeta. El planeta se queda, pero respecto a nuestra *civilización*, lo dudo muchísimo. Homo ¿sapiens?

Ignorancia

NO CABE DUDA, mientras más estudiamos y leemos al respecto de casi cualquier ciencia, nos enteramos también de que aprendemos muchas cosas nuevas, pero asimismo, entendemos que lo que *no* sabemos resulta abismal. Existe un axioma respecto al conocimiento científico que es; nunca sabremos algo en su absoluta exactitud, solo podremos aspirar a conocerlo con mayor exactitud, con la aparición de nuevas tecnologías y nuevos instrumentos de medición, pero hasta ahí. Resulta paradójico que mientras más creemos saber, más se amplía nuestra ignorancia, pero que suerte contar con un cerebro, que nos permite acercarnos a la verdad, lo cual resulto único para nuestra especie.

Aprovecho este tema para presentar mi total molestia a que se le llame ciencia, a casi cualquier carrera universitaria, que requiera un cierto número de años para poder graduarse. Por ejemplo; ciencias (¿?) de la comunicación, o peor aún, ciencias (¿?) políticas, ¿a qué ignorante se le ocurrió mal-nombrarlas, con tan absurdo y mentiroso calificativo? Y, por otra parte, a los rectores universitarios, quienes no protestaron ante dicho pésimo y arbitrario bautizo.

Esto me recuerda también a los ignorantes, quienes tienen el poder de ponerle nombre a las calles, avenidas y colonias de México y de gran parte del mundo. Existiendo millones de hombres y mujeres, quienes contribuyeron a que nuestro mundo funcionará mejor en varios aspectos, en raras ocasiones, o bien, de forma totalmente insuficiente, resultan desconocidos, en vez de darles un mínimo lugar en la historia, el cual se refleje en nuestras vías de comunicación. Yo puedo corroborar que para tener un nombre de calle con tu nombre, tienes que haber sido un gran traidor, hay excepciones, por supuesto, pero escasas. O bien, por ejemplo; la colonia *Maravillas*, que ya me imagino en qué estado se encuentra, o bien calles, colonias y escuelas como Benito Juárez por varias decenas, o también; Tepalcates, o Cuatro Caminos, en vez de: Fermat, Hitchens, etc. ¡Que poco agradecidos somos los Homo sapiens!

La negación en el lenguaje

L A NEGACIÓN EN el lenguaje se maneja de diferente forma en los diferentes idiomas. En este caso me referiré únicamente al inglés y al español. En inglés primero se afirma algún asunto e inmediatamente después se niega. Por ejemplo; I **do** *not* **run** (yo no corro), primero se afirma **do** y luego se niega *not*, lo que literalmente se podría traducir como: Yo ejecuto la acción e inmediatamente después la niego y después aparece el verbo correr, lo que se entiende como ya vimos en: Yo no corro.

En español es muy diferente la formación de frases, ya que esa misma frase se diría; Yo *no* **corro**, en cuyo caso, vemos que primero se niega la acción que se va a indicar a continuación. Hasta ahora todo muy claro, sin embargo, por lo menos en español, se utiliza muy frecuentemente *la doble negación* que, de acuerdo a convenciones matemáticas y lógicas, *equivale a un positivo*. Es decir, si yo digo: *No* encontré *nada,* quiere decir; Yo encontré algo, por lo que esa frase correcta debería ser: <u>Yo no encontré algo</u>, pero así la utilizamos casi todos, sin darnos cuenta del mal uso de nuestro lenguaje y nuestra lógica.

Que es verdaderamente trascendente

RECIENTEMENTE HE DEDICADO bastante tiempo a reflexionar respecto a lo que puede ser realmente trascendente y no lo he encontrado, con gran probabilidad, éste no exista. Mi búsqueda no se relaciona con algo de duración finita, para la cual existen muchos ejemplos. Yo quisiera encontrar algún ente que pudiese durar toda una eternidad, —lo que eso pueda significar—.

Tomemos un ejemplo cotidiano: una vida humana, cuando termina puede ser recordada por los hijos, nietos, hermanos y demás parientes y amigos, por algunos pocos años, en el mejor de los casos. Cuando se trata de algún simio de alguna mayor aportación de algún tipo, podrá ser recordada, casi siempre sin el menor aprecio o siquiera por algún sentido de agradecimiento, durante algunos siglos, por ejemplo: Isaac Newton. Incluso la mayoría de los inventores de artículos o procedimientos o mejoras, los cuales utilizamos todos los días, no sabemos ni sus nombres, con total indiferencia; en vez de bautizar nombres de calles o colonias como; Ave. Patriotismo, Revolución, o Colonia Las Maravillas. Que tal; Ave. James Clerk Maxwell (descubridor de las cuatro ecuaciones que permiten todas las comunicaciones modernas), o tal vez, Sergei Rachmaninoff (pianista supremo y compositor de tantas obras de arte musical soberbias), mejor no, porque eso podría contribuir (ligeramente) a la educación y cultura lo cual no quieren gran parte de los gobiernos del mundo. Así que la vida, aun de nuestros grandes benefactores, no tiene trascendencia durable.

¿Qué tal los planetas y sus sistemas solares? En definitiva, su duración es, como la nuestra, en donde el sol se sabe (basados en estudios científicos), que durara otros cinco mil millones de años. Buena cantidad, pero todavía muy lejana al infinito.

¿El universo podría ser la respuesta a la pregunta planteada en el título de este ensayo? Pues ya sea el cosmos, o universos paralelos o un Multiverso, aparte de ser eventualmente víctimas de la muerte del calor (Heat Dead), se piensa que lo que se ha podido detectar, es que se expandirán sin límite, por lo que el cosmos quedaría reducido a billones de galaxias apartadas entre sí por espacio vacío de dimensiones incalculables. De donde se puede concluir que tampoco esta posibilidad futura cumple o responde a la pregunta inicial.

La reciente teoría del cosmólogo; Lawrence Krauss, quien propone y explica como la nada (el vacío del espacio) es capaz de crear energía y materia (oscura), probada experimentalmente, por la rara y no intuitiva Teoría Quántica y Gravitatoria. Esta extraña posible conclusión, se inclinaría en favor de *la nada* como el elemento creador trascendente de el (o los) universo(s).

Ahorro, Conservación y Reutilización

POR EDUCACIÓN Y naturaleza, estos tres conceptos son y siempre han sido mi forma de vida. Se puede decir que teniendo que exagerar en su aplicación, pero, sin la menor duda, creo que más vale esta forma de ser, que la que veo en la inmensa mayoría de las personas, de desinterés por cualquier cuidado a la naturaleza. En otras palabras, utilizo cualquier producto hasta que no queda residuo rescatable en su envase. Conservo toda herramienta, articulo electrónico, o de cualquier tipo mientras sirve y cuando se descompone lo arreglo, si yo lo puedo hacer directamente, o busco quien lo pueda hacer. Una razón muy importante para hacerlo, es la sencilla razón de que los productos antiguos estaban diseñados, y fabricados para durar y buena parte de ellos continúan en servicio por varias décadas. El ejemplo más vívido es mi amplificador de alta fidelidad marca Leak (inglés), el cual ya se descompone, de vez en cuando, −después de cuarenta y dos años de uso de varias horas diariamente−. En cuanto a la reutilización, es mi convicción de que todo producto debería de utilizarse varias veces, cuando menos dos, como por ejemplo las bolsas de plástico en las que nos entregan varios productos, en vez de tirarlas a la basura directamente, por qué no utilizarlas una vez más para colocar nuestros desperdicios. Asimismo, guardando (sin exagerar), material que puede servir para algún tipo de reparación.

Mi sugerencia, es que, por las razones aquí presentadas, y por los tiempos difíciles que con gran probabilidad, se presentaran en un futuro no muy lejano, es que las personas consideren, si es que no lo tienen, aplicar dichos tres conceptos lo más que puedan y lo más pronto posible, antes de que se vean forzados a hacerlo, por no tener más remedio, no por convencimiento propio.

El pintor no está en el pincel

E N EL ESTUPENDO libro La Revolución de la Inteligencia, escrito por el Venezolano Dr. Luis Alberto Machado, él menciona: "El pintor no está en el pincel, sino en la cabeza: lo importante es concebirlo, no pintarlo. Con el pincel pinta cualquiera, con la cabeza, solo los grandes creadores". Este pensamiento tan profundo, aplica a varias disciplinas artísticas, pero en forma especialmente particular al Jazz. Cada solo improvisado de casi cualquier virtuoso es una creación particular, personal e irrepetible, en ese preciso *ahora*, es una creación en tiempo real, que lo fue creando en cada momento, pero con una visión (auditiva) de su desarrollo y de su precisa terminación: en tiempo y con la nota adecuada (no terminarlo en una nota "no resuelta").

Mi libro; Deluxe chimp (*El Chimpancé de Lujo*), me vino a la mente porque es un ensayo del Homo sapiens en cuanto al predicamento que se ha creado a sí mismo, el cual presupone una catástrofe global, según muchas asociaciones de científicos de nivel mundial. Por lo tanto mi enfoque es el proponer un; *Método de Relación*, tal como lo propone el mencionado autor, pero no en forma general, sino más bien un método especifico que pudiera elevar el nivel de inteligencia de llevarse a cabo a nivel mundial y durante un tiempo suficiente (ya no queda mucho). Como todo planteamiento científico, la única forma de decidir su efectividad, o no, es ponerlo a prueba y medir los resultados con escrupulosa y cuidadosa seriedad. La prueba inicial podría ser una prueba local y como siempre, como todo experimento serio, con doble ciego, es decir, con un grupo de control y ni los participantes, ni los que califican el estudio saben, en absoluto, quienes están siendo examinados, son los participantes reales, o los del grupo de control.

Arenas Demoniacas (Tar Sands)

EN MI PRIMERA vista a Canadá durante los años ochenta, me llamó mucho la atención, que en los restaurantes, le preguntaban al cliente, si quería un vaso de agua. Me sorprendía debido a que, en los Estados Unidos, se sirve el vaso de agua al cliente, se lo vaya a tomar o no. Distingo: en Canadá, en donde tienen centenares de lagos y agua de sobra, la cuidaban, a diferencia de mi país vecino del norte.

Con la llegada del punto máximo de extracción de petróleo convencional (Peak Oil), dicha presunta escases de combustible fue compensada mediante la refinación de dicha arena. En realidad, la arena no tiene nada de demoniaca, los demoniacos son los avaros industriales insaciables quienes resultan directamente responsables de la dramática aceleración del calentamiento global, de la destrucción del medio ambiente, robo de tierras y exterminio de los habitantes nativos, quienes ya no cuentan con alimentos adecuados, ni agua potable, dado que los peces que beben del agua del rio Athabasca, están contaminados con plomo, arsénico, mercurio y muchos otros venenos, la mayoría carcinógenos. Sería muy injusto solo culpar a los avaros industriales, en realidad, casi todos los habitantes actuales de la tierra, especialmente, los que consumimos gasolina en nuestros vehículos, tenemos tanta culpa, o más, que las empresas petroleras. Si no hubiera demanda, no existiría la desmedida extracción del petróleo, gas, minerales y metales.

De pronto, me encontré con una presentación del libro; *Torment for my Grandchildren*, escrito por el gran climatologista de la NASA Jim Hansen (entre otros muchos científicos), quien(es) indica(n), que si extraen dichas arenas de Canadá y otros lugares similares, se refinan y se queman, significa; "game over" (fin del juego) para el planeta tierra –aseveración terrorífica–, para quienes tenemos hijos y nietos.

El problema reside en que el contenido energético es muy escaso, y su extracción y proceso destruyen el medio ambiente, creando inmensas albercas de agua contaminada con toda clase de venenos y emisiones grandiosas de bióxido de carbono, y finalmente dicho combustible de tan difícil, costoso y dañino proceso, será quemado por millones de vehículos, los cuales terminaran el ciclo de contaminación. En Resumen, es el proyecto industrial más grande del mundo, tanto que puede verse la destrucción que causa, aun desde el espacio.

Dado que los intereses económicos de las empresas petroleras – avaros insaciables–, y consumidores irreflexivos, estamos dispuestos a que nuestros descendientes, probablemente mueran en dicha ruleta rusa, pero que los empresarios mueran multibillonarios, les brida aparente consuelo.

El Ángel de la Guarda

E S UNA VERDADERA lástima que dicho personaje, sea un mito inexistente. En muchos lugares el mundo, especialmente en México, no caería nada mal. Hace algunos años, uno escuchaba acerca de secuestros y asesinatos en colonias periféricas de la zona conurbada, hoy, casi diario, nos enteramos de eventos de esta naturaleza ocurridos a familiares, amigos o vecinos, en cualquier colonia de México, incluidos los antes tranquilos suburbios.

Pero, si existiera, tendría que ser radicalmente diferente al ángel tradicional, con alas y demás. El actual requerido defensor deberá estar constituido por un batallón de asalto armado con AK-47 y bazucas (mínimo), para poder proteger al indefenso ciudadano, contra el ataque sin misericordia e incontenible de la mafia organizada, o simplemente de las miles de bandas que los gobiernos han permitido o aun peor, alimentado, de los n cuerpos policíacos, o del ejército que desaparece ciudadanos, al por mayor, en contra de quienes los mantienen y los vuelven multimillonarios —nosotros los mexicanos de buen proceder, quienes pagamos impuestos—.

De esta forma, los mexicanos dependemos única y exclusivamente del azar para nuestra supervivencia. O peor aún, de la ley de Murphy —Si algo malo *puede* pasar, *va* a pasar—. Si tenemos la pésima suerte de que algún(os) del (los) innumerable(s) malviviente(s), *nos echen el ojo*, ya podemos darnos por muertos, o por lo menos, vivir días o meses de inimaginable indignidad, hambre, sufrimiento, tortura, angustia, mal trato y vejaciones fuera de toda dignidad humana. Estos crápulas ni siquiera deben considerarse como humanos, porque evidentemente, no lo son. La única pena pensable y merecedora para ellos, sería una existencia bajo la tortura más cruel, pero de duración infinita. ¡Y eso apenas!

¿Quién se da cuenta de en donde vive?

TENGO UNA CONJETURA, que es la siguiente: si se le pregunta a casi cualquier persona en donde vive, contestara la calle y número, la ciudad o pueblo y a lo mucho el país. Respecto al continente, me imagino que alguna porción de la gente conoce en donde está dicho país y solo en ocasiones será necesario nombrarlo.

Dudo mucho que dicha persona se le ocurra pensar con más detalle en dicha pregunta, me explico: quien piensa en que se puede mover con libertad, pero sin embargo, está anclado a la tierra mediante la gravedad del planeta tierra. Que dicho cuerpo celestial está viajando a gran velocidad de rotación, que es de aproximadamente mil setecientos kph, y su velocidad de translación alrededor del sol de ciento ocho mil kilómetros por hora (treinta kilómetros por segundo). Está consciente de que vive en el sistema solar, en un brazo de la galaxia vía láctea, cada vez se aleja a velocidades crecientes de (casi) todas las demás galaxias, se cree que esto es debido a la energía negra que produce una fuerza repelente entre ellas. Sin embargo, en ciertas regiones en donde existen galaxias *cercanas* la situación es diferente y la fuerza de gravedad es la dominante. Tal es el caso, por ejemplo, de nuestra galaxia y la de Andrómeda, de las cuales se predice que chocaran en unos cuantos billones de años. Nuestro llamado grupo local, está constituido, además, por las Nubes de Magallanes y aproximadamente treinta y cinco galaxias adicionales, que pertenecen a una agrupación mayor llamada Virgo.

Aún más, ¿estará en conocimiento y consciente de que vive en un universo que existe desde hace 13.7 mil millones de años, el cual se está expandiendo a velocidades enormes?

¿Tendrá el grueso de la población mundial, la más remota idea de que vivimos en un campo de tiro y de que algún cometa o asteroide nos puede aniquilar en cualquier momento? No estoy proponiendo que nos preocupemos en demasía, únicamente sugiero recordar, de cuando en cuando, que vivimos en lugar potencialmente sumamente peligroso.

¿A que venimos?

V I UN VIDEO que es una entrevista que Richard Dawkins le hace a Jim Watson (co-descubridor del DNA), le pregunta: "¿a que venimos a este mundo?", Watson le contesta, con toda tranquilidad: "no venimos a nada en particular". Concuerdo con dicha idea en forma total. Al igual que el resto de todos los animales, pienso que no tenemos un destino predeterminado de una vida posterior a la única que viviremos. Venimos a nacer, crecer, reproducirnos, morir, y punto final.

Sin embargo, dado que supuestamente tenemos una capacidad intelectual en mayor grado que el resto de los animales, quien quiera aprovechar dicho regalo de la evolución al máximo, puede dedicarse a conocer la naturaleza al máximo, es decir, dedicarse a la ciencia (en forma profesional o amateur) y gozar la buena música. Estas maravillas les deben proporcionar a las personas la (probablemente) única razón de existir, con un cerebro pensante. ¡Quiera y cuide a su (pequeña) familia! Olvídense de vida futura, gocen y aprovechen ésta, con sabiduría.

Hipótesis asombrosa

YA QUE ESCRIBÍ sobre James Watson, ahora hablare sobre Francis Crick (el otro co-descubridor del DNA), quien escribió un libro con el título de este relato. Este libro trata sobre la búsqueda científica de la existencia del alma, la cual, se supone, sería la encargada de nuestra personalidad, de guardar nuestros recuerdos y de ser la parte inmaterial de nuestros cuerpos que tiene la responsabilidad de permitirnos estar conscientes. Crick explora el sentido de la vista, al cual lo considera como un elemento fundamental para intentar estudiar dicha problemática. La inmensa mayoría de las personas, no tenemos idea de la complejidad de ver. Falsamente creemos que se forma una imagen —como en un televisor— y que ésta queda plasmada en el cerebro y así logramos verla, sin mayor complicación. La realidad es que las neuronas, no se prestan, de manera alguna, para esta representación de la imagen siendo visualizada. ¿Cómo rellena el cerebro el punto ciego? ¿Cómo invierte la imagen para que la veamos en su posición correcta, no invertida? ¿Cómo vemos los colores? Etc.

En conclusión; es un misterio como logramos ver, con solo abrir los ojos. ¿Y la conclusión científica acerca del alma? ¿Inmortal y formada por alguna sustancia no material? *Nope*, lo que somos es un conjunto de neuronas, ¡esa es la Hipótesis Asombrosa!

José Octavio Velasco: cuento con "O"

JOSÉ OCTAVIO VELASCO Quiróz (primero), huérfano progenitores, tío ogro lo mantuvo tipo esclavo atendiendo negocio, impidiéndole estudio básico. Luego escapó, tomó camión derechito México contando con catorce otoños. Fundó negocio, luego casó con católica, murió joven, tuvo ocho hijos, uno último llamado asimismo José Octavio (segundo), curiosamente octavo hijo, conocido asimismo como Tavo; tuvo tremendos deseos, intentó, realizó unos cuantos puntos picudos, pronosticables imposibles. Tocar trompeta virtuoso competente no pudo. Jugo frontón con grado intenso, obtuvo muchos premios, gano campeonatos con trofeos guardados con amor, acomodados prontamente por esposa sobre librero estudio/despacho. Conoció computación cuando inició; operó, programó. Escribió, publicó varios libros basados sobre lógica, monos, evolución, crecimiento ilimitado postulado por economistas o locos, cambio climático, universo, ficción, religión, ateísmo, fundamentalismo, fanatismo, culminando con músicos Bebop, creadores bárbaros.

Tomó nota sobre once noveno siglo veintiuno, cuando gobierno traicionó pueblo americano; aeroplanos huecos, mucho menos duros acero, aluminio no mató acero, no pudo colapsar dos torres, mucho menos otra no comprometida, fuego por gasolina impotente contra acero, no pudo derretirlo, licuarlo, *todas columnas fallaron mismo tiempo*; ¡solo con explosivos! Volver polvo diminuto o mejor dicho microscópico concreto armado, ¡imposible! ¿No avión defensor dos horas?

Maravillosos genios; Newton, Galileo, proclamaron principios físicos matemáticos usados construcción edificios comprueban imposibilidad sucesos. Pobre Newton, Galileo, colocados féretros, panteones europeos, retorcidos por coraje, no concebir, condenar, tomar lado contrario, cierto, demostrable. No logran convencer todos aquellos seguros gobierno americano bueno, no traidor, no funesto.

Pretexto logró invasión, no encontraron bombas extinción global, todo falso. Ojala movimiento buscando, exigiendo, otra investigación logre imponerla. Justo, necesario, mundo buscando asesinos violentos cometieron catástrofe, imperdonable, castigo esperando, no escapatoria. Pusieron ejemplo librándose todo juicio; otros o mismos terroristas logren daños población, negocios, transportes, causando miedo o mejor dicho terror, tampoco castigados. Los controlados por medios masivos no logran ahondar hecho. Bloquean cerebro impidiendo estudio verdadero, ignoran lo sucedido. ¡No hubo aviones, no hubo cuatro pilotos terroristas *con pasaporte intacto,* todo truco cinematográfico televisado, cono aeronave salió intacto posterior torre! Medios mentirosos coludidos forman opinión contraria, incorrecta.

Sugirió educación niños logrando cerebro apto, con pocos distractores; cancelación todo juego violento, no indicado sobretodo ocurra menores o jóvenes adolescentes, obedeciendo tutores, personas mayores o ancianos. Mejor utilización pensamiento con problemas por solucionar, por ejemplo, nuestro predicamento global, tiempo valioso perdido.

Viajó Estados Unidos siendo adolescente, estudió colegio *Bonita School*, aprendió otro idioma, graduó con tituló bajo tutor; Reynold Brown quedando amplio agradecido, soberbio pintor, dibujó muchísimos anuncios estudios cinematográficos. Tuvo muchos hijos, ninguno pintor, solo cónyuge lo consiguió. Por problema cardiaco, embolia con trombo, perdió uso brazo mano acostumbrada, lado derecho, tuvo cambio forzoso mano poco uso.

José Octavio Velasco (segundo) tuvo hijo mismo nombre (tercero, ultimo) llamó hijo Diego, no nuevos José Octavios. Tavo (segundo) logró obtener trabajo como operador computadora exitosa (catorce cero uno), cuando estudió bajo dicho tenor; *California Polytechnic College*, Pomona, California. Consiguió convencer director estadounidense lo considerara alumno extranjero, afortunado admitido no contando con promedios buenos; malos augurios, pero logró consagrase pudiendo con estudios complejos, duro trabajo simultáneo: consiguió título matemático. Volvió México continuar trabajo computadores gigantescos, complicados, nuevos, voluminosos, caros, pero maravillosos.

Gerentillo cobarde, venenoso, malo, difamatorio, poco hombre, mejor dicho pésimo Eduardo Bonillas, colmó Octavio con porquerías. Lo marcó no recontratable archivo personal. Obligado presentó protesta compañía computación, contestaron petición investigación, enviando ejecutivo importante entrevistarlo. Como resultado contestaron positivamente; lo recontrataron. Diseñó nómina contenía docenas programas complejos. Pensó, diseñó, programó, instaló controlador ejecución consecutiva programas corría computadoras enormes, costosas, complejas, modelos hoy obsoletos. Lo nuevo; barato, no pesado, no estorboso, espacio no limitado. Memoria moderna no problemática, uso ilimitado. Todo problema almacenamiento quedó afortunadamente siglo pasado. Amigo Gerardo ideó algoritmo producción programas completos Cobol, José Octavio programó, terminó.

Solicitó cambio posición, lo consiguió: arrepintió. Contrató tipo malo José algo, alborotó resto personal reportándole. Resultó situación insoportable, causó tejidos ulcerosos estomacales, pesimismo, insomnio. Surgió, por coincidencia retiro voluntario, pagando cuatro años sueldo. Lo negaron por situación tiempo duración empleo, mentirosos, yo califico: avaros. No odio, solo recuerdo, redacto, publico.

Con poco dinero, inició negocio propio; *Gaslock*, diseñó aparatos automáticos contra robo, asalto vehículos, los soldó con soldadura estaño/plomo circuitos impresos con transistores, resistores, capacitores, circuitos integrados. Probó funcionamiento todo producto garantizado por todo uso auto mismo dueño. Consiguió compañía aseguradora comprara muchos dispositivos evitó muchos robos, asaltos, secuestros: salvó humanos. Surgió problema: aseguradora suspendió compras. José Octavio (tercero) ayudó papá fabricación, pidió vacaciones, último pedido voluminoso, otra función, tiempo crítico, consiguió mucho personal, presto. Agradecido recuerdo, no olvido, redacto, publico. No hubo otros pedidos, cerró negocio. Sucedió problema cardiaco serio, dos ocasiones, resultó hospitalización, salió con bien. Los doctores lo salvaron con angioplastia. Tuvo olvidarse juego pelota: extremo doloroso.

Ahora hablo contexto sonidos; los saxofones son instrumentos con sonidos bellos diferenciados, conocidos como; soprano, alto, tenor, barítono. Acompañándolos; latones; trompeta, trombón, corno (Galo). No olvidar; bajo, piano, vibráfono, oboe, fagot, tambores, otros. Los músicos virtuosos son otro mundo; perfectos, no equivocan nota o ritmo. Otros tiempos; otros ritmos; Fox Trot, luego logran lo óptimo: Bebop maravilloso. Mejoró estilo dentro Costa Oeste Norteamericana. Músicos ritmo Bebop tocan utilizando contrapunto, sonido armónico europeo. Bello concepto desapareciendo por completo: extinto, por decirlo. Debieron redescubrirlo, revivirlo, no dejarlo morir. No funciona, no otorga gusto, no oírlo.

Amo cónyuge, hijos, nietos, Bebop, pelota, computadores monstruosos.

Cuento contó con solamente ochocientos ochenta ocho vocablos.

¿Despotricar contra todo?

ES PROBABLE, QUE varias personas que lean mis escritos, piensen que mi especialidad es el despotricar. Creo yo, que nada resulta más falso. Con respecto a los asuntos positivos de nuestra civilización, yo muestro respeto, admiración y sentido profundo de asombro. Pero como todo analista, tengo el deber, y es mi asumida responsabilidad, el remarcar algunas de las fallas y graves desaciertos, en que ha incurrido y continúa incurriendo, esta civilización que se está destruyendo a sí misma. Todos mis libros, y relatos están basados en información científica. Ojala que todo esté equivocado. Mis hijos y nietos no sufrirían las anunciadas consecuencias.

¡Alguien tiene que intentar que reaccione la gente! Los padres no se preocupan, (en este aspecto, cuando menos) por sus hijos. Los jóvenes están inmersos en su entretenimiento (normalmente de muy bajo nivel) y tampoco reaccionan. Los políticos quieren hablar de buenas noticias —aunque sean ficticias—, no de problemas, y mucho menos de *predicamentos,* si es que saben lo que ese concepto significa. Los economistas quieren hablar de crecimiento sostenido, no de límites del crecimiento. Los medios masivos (la inmensa mayoría) están en funciones con el propósito exclusivo, de ser los portavoces del gobierno y empresarios, o bien difundir *basura de alto nivel* ya sea en películas o en programas para idiotas que tienen muchísima audiencia, como por ejemplo el canal del desagüe, ya comentado anteriormente. Uno de los poquísimos programas dedicados a informar de la corrupción rampante del gobierno de peña nieto (con minúsculas a propósito), el conducido por la bravísima y valiente periodista Carmen Aristegui, ya lo sacaron del aire. El otro programa que existía en ese mismo tenor, el de José Gutiérrez Vivo, el enorme pero minúsculo presidente vicente fox, se encargó también de que no se trasmitiera la verdad sobre los manejos torcidos de dicho fulano.

Los avaros industriales están para volverse multimillonarios, y algunos multibillonarios, a costa de lo que sea necesario, si, inclusive a costa de la destrucción del planeta que habitan. El crimen organizado esta para corromper *almas* y cuerpos jóvenes, y a toda autoridad existente. Las religiones están para volverse más ricas, aquí en la tierra, y para prestar oídos sordos, a todos los problemas de las sociedades en las que están inmersas, en particular, a la creada por ellos mismos — los abominables pederastas —, ni mencionar su aberrante tiranía para desincentivar la utilización de la inteligencia mediante sus absurdas y falsas creencias del *creacionismo* y ahora *inteligent design.* Los bancos están para exprimir a sus clientes, mediante tasas de interés y comisiones leoninas. Los centros comerciales están para vender cada día más, aunque eso endeude a sus clientes, y al igual que los grandes supermercados, están para hacer quebrar a todos los pequeños negocios cercanos. Los hospitales están para poner en bancarrota a los parientes de enfermos sin seguro. Los laboratorios farmacéuticos están para volverse multimillonarios, al cobrar precios muy altos por sus medicamentos, y al inventar el truco de la caducidad, van sin tropiezo, hacia convertirse en multibillonarios. Lo que se oye siempre, y en todos lados, que la siguen llamando música, ya llegó a extremos inauditos, ¿no hay límite a esta nefasta tendencia?

¿Continúo, o con esto es suficiente?

Printed in the United States
By Bookmasters

Printed in the United States
By Bookmasters